Definition, Verständnis und Relevanz des Fair Value von Aktienoptionsrechten in der Internationalen Rechnungslegung

Beiträge zum Rechnungs-, Finanz- und Revisionswesen

Herausgegeben von
Prof. Dr. Dr. h.c. Adolf Gerhard Coenenberg,
Prof. Dr. Thomas Fischer,
Prof. Dr. Thomas Günther,
Prof. Dr. Axel Haller,
Prof. Dr. Kai-Uwe Marten,
Prof. Dr. Hans Peter Möller
und Prof. Dr. Dr. h.c. Klaus v. Wysocki

Band 51

Peter Lang
Frankfurt am Main · Berlin · Bern · Bruxelles · New York · Oxford · Wien

Beate Jüttner-Nauroth

Definition, Verständnis und Relevanz des Fair Value von Aktienoptionsrechten in der Internationalen Rechnungslegung

Eine theoretische und empirische Analyse

Peter Lang
Europäischer Verlag der Wissenschaften

Die Deutsche Bibliothek - CIP-Einheitsaufnahme

Jüttner-Nauroth, Beate:

Definition, Verständnis und Relevanz des fair value von Aktienoptionsrechten in der Internationalen Rechnungslegung : eine theoretische und empirische Analyse / Beate Jüttner-Nauroth. - Frankfurt am Main ; Berlin ; Bern ; Bruxelles ; New York ; Oxford ; Wien : Lang, 2002
(Beiträge zum Rechnungs-, Finanz- und Revisionswesen ; 51)
Zugl.: Mainz, Univ., Diss., 2001
ISBN 3-631-39067-X

D 77
ISSN 0721-3026
ISBN 3-631-39067-X

www.peterlang.de

Vorwort

Vermögensgegenstände werden nach deutschem HGB zum Zeitpunkt ihres Zugangs zum Unternehmensvermögen im finanziellen Rechnungswesen mit einem Buchwert in Höhe ihrer Anschaffungsausgaben angesetzt. Sinkt der Börsenwert, der Marktwert oder der beizulegende Wert eines Vermögensgegenstandes in der Folgezeit unter seinen Buchwert, so ist der niedrigere der beiden Werte anzusetzen. Wertsteigerungen dürfen nur angesetzt werden, soweit damit Herabsetzungen des Buchwertes vergangener Abrechnungszeiträume rückgängig gemacht werden. Die Anschaffungsausgaben eines Vermögensgegenstandes stellen damit die Obergrenze der Bewertung dar.

Die dargestellte Bewertungsregel wird als Niederstwertprinzip bezeichnet. Sie soll einer Objektivierung von Wertansätzen sowie einer vorsichtigen Ermittlung von Eigenkapital und Einkommen dienen. Im Falle von Wertsteigerungen eines Vermögensgegenstandes über seine Anschaffungsausgaben hinaus bewirkt sie zwar immer eine Objektivierung, ruft jedoch gleichzeitig eine Verzerrung von Eigenkapital und Einkommen hervor. Der Objektivierung durch die Anschaffungsausgaben als Obergrenze wird Vorrang vor der Aktualität einer auf Tageswerten zum Bewertungsstichtag beruhenden Eigenkapital- und Einkommensermittlung eingeräumt. Es ist schwer zu verstehen, dass dies auch dann gelten soll, wenn der Tageswert eines Vermögensgegenstandes auch für den Bewertungsstichtag objektiv ermittelt werden kann, wie es beispielsweise auf einem aktiven Markt mit ex post nachprüfbaren Preisaufzeichnungen wie der Wertpapierbörse der Fall ist.

Die Orientierung der Bewertung eines Vermögensgegenstandes an seinen Anschaffungsausgaben wirkt sich auf den Aussagegehalt eines Jahresabschlusses besonders nachteilig aus, wenn der Vermögensgegenstand zur Absicherung von Risiken angeschafft wurde, die mit anderen Vermögensgegenständen verbunden sind. Für eine unverzerrte Darstellung der Absicherung eines Unternehmens gegenüber Risiken durch Finanzinstrumente im Jahresabschluss ist es erforderlich, sowohl Werte unterhalb als auch solche oberhalb der Anschaffungsausgaben abzubilden. Dem trägt die Entwicklung des Rechnungslegungssystems der USA sowie des IASB der letzten Jahre bereits Rechnung. Die Standards beider Systeme sehen für Finanzinstrumente bei Zugangs- und Folgebewertung den Ansatz eines sogenannten »fair value« vor, der als ein unter normalen

Bedingungen zustande gekommener Preis auf einem aktiven Markt verstanden wird.

Das Konzept des »fair value« ist ein relativ neues Konzept, dessen inhaltliche Ausgestaltung und Anwendungsprobleme noch weitgehend unerforscht sind. Die vorliegende Arbeit liefert einen hervorragenden Beitrag zum inhaltlichen Verständnis dieses Konzeptes und zu den Auswirkungen auf den Aussagegehalt von Jahresabschlüssen. Dabei beschränkt sich die Autorin auf Aktienoptionen. Dazu werden zunächst die empirischen Untersuchungen zur Wertrelevanz von »fair values« eingehend diskutiert. Anschließend analysiert die Autorin sorgfältig mit Hilfe eines theoretisch basierten Modells die Ermittlungs- und Aussageprobleme bei verschiedenen Marktbedingungen. Es zeigt sich, dass das zunächst einfach klingende Konzept unter gewissen Bedingungen Probleme und (eigentlich ungewollte) Ermessenspielräume für Jahresabschlussersteller mit sich bringt. Daher ist es nur konsequent, die Arbeit durch eine empirische Untersuchung darüber abzuschließen, wie Jahresabschlussersteller bei der Ermittlung des »fair value« vorgegangen sind, die Vermögensgüter mit diesem angesetzt haben.

Es handelt sich um eine lesenswerte, gleichermaßen theoretisch anspruchsvolle und anschaulich gestaltete Untersuchung der Verwendung von »fair values« bei der Bewertung von Aktienoptionen. Die Arbeit kann zur Versachlichung der Diskussion um die Vor- und Nachteile dieses Bewertungskonzeptes beitragen.

Aachen, den 30.4.2002 Hans Peter Möller

Der Werwolf

Der Werwolf eines Nachts entwich
von Weib und Kind und sich begab
an eines Dorfschullehrers Grab
und bat ihn: Bitte, beuge mich!

Der Dorfschulmeister stieg hinauf
auf seines Blechschilds Messingknauf
und sprach zum Wolf, der seine Pfoten
geduldig kreuzte vor dem Toten:

„Der Werwolf”-sprach der gute Mann,
„des Weswolfs, Genitiv sodann,
dem Wemwolf, Dativ, wie man's nennt,
den Wenwolf, - damit hat's ein End.”

Dem Werwolf schmeichelten die Fälle,
er rollte seine Augenbälle.
Indessen, bat er, füge doch
zur Einzahl auch die Mehrzahl noch!

Der Dorfschulmeister aber mußte
gestehn, daß er von ihr nichts wußte.
Zwar Wölfe gäb's in großer Schar,
doch „Wer” gäb's nur im Singular.

Der Wolf erhob sich tränenblind -
er hatte ja doch Weib und Kind!!
Doch da er kein Gelehrter eben,
so schied er dankend und ergeben.

Christian Morgenstern

Inhaltsverzeichnis

Abbildungsverzeichnis

Tabellenverzeichnis

Notationsverzeichnis

$BVA_i\,(t)$	Buchwert des Asset i im Zeitpunkt t
$BVE_f\,(t)$	Buchwert des Eigenkapitals des Unternehmens f im Zeitpunkt t
$BVFI_f\,(t)$	Buchwert der Finanzinstrumente des Unternehmens f im Zeitpunkt t
$BVL_j\,(t)$	Buchwert der Liability j im Zeitpunkt t
$EAR_f\,(t)$	Erfolg der Periode $]t-1,t]$ des Unternehmens f
$EAR_f^a(t)$	Abnormaler Erfolg der Periode $]t-1,t]$ des Unternehmens f
$EARFI_f^a(t)$	Abnormaler die Finanzinstrumente betreffender Erfolg der Periode $]t-1,t]$ des Unternehmens f
$EARNFI_f^a\,(t)$	Abnormaler nicht die Finanzinstrumente betreffender Erfolg der Periode $]t-1,t]$ des Unternehmens f
$FVA_i\,(t)$	Fair Value des Asset i im Zeitpunkt t
$FVFI_f\,(t)$	Gesamtheit der Fair Values aller Finanzinstrumente eines Unternehmens f im Zeitpunkt t
$FVL_j\,(t)$	Fair Value der Liability j im Zeitpunkt t
$MPA_i\,(t)$	Marktpreis des Asset i im Zeitpunkt t
$MPA_i^{ask}\,(t)$	Kaufpreis des Asset i im Zeitpunkt t
$MPA_i^{bid}\,(t)$	Verkaufspreis des Asset i im Zeitpunkt t
$MPL_j\,(t)$	Marktpreis der Liability j im Zeitpunkt t
$MPL_j^{ask}\,(t)$	Preis für die Begleichung der Liability j im Zeitpunkt t
$MPL_j^{bid}\,(t)$	Preis für die Aufnahme der Liability j im Zeitpunkt t
$MVA_i\,(t)$	Marktwert des Asset i im Zeitpunkt t
$MVA_i^{ub}\,(t)$	Wertobergrenze des Asset i im Zeitpunkt t
$MVA_i^{lb}\,(t)$	Wertuntergrenze des Asset i im Zeitpunkt t
$MVE_f\,(t)$	Marktwert des Eigenkapitals des Unternehmens f im Zeitpunkt t
$MVE_f^{ask}\,(t)$	Marktwert des Eigenkapitals aus der Sicht des Käufers des Unternehmens f im Zeitpunkt t
$MVE_f^{bid}\,(t)$	Marktwert des Eigenkapitals aus der Sicht des Verkäufers des Unternehmens f im Zeitpunkt t
$MVE_f^{lb}\,(t)$	Wertuntergrenze des Marktwerts des Eigenkapitals des Unternehmens f im Zeitpunkt t

$MVE_f^{ub}(t)$	Wertobergrenze des Marktwerts des Eigenkapitals des Unternehmens f im Zeitpunkt t
$MVL_j(t)$	Marktwert der Liability j im Zeitpunkt t
$MVL_j^{lb}(t)$	Wertuntergrenze der Liability j im Zeitpunkt t
$MVL^{ub}(t)$	Wertobergrenze der Liability j im Zeitpunkt t
$RA(t)$	Recoverable Amount im Zeitpunkt t
$C(t)$	Preis der Amerikanischen oder Europäischen Kaufoption im Zeitpunkt t
$C^a(t)$	Preis der Amerikanischen Kaufoption im Zeitpunkt t
$C^e(t)$	Preis der Europäischen Kaufoption im Zeitpunkt t
$C^d(t)$	Preis der Europäischen Kaufoption im "down-Zustand" im Zeitpunkt t
$C^u(t)$	Preis der Europäischen Kaufoption im "up-Zustand" im Zeitpunkt t
$d_f(t)$	Dividendenzahlung des Unternehmens f im Zeitpunkt t
$E\ddot{U}_t$	Einzahlungsüberschuß im Zeitpunkt t
$P(t)$	Preis der Amerikanischen oder Europäischen Verkaufsoption im Zeitpunkt t
$P^a(t)$	Preis der Amerikanischen Verkaufsoption im Zeitpunkt t
$P^e(t)$	Preis der Europäischen Verkaufsoption im Zeitpunkt t
$\boldsymbol{\pi}$	Preisvektor aller Zustandswertpapiere im Zeitpunkt $t = 0$
$\boldsymbol{\pi}^T$	Transponierte des Preisvektors
π_{ω_i}	Preis des Zustandswertpapiers im Zeitpunkt $t = 0$, das im Zustand ω_i eine Geldeinheit auszahlt
$\pi(\xi)$	Preis des Zustandswertpapiers im Zeitpunkt $t = 0$, das im Knoten ξ eine Geldeinheit auszahlt
$\pi_{l,n-l}$	Preis des Zustandswertpapiers im Zeitpunkt $t = 0$, das im Zustand $(l, n-l)$ eine Geldeinheit auszahlt und in allen anderen Zuständen nichts auszahlt
$\mathbf{q}(t)$	Vektor der Marktpreise der Wertpapiere im Zeitpunkt t
$\mathbf{q}(\xi)$	Vektor der Marktpreise der Wertpapiere im Knoten ξ
$q^k(t)$	Preis des Wertpapiers k im Zeitpunkt t
$S(t)$	Aktien bzw. Kassapreis der Aktie im Zeitpunkt t
V	Matrix der Rückflüsse aller Wertpapiere in jedem Zustand im Zeitpunkt T
V^k	Rückfluß des Wertpapiers k im Zeitpunkt T
$V_{\omega_i}^k$	Rückfluß des Wertpapiers k im Zustand ω_i und Zeitpunkt T

$\mathbf{V}^k$	Vektor der Rückflüsse des Wertpapiers k im Zeitpunkt T
$\sqrt{Var}$	Annualisierte Standardabweichung der Aktienkursrendite
W	Matrix der Zahlungen, die mit dem Kauf einer Einheit jedes Wertpapiers im Zeitpunkt $t = 0$ verbunden sind
W^T	Transponierte der Matrix W
$\mathbf{W}^k$	Vektor der Zahlungen, die mit dem Kauf einer Einheit des Wertpapiers k im Zeitpunkt $t = 0$ verbunden sind
$(\mathbf{W}^k)^T$	Transponierte des Vektor $\mathbf{W}^k$
b_0	Restgröße
b_i, b_j	Regressionskoeffizienten
d	Konstante
D	Menge der Knoten des Zustandsbaums
D_T	Menge der Endknoten des Zustandsbaums
$\#D$	Anzahl der Knoten im Zustandsbaum D
$E[\cdot]$	Erwartungswert
$\varepsilon_{t,t+1}$	Abnormaler Gewinn in der Periode $]t, t+1]$
$F = (F_0, \ldots, F_T)$	Folge feiner werdender Partitionen mit $F_0 = \Omega$ und $F_T = \{\{\omega_1\}, \ldots \{\omega_I\}\}$
K	Kassapreis, Basispreis
l	Anzahl der Kursanstiege in n Perioden
n	Anzahl der Perioden vom Zeitpunkt t bis zum Fälligkeitszeitpunkt T
$N(\cdot)$	Standardisierte Normalverteilung
$\mathbb{N}$	Menge der natürlichen Zahlen
ω_i	Umweltzustand i
Ω	Menge der möglichen Umweltzustände
$P(\omega_i)$	Wahrscheinlichkeit für das Eintreten des Zustands ω_i
r	Zinssatz pro Periode/Zinsrate p.a.
$R := 1 + r$	Aufzinsungsfaktor
$\hat{r}$	Zinssatz pro Jahr
$\mathbb{R}$	Menge der reellen Zahlen
σ	Teilmenge der Partition
t^*	Zugangszeitpunkt
t	Zeitpunkt
T	Fälligkeitszeitpunkt
$\mathbf{T}$	Menge der Zeitpunkte
TK	Transaktionskosten

u	Konstante
x	Anzahl der Aktien
y	Anzahl der risikolosen Anleihen
z_s^k	Menge des Wertpapiers k im Portefeuille des Marktteilnehmers s
$\mathbf{z}^T$	Transponierte des Vektors der Mengen der Wertpapiere im Portefeuille
ξ	Knoten im Zustandsbaum
ξ^-	Vorgängerknoten von Knoten ξ
ξ^+	Nachfolgerknoten von Knoten ξ

Abkürzungsverzeichnis

AICPA	American Institute of Certified Public Accountants
Aufl.	Auflage
bzw.	beziehungsweise
c.p.	ceteris paribus
d.A.	der Autor
d.h.	das heißt
DE	Derivateeinsatz
DP	Discussion Paper "Accounting for Financial Assets and Financial Liabilities"
DP 2, 3.8	Discussion Paper Kapitel 2, Paragraph 3.8
e.V.	eingetragener Verein
f.	folgende Seite
ff.	fortfolgende Seiten
FASB	Financial Accounting Standards Board
FV	Fair Value
F.2	Framework Paragraph 2
GAAP	Generally Accepted Accounting Principles
HGB	Handelsgesetzbuch
Hrsg.	Herausgeber
IAS	International Accounting Standards
IAS 32.9	International Accounting Standard Nummer 32. Paragraph 9
IASC	International Accounting Standards Committee
IDW	Institut der Wirtschaftsprüfer in Deutschland e.V.
i.d.F.v.	in der Fassung vom
i.e.S.	im engeren Sinne
IOSCO	International Organisation of Securities Commissions
i.V.m.	in Verbindung mit
J	Ja
Mrd.	Milliarde
N	Nein

NM	Neuer Markt
No.	Number
o.B.d.A.	Ohne Beschränkung der Allgemeinheit
OTC	Over-the-Counter
p.a.	per anno
o.V.	ohne Verfasser
RGBl.	Reichsgesetzblatt
Rn.	Randnummer
s.	siehe
S.	Seite
SEC	Securities and Exchange Commission
SFAS	Statement of Financial Accounting Standards
Sp.	Spalte
u.a.	unter anderem
USA	United States of America
Vgl.	Vergleiche
z.B.	zum Beispiel

Kapitel 1

Einleitung

1.1 Hinführung zur Thematik

Eigenkapitalanbieter müssen kapitalnachfragende Unternehmen, in die sie investieren wollen, einschätzen können. Zur Beurteilung benötigen die Kapitalanbieter Informationen, mit Hilfe derer sie die Unternehmen vergleichen können. Informationen über Unternehmen liefern veröffentlichte Finanzinformationen wie z.B. Jahres- und Konzernabschlüsse sowie Lageberichte. Da Abschlüsse auf unterschiedlichen nationalen Normensystemen gründen, sind diese nicht vergleichbar. Demzufolge muß der Kapitalanbieter die in den Abschlüssen übermittelten Unternehmensdaten vergleichbar machen. Diese notwendige Aufbereitung der Rechnungslegung verursacht beim Kapitalanbieter Kosten.[1]

Kapitalnachfrager, die an einer ausländischen Börse notiert werden wollen, müssen oftmals für jeden Börsenplatz einen Abschluß auf der Grundlage der jeweiligen nationalen Rechtsnormen erstellen.[2] Dadurch entstehen dem Kapitalnachfrager Kosten.[3]

Diese Kosten vermindern sich mit der fortschreitenden Harmonisierung der Rechnungslegungsnormen und entfallen mit einer Vereinheitlichung vollständig.

Internationale Rechnungslegungsnormen – sogenannte International Accounting Standards (IAS) – werden vom International Accounting Standards Committee (IASC)

---

[1] Vgl. IASC (1997b), S. 5.

[2] Die Australier entwickeln einen Computeralgorithmus, der australische Abschlüsse in andere Rechnungslegungsnormen überführt, vgl. BROWN/HOWIESON (1998), S. 13.

[3] Vgl. ACHLEITNER/BEHR (1998), S. 22. Die zusätzliche Aufstellung eines Abschlusses nach US-amerikanischen Rechnungslegungsnormen kostet ein großes britisches bzw. japanisches Unternehmen ungefähr eine Million US-Dollars; vgl. CHAN/SEOW (1996), S. 141.

Die Vereinheitlichung der Rechnungslegung wird von den Unternehmen auch deshalb gefordert, weil sie einen Imageschaden durch zwei Rechnungen befürchten. Die Unternehmen sehen es als nicht gerade imagefördernd an, wenn je nach Rechnungslegung unterschiedlich hohe Gewinne ausgewiesen werden; vgl. MRUSEK (1998), S. 28.

entwickelt. Das IASC ist eine privatrechtliche Organisation nationaler Verbände von Accountants[4] in der Rechtsform eines Vereins mit derzeit (Stand: 28.12.2000) 153 Mitgliedern aus 112 Ländern.[5]

Betrachtet man die Möglichkeiten zur Stellungnahme durch die interessierte Öffentlichkeit, so vollzieht sich der Entwicklungsprozeß eines International Accounting Standard in drei Stufen: Zunächst wird ein *Draft Statement of Principles* erarbeitet, in dem das Thema abgegrenzt wird und mögliche Lösungsansätze dargestellt werden. Dieser wird zur Kommentierung durch die Interessierten vom IASC veröffentlicht. Auf der Basis des Draft Statement of Principles und der Kommentare wird ein *Exposure Draft* (Vorentwurf) erarbeitet, der die favorisierte Lösung enthält. Auch zum Exposure Draft kann von der Öffentlichkeit Stellung genommen werden. Ausgehend von diesem Exposure Draft und den dazu abgegebenen Stellungnahmen wird ein Entwurf des International Accounting Standard erarbeitet, der von dem Board[6] – dem obersten Entscheidungsgremium des IASC – als *International Accounting Standard* verabschiedet werden muß. Abweichungen von diesem idealtypischen Entwicklungsprozeß sind möglich. So kann während des Entwicklungsprozesses ein *Discussion Paper* publiziert werden, wenn das Board zu der Auffassung gelangt, daß das Thema weiterhin diskutiert werden muß. Auch zum Discussion Paper kann die Öffentlichkeit Stellung nehmen.[7]

Unternehmen in Europa, in den USA und in Japan sind von der Rechnungslegungspflicht nach dem jeweiligen nationalen Recht grundsätzlich nicht befreit, wenn sie einen Jahresabschluß nach IAS aufstellen.[8] Als Börsenzulassungsvoraussetzung sind die IAS grundsätzlich in der Europäischen Union, nicht aber in den USA anerkannt.[9] Die Anerkennung der IAS als Börsenzulassungsvoraussetzung in den USA wird angestrebt. Die International Organisation of Securities Commissions (IOSCO) – ein Zusammenschluß nationaler Börsenaufsichtsbehörden[10] – hat im Mai 2000 ihren Mitgliedern, die IAS zur Anerkennung als Börsenzulassungsvoraussetzung empfohlen.[11] Im Februar 2000

[4]Die Wirtschaftsprüfer sind nur eine Teilmenge der "Accountancy Profession". Unter "Accountancy Profession" versteht man sämtliche Berufsgruppen, die sich mit dem internen oder externen Rechnungswesen beschäftigen; vgl. HALLER (1993), S. 1297.

[5]Vgl. IASC (2000c); KLEEKÄMPER/KUHLEWIND (1997), S. 13.

[6]Vgl. IASC (1998a), S. 7.

[7]Vgl. IASC (1998a), S. 10 f.; ACHLEITNER/BEHR (1998), S. 40 f.; PELLENS (1998), S. 374 ff.

[8]Gemäß § 292a HGB ist ein deutsches Mutterunternehmen unter bestimmten Bedingungen von der Konzernrechnungslegungspflicht im Sinne des zweiten Unterabschnitts des HGB befreit, wenn es einen Konzernabschluß nach IAS aufstellt. Ähnliche Regelungen gibt es in Italien, Frankreich und Belgien; vgl. IASC (2000d).

[9]Vgl. BÖCKENHOFF (1993a), S. 1787 i.V.m. BÖCKENHOFF (1993b), S. 1828; KÜTING (1999), S. 41; ROSEN/PRECHTEL (1996), S. 391; vgl. IASC (2000c).

[10]Auch die US-amerikanische Börsenaufsichtsbehörde, die Securities and Exchange Commission (SEC) ist Mitglied der IOSCO; vgl. HAYN (1997), S. 176.

[11]Vgl. IASC (2000e). Voraussetzung der Anerkennung war, daß das IASC ein alle "wichtigen

hat die Securities and Exchange Commission (SEC) ihre Bereitschaft signalisiert, die Bilanzierung nach den IAS zu akzeptieren.[12] Eine abschließende Entscheidung über die Anerkennung der IAS als Börsenzulassungsvoraussetzung wurde bislang von der SEC noch nicht getroffen.[13]

International einheitliche Rechnungslegungsnormen werden auch für die Bilanzierung von Finanzinstrumenten (Financial Instruments) angestrebt. Zu diesen Finanzinstrumenten zählt das IASC auch Aktienoptionen.[14]

Eine Aktienoption ist ein Vertrag, der dem Käufer der Option das Recht gibt, eine bestimmte Anzahl von Aktien zu einem vorher festgelegten Preis (Basispreis) zu kaufen (Kaufoption, Call) oder zu verkaufen (Verkaufsoption, Put). Kann das Recht jederzeit während der Laufzeit ausgeübt werden, spricht man von einer Amerikanischen Option; kann das Recht nur am Ende der Laufzeit (Verfalltag) ausgeübt werden, spricht man von einer Europäischen Option.[15] Das Recht des Käufers der Aktienoption wird als Aktienoptionsrecht bezeichnet.[16] Der Verkäufer der Option (Stillhalter) hat im Falle der Ausübung die Verpflichtung, die Aktien zu diesem vorher festgelegten Preis (Basispreis) zu verkaufen oder zu kaufen.[17] Die Verpflichtung des Verkäufers der Option wird als Stillhalterverpflichtung bezeichnet.[18]

Seit 1989 arbeitet das IASC an einem Standard zur Bilanzierung von Finanzinstrumenten. 1991 veröffentlichte das IASC den ersten Exposure Draft E40, 1994 den zweiten Exposure Draft E48. Beide Entwürfe stießen auf heftige Kritik. Man entschied sich daraufhin, das Projekt in zwei Phasen aufzuspalten: Die erste Phase sollte sich mit dem Problem des Ausweises, die zweite Phase mit dem Problem des Ansatzes und der Bewertung von Finanzinstrumenten beschäftigen. Die erste Phase wurde 1995 mit der Verabschiedung von IAS 32 "Financial Instruments: Disclosure and Presentation" abgeschlossen. Die zweite Phase wurde mit der Veröffentlichung des Discussion Paper[19] "Accounting for Financial Assets and Financial Liabilities" im März 1997 eingeleitet. Der endgültige Standard wurde für Ende 2000 erwartet. Am 14.12.2000 hat das IASC zusammen mit den anderen Mitgliedern der Financial Instru-

---

Bereiche" abdeckendes Rechnungslegungssystem von "hoher Qualität", schafft. Ende 1998 hat das IASC den vollständigen Satz an Bilanzierungsvorschriften fertiggestellt, dessen Eignung als Börsenzulassungsvoraussetzung dann von der IOSCO überprüft wurde; vgl. GLAUM (1997), S.1628 f; IASC (2000f).

[12] Vgl. o.V. (2000a), S. 21; o.V. (2000b), S. 24.

[13] Vgl. NORRIS (2001), S. 9.

[14] Vgl. DP 2, 3.9 i.V.m. DP 3, 3.15.

[15] Vgl. SANDMANN (1999), S. 2 ff.

[16] Vgl. BREKER (1993), S. 6.

[17] Vgl. JARROW/TURNBULL (1996), S. 14.

[18] Vgl. BREKER (1993), S. 6.

[19] IASC (1997a).

ments Joint Working Group of Standard Setters einen "Draft Standard and Basis for Conclusions - Accounting for Financial Instruments and Similar Items"[20] herausgegeben.[21] Für das IASC ist das Dokument kein Standard und kein Exposure Draft; es wird wie ein Discussion Paper behandelt.[22]

Um den Unternehmen vorläufige Bilanzierungsvorschriften für Finanzinstrumente geben zu können, wurde Ende 1998 der Interimsstandard IAS 39 "Financial Instruments: Recognition and Measurement" verabschiedet. IAS 39 tritt für alle Geschäftsjahre ab dem 01.01.2001 in Kraft. Im September 2000 wurde der erste Teil der "IAS 39 Implementation Guidance - Questions and Answers"[23], der den Unternehmen bei der Umsetzung des IAS 39 helfen soll, herausgegeben.[24]

1.2 Problemstellung

Unter den sachlichen Anwendungsbereich von Discussion Paper "Accounting for Financial Assets and Financial Liabilities" und IAS 39 "Financial Instruments: Recognition and Measurement" fällt die Bewertung von Aktienoptionsrechten.[25]

Bislang werden die Bewertungskonzepte von Discussion Paper und IAS 39 lediglich allgemein, das heißt ohne Bezugnahme auf ein bestimmtes Finanzinstrument, beschrieben[26] und diskutiert[27]. Damit werden zwangsläufig Probleme der Wertbestimmung eines konkreten Finanzinstruments in der Bilanz außer acht gelassen. Im folgenden sollen daher die beiden Konzepte auf einen aus finanzwirtschaftlicher Sicht einfach zu bewertenden Finanzvertrag angewandt werden. Ein solcher Vertrag ist die Aktienoption.

Nach dem Discussion Paper und dem IAS 39 soll das Aktienoptionsrecht in der

---

[20] JOINT WORKING GROUP OF STANDARD SETTERS (2000).

[21] Der Stand der Erörterungen im Juli 2000 wird bei BREKER/GEBHARDT/PAPE (2000) dargestellt.

[22] Vgl. IASC (2000g).

[23] IASC (2000b).

[24] Vgl. GLAUM (1997), S. 1630 f.; HALLAUER/MILBURN/HAGUE (1997), S. 257 f.; IASC (2000h); HAGUE (1998), S. 65; PACTER (1998), S. 60; PACTER (2000), S. 22.

IAS 39 wurde vor allem deshalb kritisiert, weil sein Entwicklungsprozeß als zu kurz angesehen wurde. Dieses Argument wurde von den US-Amerikanern vorgebracht, die ihrerseits (und aus heutiger Sicht erfolglos) versuchten, die Anerkennung der IAS durch die IOSCO so lange wie möglich hinauszuzögern. In der Zwischenzeit, bis zur Anerkennung der IAS durch die IOSCO, sollten sich ihre nationalen Rechnungslegungsnormen konkurrenzlos als internationale Rechnungslegungsnormen durchsetzen; vgl. WOOD (1999), S. 24 f.

[25] Die Darstellung basiert auf der Terminologie von Discussion Paper bzw. IAS 39.

[26] Vgl. GEBHARDT/NAUMANN (1999), S. 1461–1469; GRAF WALDERSEE (1999), S. 239–264; GLAUM (1997), S. 1630 ff.; HALLAUER/MILBURN/HAGUE (1997), S. 257–364; HAGUE (1998), S.65.

[27] Die Diskussion hat die in Abschnitt 1.3.2 aufgeführten Bereiche zum Gegenstand.

Bilanz folgendermaßen bewertet werden:

- Es soll beim erstmaligen Ansatz in der Bilanz mit dem "Fair Value der dafür hingegebenen Gegenleistung"[28] bewertet werden.
- An den auf dem erstmaligen Ansatz in der Bilanz folgenden Abschlußstichtagen soll es grundsätzlich mit dem Fair Value in diesen Zeitpunkten bewertet werden.[29]

Dieser Bewertungsvorschlag birgt Probleme:

- Der Fair Value ist nicht eindeutig definiert.
  Das Discussion Paper und IAS 39 übernehmen[30] die Definition des Fair Value aus IAS 32.5: Der Fair Value ist demnach der Betrag, für den eine Aktienoption "could be exchanged, ... , between knowledgeable, willing parties in an arm's length transaction"[31]. Die Begriffe "knowledgeable, willing parties" und "arm's length transaction" werden nicht erläutert.

- Die Ermittlung des Fair Value ist nicht eindeutig festgelegt.
  Der Fair Value der gegebenen Gegenleistung wird beim erstmaligen Ansatz in der Bilanz (*Zugangsbewertung*) folgendermaßen ermittelt:[32]
  Der Fair Value des Optionsrechts ist der zu zahlende Geldbetrag, wenn dieser die alleinige Gegenleistung darstellt und wenn es sich um eine "arm's length transaction" handelt.[33]

  Nach dem **Discussion Paper** wird der Fair Value an den auf dem erstmaligen Ansatz folgenden Abschlußstichtagen (*Folgebewertung*) wie folgt ermittelt: Wird das Optionsrecht am Bilanzstichtag in einem *Active Market* gehandelt, dann ist der Fair Value des Optionsrechts der Marktpreis.[34] Der Begriff "Active Market" bleibt unbestimmt.
  Wird das Optionsrecht am Bilanzstichtag in einem *Less Active Market* gehandelt, dann gibt das Discussion Paper nicht an, wie der Fair Value zu ermitteln ist. Das Discussion Paper weist lediglich beispielhaft auf einzelne Merkmale hin, die

---

[28] *"... fair value of the consideration given ... for it";* DP 4, 2.1; IAS 39.66.

[29] Vgl. DP 5, 3.1; IAS 39.69.

[30] Vgl. DP 4, 3.2; DP 5, 2.5; IAS 39.8.

[31] IAS 32.5. Die Übersetzung des auf das Optionsrecht bezogenen IAS 32.5 lautet:
Der Fair Value ist der Betrag, zu dem zwischen sachverständigen, vertragswilligen und voneinander unabhängigen Geschäftspartnern ein Optionsrecht getauscht werden könnte; vgl. IASC (1998b), IAS 32.5.

[32] Vgl. DP 4, 2.1; IAS 39.66–39.67.

[33] Vgl. DP 4, 3.4, IAS 39.67.

[34] Vgl. DP 5, 2.6.

bei der Wertermittlung berücksichtigt werden können und berücksichtigt werden müssen. Bei der Ermittlung des Fair Value könnte auf den jüngsten Marktpreis Bezug genommen werden. Zudem müssen die Marktpreise der Aktienoption vor und nach dem Bewertungsstichtag beachtet werden. Das Discussion Paper erläutert den Begriff "Less Active Market" nicht.[35]
Wird das Optionsrecht am Bilanzstichtag *nicht gehandelt* (das heißt, es existiert kein veröffentlichter Marktpreis), dann wird der Fair Value durch Optionsbewertungsmodelle errechnet.[36] Das Discussion Paper nennt beispielhaft zwei Optionsbewertungsmodelle, mit denen das Aktienoptionsrecht zu bewerten ist: das Black-Scholes-Modell und das Binomialmodell.[37]

Nach **IAS 39** wird der Fair Value an den auf dem erstmaligen Ansatz folgenden Abschlußstichtagen (*Folgebewertung*) wie folgt ermittelt: Wird das Optionsrecht in einem *Active Market* gehandelt, dann ist der Fair Value des Optionsrechts der Marktpreis. Der Begriff "Active Market" bleibt unbestimmt.[38]
Wird das Optionsrecht am Bilanzstichtag nicht in einem Active Market gehandelt, dann ist der Fair Value der Marktpreis oder der Wert, der sich durch ein Optionsbewertungsmodell errechnet. IAS 39 gibt keine Auskunft darüber, wie das Bewertungsmodell "beschaffen" sein muß bzw. sein sollte.[39]
Wird das Optionsrecht am Bilanzstichtag nicht gehandelt (das heißt, es existiert kein veröffentlichter Marktpreis), dann wird der Fair Value entweder aus den Marktpreisen der Komponenten der Aktienoption oder aus dem Marktpreis eines gleichartigen Finanzinstruments abgeleitet. IAS 39 läßt offen, was unter einem gleichartigen Finanzinstrument zu verstehen ist. Auch bleibt unklar, wie der Fair Value aus diesem Marktpreis abzuleiten ist.[40]

Demnach legen das Discussion Paper und IAS 39 nicht eindeutig fest, was der Fair Value ist, noch wie er zu ermitteln ist. Der Begriff Fair Value bleibt unklar.

---

[35] Vgl. DP 5, 5.7 f.
[36] Vgl. DP 5, 5.10.
[37] Vgl. DP 5, 5.18.
[38] Vgl. IAS 39.99–39.102.
[39] Vgl. IAS 39.100.
[40] Vgl. IAS 39.101.

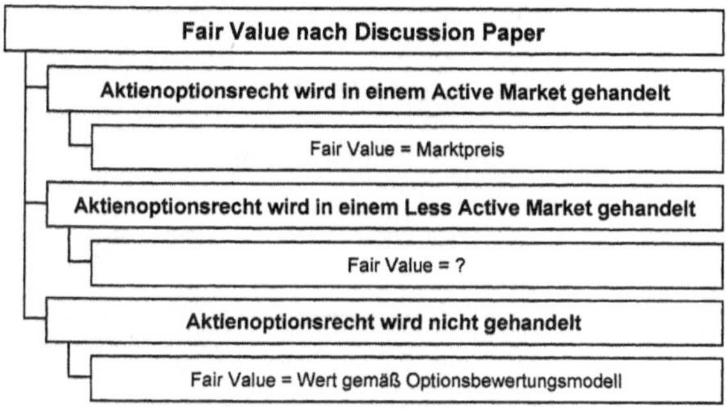

Abbildung 1.1: Folgebewertung von Aktienoptionsrechten in der Bilanz nach dem Discussion Paper

Abbildung 1.2: Folgebewertung von Aktienoptionsrechten in der Bilanz nach IAS 39

1.3 Einordnung, Ziel, Aufbau und Ergebnisse der Arbeit

1.3.1 Einordnung

Drei miteinander verbundene Problemkreise werden sowohl im Rahmen der Internationalen als auch im Rahmen der nationalen Rechnungslegung im Hinblick auf die Bilanzierung von Derivaten diskutiert:

- Abbildung von Sicherungszusammenhängen,
- Informationspflichten im Anhang bzw. in den Notes[41],
- Wertansatz von Derivaten in der Bilanz bzw. Berücksichtigung von Wertänderungen in der Gewinn- und Verlustrechnung.

Im Grundsatz geht es bei der "richtigen" *Abbildung von Sicherungsbeziehungen* um die Behandlung von unrealisierten Wertsteigerungen und unrealisierten Wertminderungen aus Sicherungsgeschäften und Grundgeschäften. Probleme bei der Abbildung von Sicherungszusammenhängen ergeben sich, wenn zwischen dem Beginn und dem Ende einer Sicherungsbeziehung ein Abschlußstichtag liegt. In diesem Zusammenhang werden in Abhängigkeit davon, ob das Grundgeschäft in der Bilanz angesetzt ist, zwei Szenarien diskutiert:

- Das Grundgeschäft ist in der Bilanz angesetzt. Am Abschlußstichtag steht die Wertsteigerung (Wertminderung) des Grundgeschäfts der Wertminderung (Wertsteigerung) des Sicherungsgeschäfts gegenüber.
  - Sieht man das Grundgeschäft und das Sicherungsgeschäft als eine Einheit an, so wird die unrealisierte Wertminderung gegen die unrealisierte Wertsteigerung aufgerechnet. Im Hinblick auf die Erfolgswirkung des Saldos können zwei Fälle unterschieden werden:[42]
    * Die unrealisierte Wertänderung wird erfolgsneutral behandelt.
    * Die unrealisierte Wertänderung wird immer erfolgswirksam erfaßt.
    * Die unrealisierte Wertänderung wird in Abhängigkeit des Vorzeichens erfolgswirksam erfaßt. Wird nur der negative Saldo angesetzt, so bildet diese Vorgehensweise den Schwerpunkt der Diskussion zum Hedge Accounting in Deutschland.[43] Das Problem des Verfahrens wird darin gesehen, daß der Einzelbewertungsgrundsatz aufgegeben wird und

[41] Die Bestandteile des Financial Statement sind gemäß IAS 1.7: Bilanz (Balance Sheet), Gewinn- und Verlustrechnung (Income Statement), Eigenkapitalveränderungsrechnung (Statement Showing Changes in Equity), Kapitalflußrechnung (Cash Flow Statement), Beschreibung der Rechnungslegungsmethoden und Erläuterungen (Accounting Policies and Explanatory Notes).

[42] Vgl. Benston/Mian (1995), S. 236 f.; Benston (1997), S. 56 f.; Bezold (1997), S. 13; DP 6, 4.4; Herzig (1997), S. 41; Herzig/Mauritz (1998); Kohli/Bryce (1999), S. 35; Steiner/Tebroke/Wallmeier (1995), S. 535; Windmöller/Breker (1995), S. 398 ff.

[43] Vgl. Graf Waldersee (1999), S. 248 ff.; Steiner/Tebroke/Wallmeier (1995), S. 536 ff.

damit die Möglichkeit besteht, daß der Bilanzierende Bewertungseinheiten willkürlich bildet.[44] Es werden daher unterschiedliche Größen an Sicherungsbeziehungen – Mikro-Hedge (Hedge von einzelnen genau definierten Geschäften), Portfolio-Hedge (Hedge von mehreren Geschäften) und Macro-Hedge (Hedge auf der Ebene des Gesamtunternehmens) – im Hinblick auf ihre Vereinbarkeit mit einem willkürfreien Bewertungseinheitenkonzept erörtert.[45]

- Sieht man das Grundgeschäft und das Sicherungsgeschäft nicht als Einheit an, so wird die unrealisierte Wertminderung gegen die unrealisierte Wertsteigerung nicht aufgerechnet. Im Hinblick auf die Erfolgswirkung der unrealisierten Wertminderung bzw. der unrealisierten Wertsteigerung können zwei Fälle unterschieden werden:
  * Die unrealisierte Wertminderung und die unrealisierte Wertsteigerung werden erfolgsneutral behandelt.
  * Die unrealisierte Wertminderung und die unrealisierte Wertsteigerung werden erfolgswirksam erfaßt.[46] Diese Vorgehensweise sieht das Discussion Paper[47] und IAS 39.153 vor. Das Problem dieses Prozedere wird von BEZOLD[48] darin gesehen, daß noch nicht realisierte Wertsteigerungen als Gewinne angesetzt werden.

• Das Grundgeschäft ist im Jahresabschluß nicht angesetzt; es handelt sich hierbei z.B. um eine zukünftige beabsichtigte Transaktion (z.B. zukünftiger Kauf von Getreide, zukünftiger Kauf von Devisen).[49] Im Hinblick auf das Ziel der "richtigen" Abbildung von Sicherungsbeziehungen wird hier die Zurechnung der Wertminderungen bzw. Wertsteigerungen des Sicherungsinstruments zum zukünftig beabsichtigten Grundgeschäft diskutiert.[50] Dieses Ziel wird erreicht, wenn am Abschlußstichtag die Wertsteigerungen bzw. Wertminderungen des Sicherungs-

[44] Vgl. GRAF WALDERSEE (1999), S. 249; HERZIG/MAURITZ (1998), S. 105, 123.

[45] Vgl. HERZIG (1997); HERZIG/MAURITZ (1998). Das Problem, ob die Bildung von Bewertungseinheiten freiwillig oder verpflichtend ist, wird von BREKER/WINDMÖLLER und STEINER/TEBROKE/WALLMEIER diskutiert; vgl. BREKER/WINDMÖLLER (1995), S. 398; STEINER/ TEBROKE/WALLMEIER (1995), S. 537.

[46] In der Internationalen Rechnungslegung und in den US-GAAP wird die Sicherungsbeziehung als Fair Value Hedge bezeichnet; vgl. IAS 39.153, LABUDE/WIENKEN (2000), S. 13.

[47] Vgl. DP 6, 5.1.

[48] Vgl. BEZOLD (1997), S. 13.

[49] In der Internationalen Rechnungslegung und in der US-amerikanischen Rechnungslegung wird diese Sicherungsbeziehung als Cash Flow-Hedge bezeichnet; vgl. LABUDE/WIENKEN (2000), S. 16.

[50] Vgl. BOCHE (2000), S. 32.

instruments erfolgsneutral abgegrenzt werden.[51] Die Vorgehensweise sieht IAS 39.137 (b) in Verbindung mit IAS 39.158 vor.

Die Diskussion um die *Informationspflichten im Anhang* betrifft die Art und den Umfang der offenzulegenden Angaben über Derivate.[52] Ziel ist es, ausreichend Informationen offenzulegen, die für die Adressaten des Jahresabschlusses von Interesse sind. Allerdings sollen die Unternehmen nicht gezwungen werden, Informationen bereitzustellen, die sie schädigen könnten.[53] So beklagten sich z.B. Finanzanalysten, daß der durch derivative Handelsstrategien ausgelöste Gewinneinbruch bei Morgan Stanley aufgrund nur selektiver Angaben im Abschluß nicht vorhersehbar war.[54] Auf der anderen Seite ist nicht auszuschließen, daß die verpflichtenden Angaben des Unternehmens genutzt werden, um eine marktbeherrschende Stellung aufzubauen und diese gegen das Unternehmen "auszuspielen".[55]

Im Hinlick auf die Frage, welche Informationen für die Adressaten nützlich sind, werden Nominalwerte von Derivaten, Angaben zu Kredit- und Marktrisiken, Sensitivitäten (Einfluß der Risiken auf zukünftige Gewinne bzw. Zahlungsüberschüsse) und (ironisch) psychometrische Gutachten der Chefhändler genannt.[56] Die Angabe des Fair Value im Anhang wird auch diskutiert.[57] Die Information, die als für das rechnungslegende Unternehmen schädlich angesehen wird, sind die Verfalltermine der derivativen Posten.[58]

Die vorliegende Arbeit beschäftigt sich mit dem *Wertansatz von Derivaten in der Bilanz*; sie diskutiert die Bewertung von Derivaten mit dem Fair Value.[59]

---

[51] Vgl. STEINER/TEBROKE/WALLMEIER (1995), S. 540.

[52] Vgl. CARPENTER (1996), S. 96; PRIEST (1997), S. 38–42; REED (1995), S. 25–32.

[53] Vgl. GASTINEAU (1995), S. 76; PRAHL (1996), S. 159.

[54] Vgl. SILVERMAN (2000), S. 17.

[55] Vgl. GASTINEAU (1995), S. 76 ff.

[56] Vgl. REED (1995), S. 25 ff.; CARPENTER (1996), S. 69, GASTINEAU (1995), S. 74; PRIEST (1997), S. 42.

[57] Vgl. GASTINEAU (1995), S. 74; PRAHL (1996), S. 144, 158 f. SWENSON/BUTTROSS (1993), S. 71 f., 77. BERNHARD/SCHIPPER stellen fest, daß es bislang kein überzeugendes Argument dafür gibt, daß die im Anhang gegebene Information genauso verarbeitet wird wie die identische in der Bilanz gegebene Information. Gleiche Informationsverarbeitung heißt für BERNHARD/SCHIPPER, daß die Kapitalmarktreaktion für beide Arten der Informationsbekanntgabe identisch ist; vgl. BERNHARD/SCHIPPER (1994), zitiert bei BROWN/HOWIESON (1998), S. 21.

[58] Vgl. GASTINEAU (1995), S. 77

[59] Die Relevanz des im SFAS 115 geforderten erfolgsneutralen Ausweises der Änderungen des Fair Value zwischen zwei Bilanzstichtagen im Posten "Eigenkapital" diskutieren BARTH/LANDSMAN/WAHLEN (1995) und BEATTY/CHAMBERLAIN/MAGLIOLO (1996). Die Arbeit von BERNHARD/MERTON/PALEPU (1995) hat u.a. die Volatilität der Erfolge aufgrund der erfolgswirksamen Erfassung der Änderung des Fair Value zwischen zwei Bilanzstichtagen zum Gegenstand.

1.3.2 Ziel

Da nicht nur das Discussion Paper und IAS 39, sondern auch die Rechnungslegungsnormen der USA, die Generally Accepted Accounting Principles (US-GAAP), festlegen, daß Derivate grundsätzlich mit ihrem Fair Value zu bewerten sind, wird die Bewertung von Derivaten mit ihrem Fair Value nicht nur auf internationaler Ebene, sondern auch auf nationaler US-amerikanischer Ebene erörtert.[60]

Derivative Finanzverträge sind solche Verträge, deren Wert wiederum vom Wert eines oder mehrerer Finanztitel abhängt.[61] Der Wert des Rechts, eine Aktie zu kaufen bzw. zu verkaufen, ist abhängig von dem Wert der Aktie, die gekauft bzw. verkauft werden kann. Aktienoptionen gehören zu den derivativen Finanzverträgen.

Die Diskussion erstreckt sich dabei auf folgende Bereiche:

- Anwendungsprobleme,
- Begriffspräzisierung,
- Wertrelevanz.

Die Probleme, die sich durch **Anwendung des Bewertungskonzepts** ergeben, werden in der Regel von "Praktikern" aufgezeigt. KOHLI/BRYCE[62], BEZOLD[63] sowie die Stellungnahmen der interessierten Öffentlichkeit zur 14. Frage des Discussion Paper: "Do you agree that fair values are, generally, reliably determinable for the large majority of financial assets and financial liabilities, at reasonable cost, such that it is practicable to use them as basis for accounting measurement? If not, what items are not capable of reliable fair valuation and how should these items be measured?" zeigen, daß die Bestimmung des Fair Value von Derivaten in illiquiden Märkten unklar ist.[64] BERGER/KUESTER KING/BRIAN[65] kommen zu dem Schluß, daß die Marktbewertung von von Banken gewährten Darlehen schwierig ist, da es im Regelfall kein Markt für Darlehen gibt und Banken über private Informationen verfügen, die sie möglicherweise nicht offenlegen.

Der Schlüssel zur Lösung der Anwendungsprobleme ist die **Präzisierung des Begriffs "Fair Value"**. Die Definition des Fair Value eines Finanzinstruments ist

[60] Vgl. KOHLI/BRYCE (1999), S. 34; LORENZ (1997), S. 8; PACTER (1999), S. 75; STEINER/WALLMEIER (1998), S. 322.

[61] Vgl. SANDMANN (1999), S. 144.

[62] Vgl. KOHLI/BRYCE (1999), S. 36.

[63] Vgl. BEZOLD (1997), S. 14.

[64] Vgl. IASC (1998c); IASC (1998d); IASC (1998e). Die Schwierigkeit der Ermittlung des Fair Value in illiquiden Märkten ist z. B. dargestellt im: IASC (1998e), S. 1389, 1399, 1506.

[65] Vgl. BERGER/KUESTER KING/BRIAN (1991), S. 756 f., 759, 764.

ein bisher weitgehend vernachlässigtes Problem. Lediglich Barth/Landsman[66] und Cairns[67] beschäftigen sich mit der Bestimmung des Begriffs und ordnen ihn in die Kategorien "Entry Value" (Wert auf dem Beschaffungsmarkt) und "Exit Value" (Wert auf dem Absatzmarkt) ein.

Hinsichtlich der **Relevanz der Bewertung von derivativen Finanzverträgen mit ihrem Fair Value** werden zwei Ansätze unterschieden.

Der *erste Ansatz* wird u.a. durch Herzig[68], Herzig/Mauritz[69] und Wiedmann[70] vertreten. Sie diskutieren die Marktbewertung von Derivaten bzw. die Vereinbarkeit der Fair Value-Bewertung von Finanzinstrumenten mit den deutschen Rechnungslegungsnormen. Dieser Ansatz wird im weiteren nicht verfolgt.

Der *zweite Ansatz* untersucht die Vereinbarkeit der Fair Value-Bewertung von Derivaten mit den Interessen von (potentiellen) Investoren. Aufschluß über die Wertrelevanz des Konzepts will man zum einen durch *Befragung*, zum anderen durch *Regressionsanalysen* erhalten, die den Fair Value von Derivaten zum Aktienkurs des bilanzierenden Unternehmens in Beziehung setzen. Die interessierte Öffentlichkeit nimmt zur Relevanz der Bewertung von Finanzinstrumenten mit ihrem Fair Value durch Beantwortung der 12. Frage des Discussion Paper: "Do you agree that an enterprise should measure a financial asset or a financial liability on its initial recognition at the fair value of the consideration given or received for it?" und 13. Frage des Discussion Paper: "Do you agree that an enterprise should measure financial assets and financial liabilities at their fair value subsequent to initial recognition?" Stellung. Losgelöst von dieser "offiziellen" Befragung beurteilen einzelne Personen – wie z.B. Gastineau[71] und Willis[72] bzw. Personengruppen – wie z.B. der Financial Economists Roundtable[73] – die Wertrelevanz des Fair Value.

Die Regressionsanalysen untersuchen den Zusammenhang zwischen dem Fair Value von Derivaten und dem Aktienkurs des bilanzierenden Unternehmens. Dieser Ansatz wird von Venkatachalam[74] verfolgt und von Skinner[75] kritisch gewürdigt. Venkatachalam untersucht den Einfluß von in und unter der Bilanz ausgewiesenen zum Fair Value bewerteten Derivaten auf den Aktienkurs. Er problematisiert den Begriff Fair Value jedoch nicht. Als Fair Value gilt der Wert, den das Unter-

[66]Vgl. Barth/Landsman (1995), S. 97-107.
[67]Vgl. Cairns (1995), S. 94.
[68]Vgl. Herzig (1997).
[69]Vgl. Herzig/Mauritz (1998).
[70]Vgl. Wiedmann (1995).
[71]Vgl. Gastineau (1995).
[72]Vgl. Willis (1998).
[73]Vgl. Financial Economists Roundtable (1995).
[74]Vgl. Venkatachalam (1996).
[75]Vgl. Skinner (1996).

nehmen im Financial Statement ansetzt. Der derzeitige Diskussionsstand ist in Abbildung 1.3 wiedergegeben. Einen Überblick über die Wertrelevanzforschung geben BARTH/BEAVER/LANDSMAN.[76]

Eingebettet ist die gesamte Diskussion in die angelsächsische Denkweise und Denktradition.[77] Einen Abriß der letzten vierzig Jahre der angelsächsischen Rechnungslegungsforschung geben ABAD/LAFFARGA[78], BAUMAN[79], BEAVER[80], DYCKMAN[81], WATTS/ZIMMERMAN[82], WHITE/SONDHI/FRIED[83] und WHITTINGTON[84].

Ziel dieser Arbeit ist es, den Fair Value für ein Aktienoptionsrecht durch Interpretation des Begriffs "Active Market" zu präzisieren und das Bewertungkonzept im Hinblick auf die Erfüllung der Informationsinteressen (potentieller) Investoren zu beurteilen. Diese Arbeit soll demnach einen Beitrag zu den Diskussionspunkten "Begriffspräzisierung" und "Wertrelevanz" leisten.

1.3.3 Aufbau und Ergebnisse

Der erste Teil der Arbeit beschäftigt sich damit, die Bewertungskonzepte des Discussion Paper "Accounting for Financial Assets and Financial Liabilities" und des IAS 39 sowie die Bewertung von Aktienoptionen in der Finanzwirtschaft darzustellen.

Im zweiten Kapitel wird die Aktienoption definiert und ein Überblick über Aktienoptionsmärkte und Häufigkeit und Zweck des Einsatzes von Aktienoptionen gegeben.

Das dritte Kapitel behandelt die Bewertung von Aktienoptionen in der Finanzwirtschaft. Dabei wird zunächst das Grundprinzip, die Wertermittlung unter der Annahme der Arbitragefreiheit, erläutert. Im Anschluß daran werden die im Diskussion Paper beispielhaft genannten Optionsbewertungsmodelle als auf diesem Grundprinzip aufbauende Modelle dargestellt.

Im vierten Kapitel wird gezeigt, daß ein Aktienoptionsrecht ein Financial Asset ist, dessen Bilanzierung damit unter den sachlichen Anwendungsbereich des Discussion Paper und IAS 39 fällt.

Ausgehend von den allgemeinen Überlegungen zum Wertbegriff (Abschnitt 5.1 und 5.2) wird im Abschnitt 5.3 ein Raster (Werteraster) entwickelt, das eine Einordnung

[76] Vgl. BARTH/BEAVER/LANDSMAN (2000).

[77] GROSSFELD unterstreicht, daß das Verständnis der angelsächsichen Denkweise und Denktradition der Schlüssel der Auslegung ist; vgl. GROSSFELD (1999), S. 157 f.

[78] Vgl. ABAD/LAFFARGA (1999).

[79] Vgl. BAUMAN (1996).

[80] Vgl. BEAVER (1998).

[81] Vgl. DYCKMAN (1986).

[82] Vgl. WATTS/ZIMMERMAN (1986).

[83] Vgl. WHITE/SONDHI/FRIED (1995), S. 215–255.

[84] Vgl. WHITTINGTON (1992).

von unterschiedlichen Wertbegriffen erlaubt.

Im sechsten Kapitel wird die im Discussion Paper und im IAS 39 für Financial Assets dargestellte Zugangsbewertung (erstmalige Bewertung eines Financial Asset in der Bilanz) beschrieben und auf Aktienoptionsrechte angewandt. Demnach wird das Aktienoptionsrecht mit dem Fair Value der dafür hingegebenen Gegenleistung bewertet. Im Abschnitt 6.3 wird die Zugangsbewertung nach dem Discussion Paper mit der Zugangsbewertung nach IAS 39 verglichen. Im Abschnitt 6.4 wird der Begriff "Fair Value der hingegebenen Gegenleistung" in das Werteraster eingeordnet.

Analog wird im siebten Kapitel die im Discussion Paper und im IAS 39 für Financial Assets dargestellte Folgebewertung (Bewertung an den auf dem erstmaligen Ansatz in der Bilanz folgenden Abschlußstichtagen) beschrieben und auf Aktienoptionsrechte angewandt. Demnach wird das Aktienoptionsrecht mit dem Fair Value bewertet. Im Abschnitt 7.4 wird die Folgebewertung nach dem Discussion Paper der Folgebewertung nach IAS 39 vergleichend gegenübergestellt. Die Einordnung des Begriffs "Fair Value" in das Werteraster beschließt den ersten Teil.

Der zweite Teil umfaßt lediglich das achte Kapitel; es wird der Begriff "Fair Value" interpretiert.

Im dritten Teil, im neunten Kapitel, wird sich mit der Wertrelevanz des Fair Value beschäftigt. Es wird nach der Definition des Begriffs "Relevanz" (Abschnitt 9.1) im Abschnitt 9.2 überprüft, ob der von BARTH/LANDSMAN[85] zur Bewertung eines Financial Asset vorgeschlagene Value-in-Use und der Fair Value relevant sind. Im Anschluß daran wird in Abschnitt 9.3 die empirischen Untersuchungen zur Relevanz des Fair Value von Finanzinstrumenten dargestellt und beurteilt.

Das zehnte Kapitel, der vierte und letzte Teil der Arbeit, beantwortet die Frage, was deutsche Unternehmen, die einen Konzernabschluß nach IAS aufstellen, unter dem Fair Value verstehen.

Mit dem Ausblick im elften Kapitel wird die Arbeit beendet.

Es wird mit den folgenden Ergebnissen zum derzeitigen Stand der Diskussion über die Systematisierung der Risiken in den IAS und die Fair Value-Bewertung von Derivaten beigetragen:

- Es wird gezeigt, daß kein Anlaß besteht, sich auf eine Risikokonzeption, Fair Value-Risiko versus Cash Flow-Risiko, zu einigen.
- Der Fair Value eines Aktienoptionsrechts wird mit Hilfe der Aussagen von BARTH/LANDSMAN[86] als Preis bzw. Wert in einem arbitragefreien und vollständigen

[85] Vgl. BARTH/LANDSMAN (1995).
[86] Vgl. BARTH/LANDSMAN (1995).

Markt interpretiert.

- Es wird in einem einfachen Modellrahmen gezeigt, daß sowohl der Fair Value von Aktienoptionsrechten als auch der von BARTH/LANDSMAN[87] vorgeschlagene Value-in-Use in einem arbitragefreien und unvollständigen Markt nicht relevant sein muß.

- Es gibt bislang einige Arbeiten[88], die die empirische Wertrelevanzforschung überwiegend mit Blick auf die mit ihr verbundenen statistischen Probleme beurteilen. Keine der Arbeiten beschäftigt sich jedoch mit der Frage, ob die Herleitung der Regressionsgeraden sinnvoll ist. Die empirischen Wertrelevanzstudien[89] gehen implizit davon aus, daß der Fair Value der relevante Wert ist. Abweichungen des Fair Value vom relevanten Wert werden damit begründet, daß der Fair Value falsch ermittelt ist.
  Die Tatsache, daß der Fair Value in einem unvollständigen Markt jedoch nicht der relevante Wert sein muß, führt dazu, daß dieser Schluß der empirischen Wertrelevanzstudien falsch ist.

- Bislang gibt es keine empirische Studie, die sich mit der Frage beschäftigt, wie die bilanzierenden Unternehmen den Fair Value verstehen. Mit Hilfe der nach IAS aufgestellten Konzernabschlüsse deutscher Unternehmen werden Bedingungen abgeleitet, unter denen die grundsätzliche Vorgehensweise der Unternehmen bei der Fair Value-Ermittlung mit den Regelungen der IAS übereinstimmt.

[87] Vgl. BARTH/LANDSMAN (1995).

[88] Vgl. ECCHER/RAMESH/THIAGARAJAN (1996); LYS (1996); SKINNER (1996).

[89] Vgl. BARTH (1994); BARTH/BEAVER/LANDSMAN (1996); ECCHER/RAMESH/THIAGARAJAN (1996); NELSON (1996); PETRONI/WAHLEN (1995); SIMKO (1999); VENKATACHALAM (1996); WAMPLER/POSEY (1998).

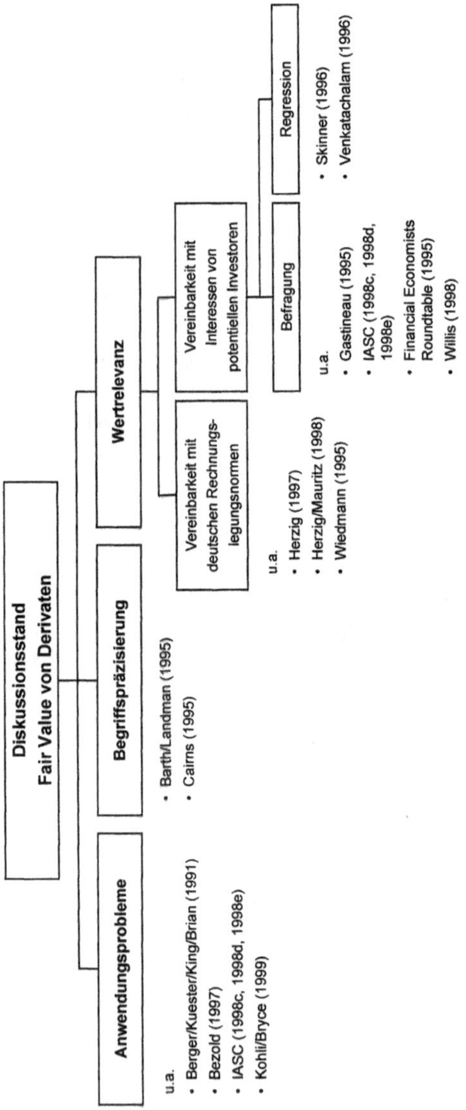

Abbildung 1.3: Diskussionsstand der Fair Value-Bewertung von Derivaten

Kapitel 2

Aktienoptionen

2.1 Definition

Eine Aktienoption ist ein Vertrag, der dem Käufer der Option das Recht gibt, eine bestimmte Anzahl von Aktien eines Unternehmens (Individual Option) oder ein Aktienportefeuille (Basket Option) zu einem vorher festgelegten Preis (Basispreis) zu kaufen (Kaufoption, Call) oder zu verkaufen (Verkaufsoption, Put). Das Basisinstrument dieser Option ist die Aktie oder ein Aktienportefeuille. Kann das Recht jederzeit während der Laufzeit ausgeübt werden, spricht man von einer Amerikanischen Option; kann das Recht nur am Ende der Laufzeit (Verfalltag) ausgeübt werden, spricht man von einer Europäischen Option. Das Recht des Käufers der Aktienoption wird als Aktienoptionsrecht bezeichnet. Der Verkäufer der Option (Stillhalter) hat im Falle der Ausübung die Verpflichtung, die Aktien zu diesem vorher festgelegten Preis (Basispreis) zu verkaufen oder zu kaufen. Die Verpflichtung des Verkäufers der Option wird als Stillhalterverpflichtung bezeichnet.[1]

2.2 Aktienoptionsmärkte

Aktienoptionen werden an börsenmäßig organisierten Märkten und am nicht börsenmäßig organisierten Markt, dem sogenannten "Over-the-Counter Markt" (OTC-Markt), gehandelt.[2]

In *börsenmäßig organisierten Märkten* werden hinsichtlich der Kontraktmerkmale – Basisinstrument, Basispreis, Kontraktgröße und Laufzeit – standardisierte Aktienoptionen gehandelt. Die Kontraktmerkmale sollen dabei so ausgestaltet sein, daß sie die Bedürfnisse einer Vielzahl von Marktteilnehmern weitestgehend befriedigen. Der

[1] Vgl. Breker (1993), S. 6; Jarrow/Turnbull (1996), S. 14.
[2] Vgl. Edwards/Ma (1992), S. 491.

Käufer der Aktienoption hat Erfüllungsicherheit, d.h. er trägt bei einer Kaufoption kein Risiko, daß der Stillhalter bei Ausübung der Option seinen Lieferverpflichtungen nicht vertragsgemäß nachkommt bzw. er trägt bei der Verkaufsoption kein Risiko, daß der Stillhalter das Geld zum vereinbarten Kauf der Aktien nicht aufbringen kann. Das Erfüllungsrisiko trägt die Abrechnungsstelle (Clearinghouse), die sich als Drittpartei zwischen die Vertragspartner schaltet.[3]

Im *Over-the-Counter Markt* werden individuell vereinbarte – d.h. nicht standardisierte – Aktienoptionen zwischen Kreditinstituten sowie zwischen Kreditinstituten und deren Kunden gehandelt. Sie sind auf die individuellen Bedürfnisse der Vertragspartner zugeschnitten. Die vertraglichen Vereinbarungen bestehen direkt zwischen den Vertragspartnern, ohne daß eine Abrechnungsstelle zwischengeschaltet ist; das Erfüllungsrisiko trägt der Optionskäufer bzw. -verkäufer.[4]

Nach der Bank for International Settlements ist das Geschäft mit derivativen Eigenkapitalinstrumenten[5] im OTC-Markt jedoch bedeutungslos gemessen an dem mit derivativen Zins- und Fremdwährungsinstrumenten. Der Gross Market Value der derivativen Eigenkapitalinstrumente respektive Aktienoptionen betrug Ende Dezember 1998 am Gesamtmarkt 7,3% bzw. 6%. Betrachtet man hingegen das Marktsegment Optionen, so rangieren Aktienoptionen vor Zins- und Devisenoptionen. Der Gross Market Value der Aktienoptionen betrug Ende Dezember 1998 am gesamten Marktsegment 43%. Die Ausgaben, die das Unternehmen Ende Dezember hätte, wenn es sich seinen vertraglichen Verpflichtungen durch zu Marktpreisen abgerechnete Gegengeschäfte entzöge, sind der Gross Market Value.[6]

Der OTC-Handel in derivativen Fremdkapitalinstrumenten ist um das Sechsfache größer als der Börsenhandel. Ende 1998 betrug der Notional Amount der am OTC-Markt gehandelten Kontrakte 80,3 Mrd. US-$, wohingegen der Notional Amount der börsengehandelten Kontrakte 13,5 Mrd. US-$ betrug.[7] Der Notional Amount ist der

---

[3]USZCZAPOWSKI (1995), S. 80 ff.

[4]USZCZAPOWSKI (1995), S. 80 ff.

[5]Zu den derivativen Eigenkapitalinstrumenten zählt die Bank for International Settlements: *Equity Forward* (unbedingter Terminvertrag, bei dem sich die Vertragsparteien verpflichten, zukünftig ein bestimmtes Eigenkapitalinstrument zu einem vorher vereinbarten Preis auszutauschen), *Equity Swap* (Vertrag, bei dem sich die Vertragspartner verpflichten, Zahlungen auszutauschen, die an die Wertentwicklung von Eigenkapitalinstrumenten geknüpft sind) und *Equity Option* (bedingter Terminvertrag, der dem Käufer das Recht gibt, ein Eigenkapitalinstrument zu einem vorab festgelegten Preis zu liefern oder die Lieferung eines Eigenkapitalinstruments zu verlangen); vgl. BANK FOR INTERNATIONAL SETTLEMENTS (1999a), S. 33.

[6]Vgl. BANK FOR INTERNATIONAL SETTLEMENTS (1999a), S. 30; BANK FOR INTERNATIONAL SETTLEMENTS (1999b), S. 3.

[7]BANK FOR INTERNATIONAL SETTLEMENTS (1999a), S. 3.

Nennwert von noch nicht abgerechneten Geschäften.[8]

2.3 Einsatzmotive und Einsatzhäufigkeit in Unternehmen

Hinsichtlich der Motive von Aktienoptionsgeschäften werden *Sicherungsgeschäfte* und *Spekulationsgeschäfte* unterschieden. Unter Sicherungsgeschäften werden diejenigen Käufe und Verkäufe von Aktienoptionen verstanden, die dazu dienen, nachteilige Wertentwicklungen eines zugrundeliegenden zu sichernden Geschäfts, des Grundgeschäfts, ganz oder teilweise zu kompensieren. Unter Spekulationsgeschäften werden diejenigen Käufe und Verkäufe von Aktienoptionen gefaßt, die nicht zwecks Absicherung, sondern mit dem Ziel der Gewinnerzielung gekauft bzw. verkauft werden.

Die Aktienoption hat eine im Vergleich zu derivativen Zins- und Fremdwährungsinstrumenten geringe Bedeutung.

Dies wird zum einen durch eine Studie von BODNAR/GEBHARDT[9], die die Ergebnisse einer Befragung von deutschen Industrie- und Handelsunternehmen aus dem Jahr 1997 denen einer Befragung von amerikanischen Industrie- und Handelsunternehmen aus dem Jahr 1995 gegenüberstellen, belegt.[10] Nach dieser Studie werden Derivate nahezu ausschließlich zur Absicherung gegen nachteilige Wertentwicklungen eines zugrundeliegenden Geschäfts eingesetzt.[11] Wichtigstes Absicherungsinstrument sind sowohl für amerikanische Unternehmen als auch für deutsche Unternehmen derivative Fremdwährungsinstrumente, gefolgt von derivativen Zinsinstrumenten und derivativen Wareninstrumenten. Als wichtigstes Absicherungsinstument gilt dasjenige, das von den meisten Nutzern von Derivaten eingesetzt wird.[12]

NEUSS[13] kommt zu ähnlichen Ergebnissen, indem er die Jahresabschlüsse[14] von 1996 der 50 hinsichtlich des Umsatzes größten deutschen Industrie- und Handelsunternehmen und der 50 hinsichtlich der Bilanzsumme größten deutschen Banken auswertet.[15] Die Industrie- und Handelsunternehmen setzen Derivate nahezu ausschließlich zur Absiche-

[8]Vgl. BANK FOR INTERNATIONAL SETTLEMENTS (1999a), S. 30.

[9]Vgl. BODNAR/GEBHARDT (1998).

[10]Vgl. BODNAR/GEBHARDT (1998), S. 3.

[11]Vgl. BODNAR/GEBHARDT (1998), S. 2. Dieses Ergebnis wird durch eine neuere Studie von HAYT/ LEVICH bestätigt; vgl. HAYT/ LEVICH (1999), S. 96 f.

[12]Vgl. BODNAR/GEBHARDT (1998), S. 6 f.

[13]Vgl. NEUSS (1998).

[14]NEUSS bezieht in die Untersuchung die IAS-Konzernabschlüsse der Deutschen Bank AG und der Adidas AG sowie den US-GAAP-Konzernabschluß der Daimler Benz AG ein. Alle übrigen in der Studie ausgewerteten Jahresabschlüsse sind HGB-Abschlüsse; vgl. NEUSS (1998), S. 216, 246.

[15]Vgl. NEUSS (1998), S. 209.

rung gegen nachteilige Wertentwicklungen ein.[16] Vornehmlich werden Zinsänderungs- und Währungsrisiken abgesichert, also derivative Zins- und Fremdwährungsinstrumente eingesetzt. Lediglich sieben der 50 Unternehmen sichern sich gegen sonstige Marktrisiken ab.[17] Auch die Banken setzen Derivate vornehmlich zu Absicherungszwecken ein. Lediglich drei der 50 Banken betreiben überwiegend Spekulationsgeschäfte, bei allen übrigen Instituten haben Spekulationsgeschäfte keine (11 von 50 Banken) oder nur untergeordnete Bedeutung.[18] Zu Absicherungszwecken werden überwiegend derivative Fremdwährungs- und Zinsderivate eingesetzt.[19]

Trotz dieser geringen Bedeutung beschäftigt sich die Arbeit mit der aus finanzwirtschaftlicher Sicht im Vergleich zu Devisen- und Zinssatzoptionen einfacher zu bewertenden Aktienoption.[20] Ziel ist es, konzeptionelle Überlegungen für den "leichten Fall" anzustellen, die auf andere Finanzderivate übertragbar sind.

Im folgenden wird sich auf Optionen, die das Recht geben, eine bestimmte Anzahl von Aktien *eines* Unternehmens zu kaufen oder zu verkaufen (Individual Options), beschränkt.

---

[16] Vgl. NEUSS (1998), S. 218 ff.

[17] Vgl. NEUSS (1998), S. 220.

[18] Vgl. NEUSS (1998), S. 246 f.

[19] Vgl. NEUSS (1998), S. 271 ff.

[20] Die Bewertung der Aktienoption verlangt die Modellierung des zukünftigen Aktienkurses. Die Bewertung der Zinssatzoption erfordert hingegen die Modellierung der zukünftigen Zinsstruktur.

Kapitel 3

Bewertung von Aktienoptionen in der Finanzwirtschaft

3.1 Formale Darstellung

Die Ökonomie wird durch folgende Annahmen beschrieben:

Annahme 3.1 ***(Rationale Marktteilnehmer)*** *Jeder Marktteilnehmer hat eine streng monoton wachsende Nutzenfunktion im Konsum; d.h. er wird Fehlbewertungen auf dem Finanzmarkt, die ihm erlauben, sichere Gewinne (Arbitragegewinne) und damit einen höheren Konsum zu realisieren, so lange ausschöpfen, bis sie nach Preisanpassung nicht mehr existieren und der Finanzmarkt arbitragefrei ist.*

Annahme 3.2 ***(Reibungsloser Kapitalmarkt)*** *Jeder Marktteilnehmer ist Preisnehmer. Weiterhin gibt es keine Steuern, Transaktionskosten und Leerverkaufsbeschränkungen.*[1] *Alle Wertpapiere sind beliebig teilbar, die Anzahl der Wertpapiere ist endlich.*

Definition 3.1 ***(Wertpapierpreis im Fälligkeitszeitpunkt)*** *Der Preis $q^k(T)$ eines Wertpapiers k ($k \in \{1, \ldots, K\}$) entspricht im Fälligkeitszeitpunkt $t = T$ der Höhe des Rückflusses dieses Wertpapiers V^k in diesem Zeitpunkt. Es gilt:*

$$q^k(T) = V^k. \tag{3.1}$$

Der Preis eines Wertpapiers wird nun vor dessen Fälligkeitszeitpunkt im Rahmen eines zeitdiskreten Einperiodenmodells mit endlichem Zustandsraum ermittelt. Die Ökonomie wird neben der Annahme 3.1 durch die folgenden Annahmen beschrieben:[2]

[1] Unter dem Begriff "Leerverkauf" versteht man den Verkauf von Wertpapieren, ohne sie im Bestand zu haben.

[2] Vgl. Sandmann (1999), S. 8 ff.; Dothan (1990), S. 5 ff; Magill/Quinzii (1996), S. 49 ff.

Annahme 3.3 ***(Einperiodenmodell)*** *Es gibt zwei Zeitpunkte, einen Anfangszeitpunkt $t = 0$ und einen Endzeitpunkt $t = T$. Die Wertpapiere werden von den Marktteilnehmern im Zeitpunkt $t = 0$ gehandelt.*

Annahme 3.4 ***(Endlich viele Umweltzustände)*** *Die Unsicherheit im Zeitpunkt $t = T$ wird durch die Menge der dann möglichen Umweltzustände $\Omega = \{\omega_1, \omega_2, \ldots, \omega_I\}$ beschrieben.*

Annahme 3.5 ***(Informationsfluß)*** *Im Zeitpunkt $t = 0$ ist allen Marktteilnehmern die Menge der möglichen Umweltzustände $\Omega = \{\omega_1, \omega_2, ..., \omega_I\}$ in $t = T$ bekannt. Im Zeitpunkt $t = T$ wissen sie, welcher dieser Zustände ω_i $(i \in \{1, \ldots, I\})$ eingetreten ist.*

Die Annahme 3.2 wird spezifiert; es wird daher weiterhin vorausgesetzt:

Annahme 3.6 ***(Reibungsloser Kapitalmarkt)*** *Es werden die Wertpapiere $k \in \{1, \ldots, K\}$ im Zeitpunkt $t = 0$ auf dem Finanzmarkt gehandelt. Jeder Marktteilnehmer s $(s \in \{1, \ldots, S\})$ ist Preisnehmer, d.h. er kann beliebige Mengen z_s^k des Wertpapiers kaufen $\left(z_s^k > 0\right)$ oder verkaufen $\left(z_s^k < 0\right)$, ohne Einfluß auf die Marktpreise des Wertpapiers zu nehmen. $\mathbf{q}(0) = \left(q^1(0), \ldots, q^K(0)\right)$ sind die Marktpreise der Wertpapiere im Zeitpunkt $t = 0$. Im Zeitpunkt $t = T$ hat jedes Wertpapier k einen zustandsabhängigen Rückfluß $V_{\omega_i}^k$, $i \in \{1, \ldots, I\}$. Es gibt keine Steuern, Transaktionskosten und Leerverkaufsbeschränkungen. Alle Wertpapiere sind beliebig teilbar. Setzt man:*

$$W := W(\mathbf{q}(0), V) = \begin{bmatrix} -\mathbf{q}(0) \\ V \end{bmatrix} = \begin{bmatrix} -q^1(0) & \cdots & -q^K(0) \\ V_{\omega_1}^1 & \cdots & V_{\omega_I}^K \\ \vdots & \ddots & \vdots \\ V_{\omega_I}^1 & \cdots & V_{\omega_I}^K \end{bmatrix},$$

so gibt die $(I+1) \times K$ Matrix $W(\mathbf{q}(0), V)$ die Zahlungen für den Kauf einer Einheit des Wertpapiers k im Zeitpunkt $t = 0$ und die Rückflüsse jedes Wertpapiers im darauffolgenden Zeitpunkt $t = T$ an.

Im folgenden wird der Begriff "Arbitrage" formalisiert und dann im Satz 3.1 eine Eigenschaft dargelegt, die arbitragefreie Finanzmärkte auszeichnet. Zum Verständnis dieses Charakteristikum werden Definition 3.2 und Lemma 3.1 benötigt.

Definition 3.2 ***(Arbitragefreiheit)*** *Es sei $W(\mathbf{q}(0), V)$ gegeben. Ein Markt heißt arbitragefrei, wenn es keine Arbitragemöglichkeiten gibt. Eine Arbitragemöglichkeit ist gegeben, falls es möglich ist, ein Portfeuille $\mathbf{z}$ zu bilden,*

1. *dessen Preis gleich null ist und dessen Rückflüsse in jedem Zustand nicht negativ und in mindestens einem Zustand positiv sind oder*
2. *dessen Preis kleiner null ist und dessen Rückflüsse in jedem Zustand nicht negativ sind.*

Formal heißt das, daß Arbitragemöglichkeiten immer dann vorliegen, wenn die Bedingungen gelten:

$$W\mathbf{z} \geq \mathbf{0} \tag{3.2}$$

und

$$W\mathbf{z} \neq \mathbf{0}, \tag{3.3}$$

wobei:

$$\mathbf{z} = \left(z^1, \dots, z^K\right)^T \in \mathbb{R}^K$$

das Portefeuille und $\mathbf{0} = (0, \dots, 0) \in \mathbb{R}^{I+1}$ *den Nullvektor bezeichnen.*[3]

Definition 3.3 ***(Zustandspreis)*** *Der Zustandspreis* π_i *ist der Preis eines Zustandswertpapiers im Zeitpunkt* $t = 0$, *das im Zeitpunkt* $t = T$ *beim Eintreten eines bestimmten Zustands* ω_i *eine Geldeinheit zahlt. Tritt dieser Zustand* ω_i *nicht ein, so zahlt das Wertpapier nichts aus.* π_0 *ist der Preis eines Zustandswertpapiers im Zeitpunkt* $t = 0$, *das in diesem Zeitpunkt eine Geldeinheit auszahlt.*

Lemma 3.1 ***(Satz der Alternativen nach Stiemke)*** *Für eine gegebene Matrix* W^* *besitzen entweder*

(a) $W^*\mathbf{z} \geq \mathbf{0}$, $W^*\mathbf{z} \neq \mathbf{0}$ *eine Lösung* $\mathbf{z}$ *oder*

(b) $W^{*T}\boldsymbol{\pi} = \mathbf{0}$ *eine Lösung* $\boldsymbol{\pi} > \mathbf{0}$

Beweis: Vgl. MANGASARIAN (1969), S. 32. ■

Satz 3.1 ***(Arbitragefreiheit auf Finanzmärkten)*** *Folgende Bedingungen sind auf arbitragefreien Finanzmärkten äquivalent:*

(a) Es gibt keine Arbitragemöglichkeiten auf dem Finanzmarkt.

(b) Es existiert ein Zustandspreisvektor $\boldsymbol{\pi} = (\pi_{\omega_1}, \dots, \pi_{\omega_I}) > \mathbf{0}$; *mit*

$$W^T\boldsymbol{\pi} = \mathbf{0}. \tag{3.4}$$

[3] Vgl. SANDMANN (1999), S. 16; HEITMANN (1999), S. 33.

Beweis: Der Beweis folgt mit Lemma 3.1.[4]

Mit Definition 3.2 ist die Lösung der Alternativen Lemma 3.1, a) ein Portfeuille, welches eine Arbitragemöglichkeit zuläßt; die Lösung der Alternativen Lemma 3.1, b) ist ein Zustandspreisvektor. Nach Lemma 3.1 gibt es auf dem Finanzmarkt entweder eine Arbitragemöglichkeit oder einen strikt positiven Zustandspreisvektor.

$\Rightarrow$ Ist der Markt arbitragefrei, so existiert aufgrund der Beziehungen 3.2 und 3.3 keine Lösung für die Möglichkeit Lemma 3.1, a). Demzufolge existiert zwingend eine Lösung der Alternativen Lemma 3.1, b).

$\Leftarrow$ Existiert ein Zustandspreisvektor, so hat die Möglichkeit Lemma 3.1, a) keine Lösung. Mit Definition 3.2 folgt, daß der Markt arbitragefrei ist.

■

Korollar 3.1 ***(Wertpapierpreis vor dem Fälligkeitszeitpunkt)*** *Der Preis $q^k(0)$ eines Wertpapiers entspricht im Zeitpunkt $t = 0$ der Summe der mit den jeweiligen Zustandspreisen diskontierten zustandsabhängigen Rückflüsse des Wertpapiers im Fälligkeitszeitpunkt $t = T$. Es gilt:*

$$q^k(0) = \sum\nolimits_{i=1}^{I} \pi_{\omega_i} V^k_{\omega_i}. \tag{3.5}$$

Beweis: Es wird von einem Investor ausgegangen, der im Zeitpunkt $t = 0$ eine Einheit des Wertpapiers k zum Preis $q^k(0)$ kauft und dafür im Zeitpunkt $t = T$ Rückflüsse in Höhe von $\mathbf{V}^k := \left(V^k_{\omega_1}, \dots, V^k_{\omega_I}\right)$ erhält.
Mit Gleichung (3.4) und

$$W^k := W^k\left(q^k(0), V^k\right) = \left(q^k(0), V^k_{\omega_1}, \dots, V^k_{\omega_I}\right) \in \mathbb{R}^{I+1}$$

folgt:

$$\left(W^k\right)^T \boldsymbol{\pi} = \mathbf{0}. \tag{3.6}$$

Aus (3.6) folgt für den Einperiodenfall:

$$\pi_0 q^k(0) = \sum\nolimits_{i=1}^{I} \pi_{\omega_i} V^k_{\omega_i}. \tag{3.7}$$

Mit Satz 3.1 und Definition 3.3 folgt, daß $\pi_0 = 1$ ist und damit Gleichung (3.5) gilt.[5]
■

---

[4]Vgl. HEITMANN (1997), S. 33 f; SANDMANN (1999), S. 23 f.
[5]Vgl. MAGILL/QUINZII (1996), S. 76.

Gleichung (3.5) besagt, daß der Preis eines Finanzinstruments der Kapitalbarwert der möglichen Rückflüsse im Zeitpunkt $t = T$ ist. Die Diskontfaktoren sind die heutigen Preise der Zustandswertpapiere. Sind die Diskontfaktoren eindeutig, so errechnet sich ein eindeutiger Wert. Einen derartigen Finanzmarkt bezeichnet man als vollständig. Alle zustandsabhängigen Auszahlungen können eindeutig bewertet werden.

Bemerkung 3.1 *(**Risikoneutrales Wahrscheinlichkeitsmaß**) Definiert man*

$$\pi_{\omega_i} := \frac{P(\omega_i)}{1+r} \tag{3.8}$$

wobei r der einperiodige risikolose Zinssatz ist und $P(\omega_i)$ die Wahrscheinlichkeit für das Eintreten des Zustands ω_i ist, so läßt sich P als Wahrscheinlichkeitsmaß[6] interpretieren. Die erste für die Existenz der Wahrscheinlichkeitsverteilung erforderliche Bedingung ($P(\omega_i) \geq 0$) ist dadurch erfüllt, daß $\pi_{\omega_i} > 0$ und $r \geq 0$ ist. Um zu zeigen, daß die zweite für die Existenz der Wahrscheinlichkeitsverteilung erforderliche Bedingung ($P(\Omega) = 1$) gilt, wird von einer einperiodigen risikolosen Anleihe ausgegangen, die in jedem der möglichen Zustände ω_i im Zeitpunkt $t = T$ eine Geldeinheit auszahlt. Der Preis der Anleihe muß unter der Annahme der Arbitragefreiheit im Zeitpunkt $t = 0$ gerade $1/(1+r)$ sein. Ein Portfeuille, daß jedes Zustandswertpapier genau einmal beinhaltet, hat im Zeitpunkt $t = T$ einen sicheren Rückfluß von einer Geldeinheit. Unter der Annahme der Arbitragefreiheit muß der Preis des Portfeuilles daher dem Preis der Anleihe entsprechen. Demzufolge gilt:

$$\begin{aligned} & \pi_{\omega_1} + \pi_{\omega_2} + \ldots + \pi_{\omega_I} = \frac{1}{1+r} \\ \Leftrightarrow \quad & \pi_{\omega_1}(1+r) + \pi_{\omega_2}(1+r) + \ldots + \pi_{\omega_I}(1+r) = 1 \\ \Leftrightarrow \quad & P(\omega_1) + P(\omega_2) + \ldots + P(\omega_I) = 1 \end{aligned}$$

Mit der Gleichung (3.8) läßt sich Gleichung (3.5) umformen:

$$q^k(0) = \sum_{i=1}^{I} \frac{P(\omega_i)}{1+r} V_{\omega_i}^k \tag{3.9}$$

$$= E_p\left[\frac{V^k}{1+r}\right]. \tag{3.10}$$

[6] Eine reellwertige Funktion $P : \mathcal{F} \longrightarrow \mathbb{R}$ heißt eine Wahrscheinlichkeitsverteilung auf Ω, wenn gilt:

$$\begin{aligned} P(\mathcal{F}) &\geq 0, \\ P(\Omega) &= 1, \\ P(A \cup B) &= P(A) + P(B), \text{ falls } A \cap B = \emptyset; \; A, B \in \mathcal{F} \end{aligned}$$

Die Filtration $\mathcal{F}$ ist die Menge der Teilmengen von Ω.

Demzufolge ist der Preis eines Finanzinstruments der unter dem Wahrscheinlichkeitsmaß P erwartete diskontierte zukünftige Rückfluß dieses Finanzinstruments.[7]

Das Modell der Ökonomie wird nun komplexer; statt einer Periode werden nun mehrere Perioden betrachtet. Im Gegensatz zum Einperiodenmodell können die Wertpapiere zu unterschiedlichen Zeitpunkten fällig werden und zwischenzeitliche Zahlungen leisten.[8] Diese zeitliche Erweiterung hat Konsequenzen: Der Informationsfluß im Zeitablauf und die komplexer werdenden Handelsstrategien mit den damit verbundenen Rückflüssen müssen beschrieben werden.

Es wird die Annahme 3.1 vorausgesetzt; die Annahmen 3.3–3.6 werden für das Mehrperiodenmodell spezifiziert:[9]

Annahme 3.7 ***(Mehrperiodenmodell)*** *Der Anfangszeitpunkt des Modells ist der Zeitpunkt $t = 0$, der Endzeitpunkt ist der Zeitpunkt $t = T$; die Wertpapiere werden in jedem Zeitpunkt $t \in \{0, 1, \dots, T-1\}$ gehandelt. Die Zeitintervalle zwischen zwei aufeinanderfolgenden Zeitpunkten sind äquidistant.*[10]

Annahme 3.8 ***(Endlich viele Umweltzustände)*** *Die Unsicherheit wird in jedem Zeitpunkt $t \in \{1, \dots, T-1\}$ durch endlich viele Umweltzustände beschrieben.*

Zur Beschreibung des Informationsflusses wird folgende Definition benötigt:

Definition 3.4 ***(Partition)*** *Eine Partition von Ω ist eine Zerlegung von Ω in disjunkte Teilmengen. Eine Partition F_t heißt feiner als eine Partition F_{t-1}, wenn für jede Teilmenge $\sigma \in F_t$ und $\sigma' \in F_{t-1}$ gilt: $\sigma \subset \sigma'$ oder $\sigma \cap \sigma' = \emptyset$ für alle $t \in \{1, \dots, T\}$.*[11]

Annahme 3.9 ***(Informationsfluß)*** *Im Zeitpunkt $t = 0$ ist allen Marktteilnehmern die Menge der möglichen Umweltzustände $\Omega = \{\omega_1, \omega_2, ..., \omega_I\}$ im Zeitpunkt $t = T$ bekannt. Im Zeitpunkt $t = T$ wissen sie, welcher dieser Zustände ω_i eingetreten ist. Die Unsicherheit bezüglich des zukünftigen Werts in $t = T$ nimmt ab, je weiter die Zeit*

[7] Risikoneutrale Marktteilnehmer ordnen ihre Investionsprojekte nach den Erwartungswerten ihrer diskontierten Rückflüsse und präferieren das Investitionsprojekt mit dem höchsten diskontierten Erwartungswert. Da durch das Wahrscheinlichkeitsmaß P der Preis eines Wertpapiers der Wertschätzung eines fiktiven risikoneutralen Marktteilnehmers für dieses Papier entspricht, der seiner Entscheidung die Wahrscheinlichkeitsverteilung P und den Diskontfaktor $(1+r)^{-1}$ zugrunde legt, wird von einem risikoneutralen Maß gesprochen.

[8] O.B.d.A. wird zur Vereinfachung der Darstellung von unterschiedlichen Fälligkeitszeitpunkten als auch von zwischenzeitlichen Zahlungen des Wertpapiers abgesehen.

[9] Vgl. MAGILL/QUINZII (1996), S. 215 ff.

[10] O.B.d.A. wird zur Vereinfachung der Darstellung davon abgesehen, daß der Kontrakt im Zeitpunkt T gehandelt wird.

[11] Vgl. MAGILL/QUINZII (1996), S. 215.

voranschreitet.
Diese Tatsache wird durch eine Folge immer feiner werdender Partitionen $F = (F_0, F_1, \dots, F_T)$ *beschrieben, wobei* $F_0 = \Omega$, $F_T = \{\{\omega_1\}, \dots, \{\omega_I\}\}$ *und* F_t *feiner als* F_{t-1} *für* $t \in \{1, \dots, T\}$ *ist. Die Informationsstruktur schließt ein Vergessen von Informationen aus.*

Der Informationsfluß kann in einem Zustandsbaum veranschaulicht werden. Jede Teilmenge einer Partition aus $F = (F_0, F_1, \dots, F_T)$ ist ein Knoten dieses Baumes. Formal wird der Zustandsbaum folgendermaßen definiert:[12]

Definition 3.5 ***(Zustandsbaum)*** *Für jeden Zeitpunkt* $t \in \mathbf{T} := \{0, \dots, T\}$ *und jedes* $\sigma \in F_t$ *gibt es einen Knoten* $\xi = (t, \sigma)$*. Der durch* F *erzeugte Zustandsbaum umfaßt alle Knoten* ξ*; die Menge aller Knoten des Zustandsbaumes wird mit*

$$D = \cup_{t \in \mathbf{T}, \sigma \in F_t} (t, \sigma), \tag{3.11}$$

die Anzahl der Knoten des Zustandsbaumes wird mit $\#D$ *bezeichnet.*

Zur Kennzeichnung der Knoten des Baumes werden weitere Definitionen eingeführt.[13]

Definition 3.6 ***(Ausgangsknoten)*** *Der Knoten* $\zeta_0 = (0, \Omega)$ *im Zeitpunkt* $t = 0$ *ist der Ausgangskonten (des Zustandsbaumes).*

Definition 3.7 ***(Nachfolger und Endknoten)*** *Die Knoten im Zeitpunkt* $t = T$ *sind die Endknoten des Zustandsbaumes. Die Menge der Endknoten wird mit*

$$D_T = \cup_{\sigma \in F_T} (T, \sigma) \tag{3.12}$$

und die Menge aller Knoten, die keine Endknoten sind, wird mit $D^- := D \setminus D_T$ *bezeichnet. Für jeden Knoten* $\xi \in D^-$, $\xi = (t-1, \sigma)$ *gibt es mindestens einen sofortigen Nachfolger* ξ^+*. Für die Menge dieser Knoten gilt:*

$$\xi^+(t, \sigma) := \{\xi' \in D | \ \xi' = (t+1, \sigma'), \sigma' \in F_{t+1}, \sigma' \subset \sigma, \ \forall \sigma \in F_t, t \in \{0, \dots, T-2\}\}. \tag{3.13}$$

[12] Vgl. MAGILL/QUINZII (1996), S. 217.
[13] Vgl. MAGILL/QUINZII (1996), S. 217 ff.

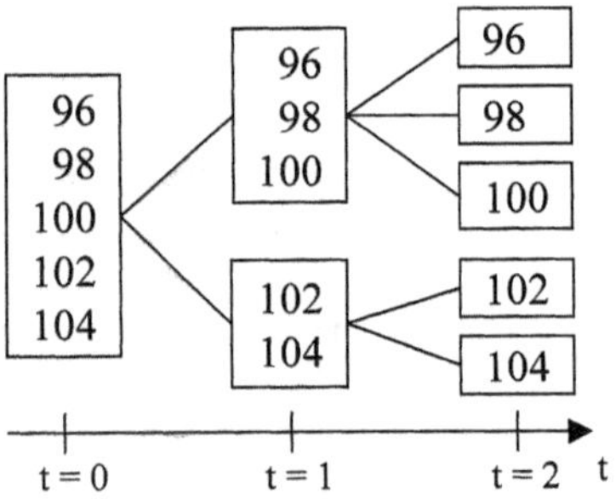

Abbildung 3.1: Modellierung der Informationsstruktur

Definition 3.8 *Die Modellierung der Informationsstruktur wird anhand einer Aktie veranschaulicht, die in* $t = \{0, 1, 2\}$ *gehandelt wird. Die Informationsstruktur wird durch den Baum in Abbildung 3.1 beschrieben. Aus der Sicht des Zeitpunkts* $t = 0$ *kann der Preis der Aktie in* $t = T$ *einer der fünf Zustände sein. Im Zeitpunkt* $t = 1$ *ist bekannt, daß der Preis der Aktie in* $t = 2$ *entweder in der Teilmenge* $\{96, 98, 100\}$ *oder in der Teilmenge* $\{102, 104\}$ *liegt. Im Zeitpunkt* $T = 2$ *ist der Aktienkurs bekannt; es gibt keine Unsicherheit mehr. Für die oben eingeführten Definitionen ergibt sich mit den Angaben in diesem Beispiel:*[14]

$$\begin{aligned}
\Omega &= F_0 = \{96, 98, 100, 102, 104\}\,, \\
F_1 &= \{\{96, 98, 100\}\,; \{102, 104\}\}\,, \\
F_2 &= \{\{96\}\,; \{98\}\,; \{100\}\,; \{102\}\,; \{104\}\} \\
D &= \{(0, \Omega)\,; (1, \{96, 98, 100\})\,; (1, \{102, 104\})\,; \\
&\quad (2, \{96\})\,; (2, \{98\})\,; (2, \{100\})\,; (2, \{102\})\,; (2, \{104\})\}
\end{aligned}$$

Annahme 3.10 ***(Reibungsloser Kapitalmarkt)*** *Es werden die Wertpapiere* $k \in \{1, 2, \ldots, K\}$ *in jedem Knoten* $\xi \in D^-$ *auf dem Kapitalmarkt gehandelt. Jeder Markt-*

[14] Aus Gründen der Anschaulichkeit wurde auf die korrekte mathematische Darstellung:

$$\Omega = \{S(T, \omega_1) = 96, S(T, \omega_2) = 98, S(T, \omega_3) = 100, ...\} \ldots$$

verzichtet. Die korrekte mathematische Darstellung bringt zum Ausdruck, daß die Unsicherheit über die Auszahlung eines Wertpapiers die Unsicherheit über den Elementarzustand ist, der sich einstellen wird; vgl. SANDMANN (1999), S. 108.

teilnehmer s ist Preisnehmer, d.h. er kann im Knoten $\xi \in D^-$ beliebige Mengen $z_s^k(\xi)$ des Wertpapiers kaufen $\left(z_s^k(\xi) > 0\right)$ oder verkaufen $\left(z_s^k(\xi) < 0\right)$, ohne Einfluß auf die Marktpreise des Wertpapiers zu nehmen. $\mathbf{q}(\xi) = \left(q^1(\xi), \ldots, q^K(\xi)\right)$ sind die Marktpreise der Wertpapiere in einem Knoten $\xi \in D^-$. Der Kauf eines Wertpapiers zieht entweder einen Rückfluß durch den Verkauf dieses Wertpapiers in einem der darauffolgenden Zeitpunkte oder – wird das Wertpapier bis zum Fälligkeitszeitpunkt gehalten – einen Rückfluß des Wertpapiers im Fälligkeitszeitpunkt nach sich. Setzt man:

$$W = W(\mathbf{q}, V) = \begin{bmatrix} \overbrace{}^{K \text{ Spalten für } \xi_0} & & \overbrace{}^{K \text{ Spalten für } \xi^-} & \overbrace{}^{K \text{ Spalten für } \xi} & \\ -q(\xi_0) & 0 & 0 & 0 & 0 \\ +q(\xi_0^+) & \cdots & \cdots & \cdots & 0 \\ \cdots & \cdots & 0 & 0 & 0 \\ 0 & 0 & +q(\xi) & -q(\xi) & 0 \\ 0 & \cdots & 0 & 0 & \cdots \\ 0 & 0 & 0 & V(\xi^+) & \cdots \\ 0 & 0 & 0 & 0 & \cdots \end{bmatrix}$$

so gibt die $\#D \times (\#D^-)K$ Matrix W die Zahlungen für den Kauf einer Einheit jedes Wertpapiers in jedem Knoten $\xi \in D^-$ und die Rückflüsse jedes Wertpapiers in den auf den Kauf folgenden Knoten an. Alle Wertpapiere sind beliebig teilbar.
Weiterhin gibt es keine Steuern, Transaktionskosten und Leerverkaufsbeschränkungen.

Im folgenden werden die Begriffe "Arbitragefreiheit" und "Zustandspreis" für den Mehrperiodenfall definiert.

Definition 3.9 ***(Arbitragefreiheit)*** *Es ist $W(\mathbf{q}, V)$ gegeben. Eine Arbitragemöglichkeit ist gegeben, falls es möglich ist, ein Portfeuillle $\mathbf{z}$ zu bilden,*

(a) dessen Preis gleich null und dessen Auszahlung in jedem der Knoten nicht negativ und in mindestens einem der Knoten positiv ist oder
(b) dessen Preis kleiner null und dessen Auszahlung in jedem der Knoten nicht negativ ist.

Formal heißt das, daß Arbitragemöglichkeiten immer dann vorliegen, wenn die Bedingungen gelten:

$$W\mathbf{z} \geq \mathbf{0}$$

und

$$W\mathbf{z} \neq \mathbf{0},$$

wobei

$$\mathbf{z} = \left(z^1(\xi_0), \ldots, z^K(\xi_0), \ldots, z^1(\xi), \ldots, z^K(\xi), \ldots\right)^T; \quad \mathbf{z} \in \mathbb{R}^{(\#D^-)K}$$

das Portefeuille und $\mathbf{0} = (0, \ldots, 0) \in \mathbb{R}^{(\#D^-)K}$ *den Nullvektor bezeichnen.*

Definition 3.10 ***(Zustandspreis)*** *Der Zustandspreis* $\pi(\xi)$ *ist der Preis eines Wertpapiers im Zeitpunkt* $t = 0$*, das beim Eintreten des Knotens (Zustands)* ξ *eine Geldeinheit zahlt. Tritt dieser Knoten (Zustand)* ξ *nicht ein, so zahlt das Wertpapier nichts aus.* $\pi(\xi_0)$ *ist der Preis eines Wertpapiers im Zeitpunkt* $t = 0$*, das in diesem Zeitpunkt eine Geldeinheit auszahlt.*

Satz 3.2 ***(Arbitragefreiheit auf Finanzmärkten)*** *Folgende Bedingungen sind auf arbitragefreien Finanzmärkten äquivalent:*

(a) *Es gibt keine Arbitragemöglichkeiten auf dem Finanzmarkt.*
(b) *Es gibt einen Vektor von positiven Zustandspreisen* $\boldsymbol{\pi} = (\pi(\xi_0), \ldots, \pi(\xi), \ldots) > \mathbf{0}$*, so daß:*

$$W^T \boldsymbol{\pi} = \mathbf{0}. \tag{3.14}$$

Beweis: Der Beweis zu Satz 3.1 gilt mit Lemma 3.1 analog. ■

Korollar 3.2 ***(Wertpapierpreis vor dem Fälligkeitszeitpunkt)*** *Der Preis* $q^k(\xi_0)$ *eines Wertpapiers entspricht im Zeitpunkt* $t = 0$ *der Summe der mit den jeweiligen Zustandspreisen diskontierten zustandsabhängigen Rückflüsse des Wertpapiers im Fälligkeitszeitpunkt* $t = T$*. Es gilt:*

$$q^k(\xi_0) = \sum_{\xi^* \in D_T} \pi(\xi^*) V^k. \tag{3.15}$$

Beweis: Es wird von einem Investor ausgegangen, der aus der Sicht des Zeitpunkts $t = 0$ im Knoten ξ eine Einheit des Wertpapiers k zum Preis $q^k(\xi)$ kauft und dafür im Folgezeitpunkt Rückflüsse bekommt.
Mit (3.14) folgt:

$$\pi(\xi) q^k(\xi) = \sum_{\xi' \in \xi^+} \pi(\xi') q^k(\xi')$$

und damit:

$$q^k(\xi) = \frac{1}{\pi(\xi)} \sum_{\xi' \in \xi^+} \pi(\xi') q^k(\xi'). \tag{3.16}$$

Wird Gleichung (3.16) rekursiv gelöst, so folgt mit $\pi(\xi_0) = 1$ die Gleichung (3.15).[15]
■

Das Discussion Paper nennt beispielhaft zwei *Optionsbewertungsmodelle*, mit denen das Aktienoptionsrecht bewertet werden kann: das Binomialmodell und das Black-Scholes-Modell.[16] Beide Modelle bewerten Aktienoptionen unter der Annahme eines vollständigen und arbitragefreien Markts. Da Aktienoptionen Wertpapiere sind, sind die Beziehungen (3.5) und (3.15) auf die Bewertung von Aktienoptionen in einem zeitdiskreten Modell mit endlichem Zustandsraum anwendbar. Die beiden Optionsbewertungsmodelle, Binomialmodell und das Black-Scholes-Modell, werden im folgenden dargestellt. Zunächst werden jedoch die Annahmen 3.1 und 3.2 unterstellt und Satz 3.1 für die Bewertung von Aktienoptionen an ihrem Fälligkeitstag spezifiziert:

Satz 3.3 ***(Preis der Aktienoption im Fälligkeitszeitpunkt)*** *Im Fälligkeitszeitpunkt $t = T$ ist der Preis $C(T)$ einer Amerikanischen oder Europäischen Kaufoption, die das Recht gewährt, eine Aktie zum Basispreis K zu kaufen*

$$C(T) = \max[S(T) - K, 0] =: [S(T) - K]^{+} \tag{3.17}$$

und der Preis $P(T)$ der Verkaufsoption, die das Recht gewährt, eine Aktie zum Basispreis zu verkaufen

$$P(T) = \max[K - S(T), 0] =: [K - S(T)]^{+}; \tag{3.18}$$

wobei $S(T)$ der Preis der Aktie im Zeitpunkt $t = T$ ist.

Beweis: Ist $S(T) \leq K$, so wird der Käufer den Call nicht ausüben. Der Call hat keinen Rückfluß. Ist $S(T) > K$, so wird der Käufer des Call die Aktie zum Preis von K kaufen. Gleichzeitig kann die Aktie zum Preis von $S(T)$ verkauft werden. Der Rückfluß des Call im Zeitpunkt T ist $[S(T) - K]$. Insgesamt ist also der Rückfluß der Kaufoption im Zeitpunkt T

$$[S(T) - K]^{+} := \max[S(T) - K, 0]. \tag{3.19}$$

Ist $S(T) \geq K$, so wird der Käufer den Put nicht ausüben. Der Put hat keinen Rückfluß. Ist $K > S(T)$, so wird der Käufer des Put die Aktie zum Preis von K verkaufen. Gleichzeitig kann die Aktie zum Preis von $S(T)$ gekauft werden. In diesem Fall ist

[15] Vgl. Magill/Quinzii (1996), S. 229 f; Neftci (1996), S. 18 ff.
[16] Vgl. DP 5, 5.18.

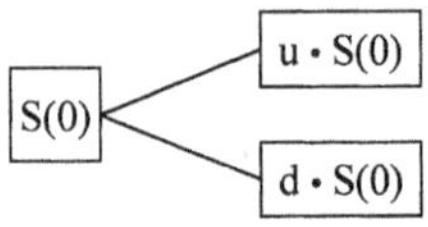

Abbildung 3.2: Aktienkursentwicklung

der Rückfluß des Put $[K - S(T)]$. Insgesamt ist der Rückfluß der Verkaufsoption im Zeitpunkt T

$$[K - S(T)]^+ := \max[K - S(T), 0]. \tag{3.20}$$

Mit Satz 3.1 und den Beziehungen (3.19) und (3.20) folgen die Gleichungen (3.17) und (3.18). ■

Zunächst wird die Aktienoption in einem zeitdiskreten Modell mit endlichem Zustandsraum, dem *Binomialmodell*, bewertet.

Es wird sich auf die Bewertung von Europäischen Aktienoptionen beschränkt. Im ersten Schritt wird ein *Einperiodenmodell* unterstellt. Die Ökonomie wird durch folgende Annahmen beschrieben:[17]

Annahme 3.11 ***(Aktienkursentwicklung)*** *Ausgehend vom Aktienkurs $S(0)$ im Zeitpunkt $t = 0$ kann die Aktie im Zeitpunkt $t = T$ zu zwei möglichen Kursen $uS(0)$ und $dS(0)$ notieren. Es gibt also zwei konstante Parameter u und d mit $(d < 1 + r < u)$, wobei r der konstante Zinssatz pro Periode ist, die die Aktienkursentwicklung beschreiben, so daß sich die Aktienkursentwicklung durch Abbildung 3.2 darstellen läßt. Die Aktiengesellschaft schüttet keine Dividenden aus.*

Zusätzlich werden die Annahmen 3.1, 3.3, 3.4, 3.5 und 3.6 unterstellt, wobei im folgenden die Annahmen 3.4, 3.5 und 3.6 für die Bewertung von Aktienoptionen konkretisiert werden.

Annahme 3.12 ***(Endlich viele Umweltzustände)*** *Die Unsicherheit im Zeitpunkt $t = T$ wird in Abhängigkeit der Aktienkursentwicklung durch zwei mögliche Umweltzustände beschrieben. Die Umweltzustände $(l, 1 - l)$, $l = 0, 1$ in $t = T$ werden durch die Anzahl der Kursanstiege l und die Anzahl der Kursrückgänge $(1 - l)$ beschrieben.*

[17] Vgl. BAXTER/RENNIE (1996), S. 10 ff.; COX/ROSS/RUBINSTEIN (1979), S. 232; SANDMANN (1999), S. 158 ff.; VARIAN (1987), S. 67.

Annahme 3.13 ***(Informationsfluß)*** *Im Zeitpunkt $t = 0$ sind allen Marktteilnehmern die möglichen Aktienkurse im Zeitpunkt $t = T$ und der Rückfluß der Anleihe im Zeitpunkt $t = T$ bekannt. Im Zeitpunkt $t = T$ kennen alle Marktteilnehmer den Aktienkurs in diesem Zeitpunkt.*

Annahme 3.14 ***(Reibungsloser Kapitalmarkt)*** *Es werden zwei Wertpapiere auf dem Kapitalmarkt gehandelt, die Aktie und eine risikolose Anleihe mit Nennwert 1, die in $t = T$ verzinst zu $R := (1 + r)$ zurückgezahlt wird. Jeder Marktteilnehmer ist Preisnehmer. Der Aktienkurs wird im Zeitpunkt $t = 0$ mit $S(0)$ bezeichnet. Somit folgt für:*

$$W = W(\mathbf{q}(0), V) = \begin{bmatrix} -\mathbf{q}(0) \\ V \end{bmatrix} = \begin{bmatrix} -S(0) & -1 \\ uS(0) & R \\ dS(0) & R \end{bmatrix}.$$

Weiterhin gibt es keine Steuern, Transaktionskosten und Leerverkaufsbeschränkungen. Alle Wertpapiere sind beliebig teilbar.

Ausgehend von Gleichung (3.5) soll im folgenden der Preis der Aktienoption im Zeitpunkt $t = 0$ ermittelt werden. Dabei werden zunächst mit Satz 3.4 die Zustandspreise im einperiodigen Binomialmodell errechnet. Anschließend wird mit Satz 3.5 Gleichung (3.5) auf die Bewertung von Aktienoptionen vor ihrem Fälligkeitszeitpunkt angewandt.

Definition 3.11 *(**Zustandspreis**) Der Zustandspreis $\pi_{l,1-l}$ für $l \in \{0, 1\}$ ist der Preis eines Wertpapiers, das im Zustand $(l, 1-l)$ eine Geldeinheit und in dem jeweiligen anderen Zustand nichts auszahlt.*

Satz 3.4 ***(Zustandspreise im einperiodigen Binomialmodell)*** *Der Preis eines Zustandswertpapiers $\pi_{1,0}$, das im Zustand $(1, 0)$ eine Geldeinheit und im Zustand $(0, 1)$ nichts auszahlt, ist im Zeitpunkt $t = 0$:*

$$\pi_{1,0} = \frac{R - d}{(u - d)R}. \tag{3.21}$$

Der Preis eines Zustandswertpapiers $\pi_{0,1}$, das im Zustand $(0, 1)$ eine Geldeinheit und im Zustand $(1, 0)$ nichts auszahlt, ist im Zeitpunkt $t = 0$:

$$\pi_{0,1} = \frac{u - R}{(u - d)R}. \tag{3.22}$$

Beweis: Mit Gleichung (3.15) und der Annahme 3.11 ergeben sich für die Aktie und die risikolose Anleihe die Beziehungen:

$$\begin{aligned} S(0) &= \pi_{1,0} u S(0) + \pi_{0,1} d S(0), \\ 1 &= \pi_{1,0} R + \pi_{0,1} R. \end{aligned}$$

Nach Auflösung dieses Gleichungssystems ergeben sich die Gleichungen (3.21) und (3.22). ■

Satz 3.5 ***(Preis der Europäischen Aktienoption im Zeitpunkt t = 0 im einperiodigen Binomialmodell)*** *Der Preis der Europäischen Aktienoption ist im Zeitpunkt $t = 0$ die Summe der mit den jeweiligen Zustandspreisen diskontierten zustandsabhängigen Rückflüsse der Europäischen Aktienoption im Fälligkeitszeitpunkt $t = T$. Der Preis der Kaufoption ist im Zeitpunkt $t = 0$:*

$$C^e(0) = \pi_{1,0} \max[uS(0) - K, 0] + \pi_{0,1} \max[dS(0) - K, 0] \tag{3.23}$$

und der Preis der Europäischen Verkaufsoption ist:

$$P^e(0) = \pi_{1,0} \max[K - uS(0), 0] + \pi_{0,1} \max[K - dS(0), 0] \tag{3.24}$$

mit

$$\pi_{1,0} = \frac{R-d}{(u-d)R}, \quad \pi_{0,1} = \frac{u-R}{(u-d)R}.$$

Beweis: Die Gleichungen (3.23, 3.24) folgen aus Gleichung (3.5) mit den Gleichungen (3.21, 3.22) und den Gleichungen (3.19, 3.20). ■

Beispiel 3.1 ***(Preis der Europäischen Aktienoption im Zeitpunkt t = 0)*** *Die Aktie wird zum Zeitpunkt $t = 0$ zum Preis von $S(0) = 100$ Euro gehandelt. Es wird eine Kaufoption und eine Verkaufsoption mit Basispreis $K = 100$ Euro gehandelt. Der Zinssatz für eine einperiodige Anleihe ist 25%.*
Mit den Gleichungen (3.21, 3.22) folgen für die Zustandspreise:

$$\begin{aligned} \pi_{1,0} &= \frac{1,25 - 0,55}{(1,55 - 0,55) \cdot 1,25} = 0,56, \\ \pi_{0,1} &= \frac{1,55 - 1,25}{(1,55 - 0,55) \cdot 1,25} = 0,24. \end{aligned}$$

Die zustandsabhängigen Preise einer Kauf- bzw. Verkaufsoption im Zeitpunkt $t = T$ sind in Abbildung 3.3 dargestellt. Der Preis einer Kaufoption ist mit Gleichung (3.23): $C(0) = 0,56 \cdot 55 = 30,80$ Euro. Der Preis einer Verkaufsoption ist mit Gleichung (3.24): $P^e(0) = 45 \cdot 0,24 = 10,80$ Euro.

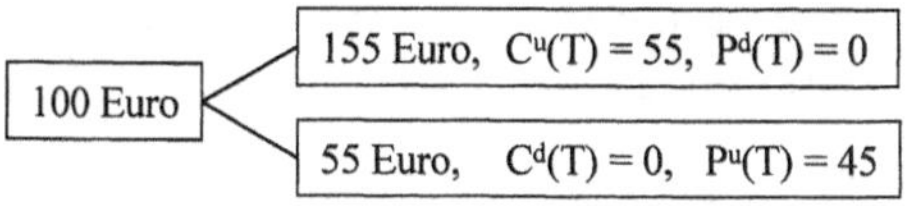

Abbildung 3.3: Beispiel zur Berechnung des Call- und Put-Preises

Diese Überlegungen sind auf das *Mehrperiodenmodell* übertragbar. Die Ökonomie wird durch die folgende – die Annahme 3.11 für das Mehrperiodenmodell konkretisierende – Voraussetzung beschrieben:[18]

Annahme 3.15 ***(Aktienkursentwicklung)*** *Ausgehend vom Aktienkurs $S(t)$ im Zeitpunkt t, $t \in \{0, \ldots, T-1\}$ kann die Aktie in jedem Folgezeitpunkt $t+1$ zu zwei möglichen Kursen $uS(t)$ und $dS(t)$ mit $(0 < d < 1 + r < u)$ notieren. Die Aktiengesellschaft schüttet keine Dividende aus. Die Zeitintervalle zwischen zwei aufeinanderfolgenden Zeitpunkten sind äquidistant.*[19]

Zusätzlich werden die Annahmen 3.1, 3.7, 3.8, 3.9 und 3.10 unterstellt. Im folgenden werden die Annahmen 3.7, 3.8, 3.9 und 3.10 – analog des Prozederes im Einperiodenmodell – für die Bewertung von Aktienoptionen konkretisiert.

Annahme 3.16 ***(Mehrperiodenmodell)*** *Der Anfangszeitpunkt des Modells ist der Zeitpunkt $t = 0$, der Endzeitpunkt ist der Zeitpunkt $t = T$; der Kontrakt wird in jedem Zeitpunkt $t \in \{0, 1, \ldots, T\}$ gehandelt.*

Annahme 3.17 ***(Endlich viele Umweltzustände)*** *Die Unsicherheit im Zeitpunkt $t = T$ wird in Abhängigkeit der Aktienkursentwicklung durch $(T+1)$ mögliche Umweltzustände modelliert. Die möglichen Umweltzustände $(l, n-l)$ im Zeitpunkt $t = T$ werden durch die Anzahl der Kursanstiege l und die Anzahl der Kursrückgänge $n-l$ beschrieben, wobei n die Anzahl der Perioden vom Zeitpunkt $t = 0$ bis zum Fälligkeitszeitpunkt $t = T$ bezeichnet.*

Annahme 3.18 ***(Informationsfluß)*** *Im Zeitpunkt t $(t \in \{0, 1, \ldots, T-1\})$ sind allen Marktteilnehmern die möglichen Aktienkurse in allen folgenden Zeitpunkten sowie der für alle Perioden einheitliche konstante risikolose Zinssatz r bekannt. Im Zeitpunkt $t = T$ kennen alle Marktteilnehmer den Aktienkurs in diesem Zeitpunkt.*

[18] Vgl. SANDMANN (1999), S. 158 ff.; VARIAN (1987), S. 67.

[19] O.B.d.A. wird von zwischenzeitlichen Dividendenzahlungen zur Vereinfachung der Darstellung abgesehen.

Annahme 3.19 ***(Reibungsloser Kapitalmarkt)*** *Es werden zwei Wertpapiere auf dem Finanzmarkt gehandelt, die Aktie und eine einperiodige risikolose Anleihe mit Nennwert 1, die – wenn in t ($t = \{0, 1, \ldots T-1\}$) erworben – in $t+1$ den Betrag R zurückzahlt. Jeder Marktteilnehmer ist Preisnehmer. Weiterhin gibt es keine Steuern, Transaktionskosten und Leerverkaufsbeschränkungen. Alle Wertpapiere sind beliebig teilbar.*

Ausgehend von Gleichung (3.15) soll im folgenden der Preis der Aktienoption im Zeitpunkt $t = 0$ entsprechend der Vorgehensweise im Einperiodenmodell ermittelt werden.

Satz 3.6 ***(Zustandspreise im mehrperiodigen Binomialmodell)*** *Der Preis eines Zustandswertpapiers $\pi_{l,n-l}$ im Zeitpunkt $t = 0$, das im Zustand $(l, n-l)$ eine Geldeinheit und in allen anderen Zuständen nichts auszahlt, ist:*

$$\pi_{l,n-l} = \binom{n}{l} \pi_{1,0}^{l} \pi_{0,1}^{n-l} \tag{3.25}$$

mit

$$\pi_{1,0} = \frac{R-d}{(u-d)\,R}, \quad \pi_{0,1} = \frac{u-R}{(u-d)\,R}.$$

Beweis: *Der Beweis erfolgt durch Induktion nach n.*
Induktionsanfang: Für $n = 1$ wurde die Behauptung mit Satz 3.4 bewiesen.
Induktionsbehauptung: Es existiert ein $n \in \mathbb{N}$, so daß die Behauptung des Satzes für alle $\hat{n} \leq n, \hat{n} \in \mathbb{N}$ gilt.
Induktionsschritt: n auf $n+1$. Aus dem Binomialmodell folgt:

$$\begin{aligned}
\pi_{l+1,n+1-(l+1)} &= \pi_{1,0}\pi_{l,n-l} + \pi_{0,1}\pi_{l+1,n-(l+1)} \\
&= \pi_{1,0}\binom{n}{l}\pi_{1,0}^{l}\pi_{0,1}^{n-l} + \pi_{0,1}\binom{n}{l+1}\pi_{1,0}^{l+1}\pi_{0,1}^{n-(l+1)} \\
&= \binom{n}{l}\pi_{1,0}^{l+1}\pi_{0,1}^{n-l} + \binom{n}{l+1}\pi_{1,0}^{l+1}\pi_{0,1}^{n-l} \\
&= \binom{n+1}{l+1}\pi_{1,0}^{l+1}\pi_{0,1}^{n-l},
\end{aligned}$$

wobei

$$\begin{aligned}
\binom{n}{l} + \binom{n}{l+1} &= \frac{n!}{l!\,(n-l)!} + \frac{n!}{(l+1)!\,(n-(l+1))!} \\
&= \frac{n!\,(l+1) + n!\,(n-l)}{(l+1)!\,(n-l)!} \\
&= \frac{(n+1)!}{(l+1)!\,((n+1)-(l+1))!} \\
&= \binom{n+1}{l+1}.
\end{aligned}$$

■

Satz 3.7 ***(Preis der Europäischen Aktienoption im Zeitpunkt*** **t = 0** ***im mehrperiodigen Binomialmodell)*** *Der Preis der Europäischen Aktienoption im Zeitpunkt $t = 0$ ist die Summe der mit den jeweiligen Zustandspreisen diskontierten zustandsabhängigen Rückflüsse der Aktienoption im Fälligkeitszeitpunkt $t = T$. Der Preis der Kaufoption ist im Zeitpunkt $t = 0$:*

$$C^e(0) = \sum_{l=0}^{n} \binom{n}{l} \pi_{1,0}^{l} \pi_{0,1}^{n-l} \max\left[u^l d^{n-l} S(0) - K, 0\right] \tag{3.26}$$

und der Preis der Europäischen Verkaufsoption ist:

$$P^e(0) = \sum_{l=0}^{n} \binom{n}{l} \pi_{1,0}^{l} \pi_{0,1}^{n-l} \max\left[K - u^l d^{n-l} S(0), 0\right] \tag{3.27}$$

mit

$$\pi_{1,0} = \frac{R-d}{(u-d)R}, \quad \pi_{0,1} = \frac{u-R}{(u-d)R}.$$

Beweis: Die Gleichungen (3.26, 3.27) folgen aus Gleichung (3.15) mit der Gleichung (3.25) und den Gleichungen (3.19, 3.20). ■

Beispiel 3.2 *Es wird eine Europäische Aktienoption im Zweiperiodenmodell bewertet; dabei werden für jede Periode die Daten des Beispiels 3.1 angenommen. Mit der Gleichung (3.25) errechnen sich die Zustandspreise von:*

$$\begin{aligned} \pi_{2,0} &= 0,56 \cdot 0,56 = 0,3136, \\ \pi_{2,1} &= 2 \cdot (0,56 \cdot 0,24) = 0,2688, \\ \pi_{2,2} &= 0,24 \cdot 0,24 = 0,0576. \end{aligned}$$

Der Preis einer Europäischen Kaufoption ist mit Gleichung (3.26) $C^e(0) = 140,25 \cdot 0,3136 = 43,9824$ Euro und der Preis einer Europäischen Verkaufsoption ist mit Gleichung (3.27) $P^e(0) = 0,0576 \cdot 69,75 + 0,2688 \cdot 14,75 = 7,9824$ Euro.

Im Herbst 1997 erhielten die beiden amerikanischen Ökonomen Myron Scholes und Robert Merton den Nobelpreis für Wirtschaftswissenschaften. Zusammen mit dem 1995 verstorbenen Fisher Black entwickelten sie 1973 eine Formel zur Bewertung von Europäischen, dividendengeschützten Aktienoptionen, die sogenannte Black-Scholes-Formel.[20]

[20] Vgl. BLACK/SCHOLES (1973); MERTON (1973).

Wird das Zeitintervall zwischen zwei aufeinanderfolgenden Zeitpunkten im Binomialmodell zunehmend verringert, so konvergieren die Formeln zur Bewertung eines Europäischen Call (3.26) und eines Europäischen Put (3.27) auf eine dividendengeschützte Aktie gegen die Black-Scholes-Formel.

Satz 3.8 ***(Black-Scholes-Formel für Europäische Kaufoptionen)*** *Für*

$$u(n) = \exp\left\{\sqrt{Var}\sqrt{\frac{T}{n}}\right\}, \quad d(n) = \exp\left\{-\sqrt{Var}\sqrt{\frac{T}{n}}\right\}$$

konvergiert die Bewertungsformel einer Europäischen Kaufoption mit Basispreis K auf eine dividendengeschützte Aktie gegen die Black-Scholes-Formel, d.h. gegen

$$C^e(0) = S(0)\,N(d_1) - K(1+\hat{r})^{-T} N(d_2) \tag{3.28}$$

mit

$$\begin{aligned} d_1 &= \frac{\ln\left(\frac{S(0)}{K\left(1+\hat{r}\right)^{-T}}\right) + \frac{1}{2} Var \cdot T}{\sqrt{Var}\sqrt{T}}, \\ d_2 &= d_1 - \sqrt{Var}\sqrt{T}, \end{aligned}$$

wobei $N(\cdot)$ die standardisierte Normalverteilung ist, $\hat{r}$ der Zinssatz pro Jahr und $\sqrt{Var}$ die Volatilität (annualisierte Standardabweichung) der Aktienkursrendite ist.

Beweis: Vgl. COX/ROSS/RUBINSTEIN (1979). ■

Durch Einsatz von Gleichung (3.28) in die Put-Call-Parität[21]:

$$P^e(0) = C^e(0) - S(0) + K\left(1+\hat{r}\right)^{-T}$$

und Ausnutzen der Symmetrieeigenschaft der standardisierten Normalverteilung folgt die Black-Scholes-Formel für Europäische Verkaufsoptionen auf eine dividendengeschützte Aktie:

$$P^e(0) = K(1+\hat{r})^{-T} N(-d_2) - S(0)\,N(-d_1) \tag{3.29}$$

mit

$$\begin{aligned} d_1 &= \frac{\ln\left(\frac{S(0)}{K\left(1+\hat{r}\right)^{-T}}\right) + \frac{1}{2} Var \cdot T}{\sigma\sqrt{T}}, \\ d_2 &= d_1 - \sqrt{Var}\sqrt{T}. \end{aligned}$$

[21] Die von STOLL entwickelte Put-Call-Parität gibt die Beziehung zwischen dem Preis einer Kaufoption und dem Preis einer Verkaufsoption an, die dem Grundsatz der Arbitragefreiheit genügt; vgl. STOLL (1969), S. 806.

3.2 Verbale Darstellung

In diesem Abschnitt wird die in dem Abschnitt 3.1 formal dargestellte Wertpapierbewertung verbal zusammengefaßt. Dabei werden folgende Annahmen zugrunde gelegt:

- Jeder Marktteilnehmer ist Preisnehmer.
- Es gibt keine Steuern, Transaktionskosten und Leerverkaufsbeschränkungen.
- Alle Wertpapiere sind beliebig teilbar.
- Die Marktteilnehmer verhalten sich rational, d.h. sie werden Fehlbewertungen auf dem Finanzmarkt, die ihnen erlauben, sichere Gewinne zu realisieren, so lange ausschöpfen, bis sie nach Preisanpassung nicht mehr existieren und der Finanzmarkt arbitragefrei ist.

Die Wertpapierbewertung hat einen betriebswirtschaftlichen und einen volkswirt schaftlichen Aspekt. Es werden bei der nun folgenden Darstellung des betriebswirtschaftlichen Aspekts der Wertpapierbewertung zwei Fälle berücksichtigt:

- Sicherheit
- Unsicherheit

Im ersten Fall sind die zukünftigen Rückflüsse des Wertpapiers und die Diskontfaktoren sicher und bekannt. Der arbitragefreie Preis eines Wertpapiers im heutigen Zeitpunkt ($t = 0$) ist der Kapitalbarwert der Rückflüsse des Wertpapiers. Es gilt:

$$\text{Preis} = \text{Kapitalbarwert} = \sum_{t=0}^{T} \frac{\text{Rückfluß}\,(t)}{(1+r)^t}$$

wobei r der risikolose Zinssatz ist.[22]

Ist der Preis kleiner als die diskontierten mit dem Wertpapier verbundenen Rückflüsse, so erzielt man durch Kauf einer Einheit des Wertpapiers sowie Kreditaufnahme in Höhe der diskontierten Rückflüsse einen Arbitragegewinn in $t = 0$ in Höhe der Differenz zwischen Kaufpreis und dem erhaltenen Betrag aus der Kreditaufnahme. Ist der Preis größer als die diskontierten mit dem Wertpapier verbundenen Rückflüsse, so erzielt man durch Verkauf einer Einheit des Wertpapiers und einer risikolosen Kapitalanlage in Höhe der Rückflüsse einen Arbitragegewinn in $t = 0$ in Höhe der Differenz zwischen Verkaufspreis und angelegtem Kapitalbetrag. Sowohl die Kreditaufnahme als

[22] Es wird hier unterstellt, daß die Zinsstrukturkurve flach ist.

auch die Kapitalanlage erfolgt so, daß sich zeitlicher Anfall und Höhe von den mit dem Wertpapier verbundenen Rückflüssen und den mit der Kreditaufnahme verbundenen Auszahlungen bzw. mit der Kapitalanlage verbundenen Einzahlungen decken.

Unter Unsicherheit wird in den in Abschnitt 3.1 beschriebenen Modellen verstanden, daß der Zeitpunkt der Rückflüsse allen Marktteilnehmern bekannt ist; die Höhe des dann erzielten Rückflüsses jedoch allen Marktteilnehmern unbekannt ist. Unbekannt heißt, daß die Marktteilnehmer wissen, welche Zustände zukünftig möglich sind; d.h. sie wissen, daß die Aktie morgen zu 90 Euro (= Zustand 1), 100 Euro (= Zustand 2) oder 110 Euro (= Zustand 3) notieren kann. Sie wissen jedoch nicht, welcher dieser Zustände morgen eintritt. Auch in diesem Fall ist der arbitragefreie Preis eines Wertpapiers im heutigen Zeitpunkt ($t = 0$) der Kapitalbarwert der möglichen zukünftigen Rückflüsse. Es gilt:

$$\text{Heutiger Preis} = \sum_{i=1}^{I} \text{Zustandspreis } i \cdot \text{Rückfluß im Zustand } i$$

Die Diskontfaktoren sind hier also die Zustandspreise. Unter einem Zustandspreis versteht man den Preis für ein Wertpapier, das in einem bestimmten Zustand (für das obige Beispiel ist dies einer der Zustände i, ($i = 1, 2, 3$), eine Geldeinheit auszahlt.

Der "volkswirtschaftliche Aspekt" der Wertpapierbewertung setzt die Existenz von Arbitragefreiheit zur Existenz eines Finanzmarktgleichgewichts in Beziehung. Kennzeichen eines Finanzmarktgleichgewichts ist, daß alle Marktteilnehmer die nutzenmaximale Menge konsumieren und der Finanzmarkt geräumt ist.[23] Der Finanzmarkt ist geräumt, wenn sich Angebot und Nachfrage an einem bestimmten Finanztitel entsprechen.

Wenn ein Finanzmarktgleichgewicht existiert, dann gibt es keine Arbitragemöglichkeiten. Diese Aussage wird klar, wenn von einem Marktteilnehmer ausgegangen wird, der im Finanzmarktgleichgewicht c Einheiten eines Gutes konsumiert. Nun wird angenommen, daß es eine Arbitragemöglichkeit gibt. Für den Marktteilnehmer heißt das, daß er seinen Konsum erhöhen kann, ohne sein Budget zu überschreiten. Den durch Ausnutzung der Arbitragemöglichkeit erzielten höheren Konsum c^* ($c^* > c$) wird er aufgrund der Annahme, daß es sich um einen rationalen Investor handelt, dem ursprünglichen Konsum vorziehen. Dies widerspricht jedoch dem Merkmal des Finanzmarktgleichgewichts, das erfordert, daß der Marktteilnehmer seinen Nutzen maximiert. Aus diesem Widerspruch folgt, daß es im Finanzmarktgleichgewicht keine Arbitragemöglichkeiten geben kann.[24] Die Umkehrung gilt nicht zwingend, d.h. wenn der

[23] Vgl. MAGILL/QUINZII (1996), S. 69.

[24] Vgl. DOTHAN (1990), S. 18.

Finanzmarkt arbitragefrei ist, kann er – muß jedoch nicht – im Gleichgewicht sein.[25] Die Bedingung der Arbitragefreiheit ist für die Existenz eines Finanzmarktgleichgewichts notwendig, jedoch nicht hinreichend.

[25] Vgl. SANDMANN (1999), S. 30 f.

Kapitel 4

Aktienoptionen als Finanzinstrumente

4.1 Vorbemerkung

Im Abschnitt 4.3 wird gezeigt, daß die Bilanzierung von Aktienoptionsrechten unter den sachlichen Anwendungsbereich von Discussion Paper und IAS 39 fällt. Voraussetzung dafür ist, daß die Aktienoption ein Finanzinstrument ist. Zunächst wird daher der Begriff Finanzinstrument erläutert.

4.2 Bestimmung des Begriffs Finanzinstrument

4.2.1 Begriffsmerkmale

Das Discussion Paper gibt drei Merkmale eines Finanzinstruments an:

- Es entspricht der Definition im IAS 32.5.[1]
- Das Instrument ist Risiken (Risks) ausgesetzt und hat die Möglichkeit, Rückflüsse (Rewards) zu erzielen.[2]
- Das Instrument ist entweder ein Primäres Finanzinstrument oder ein Derivatives Finanzinstrument.[3]

IAS 39 charakterisiert das Finanzinstrument lediglich durch die Definition des Begriffs im IAS 32.5.[4]

[1] Vgl. DP 2, 3.1.
[2] Vgl. DP 2, 4.1.
[3] Vgl. DP 2, 3.8.
[4] Vgl. IAS 39.8.

4.2.2 Definition des Finanzinstruments nach IAS 32.5

Die Definition des Finanzinstruments im IAS 32.5 lautet:

"A financial instrument is any contract that gives rise to both a financial asset of one enterprise and a financial liability or equity instrument of another enterprise."[5]

Die Bestandteile der Definition werden im folgenden erläutert. Unter einem "*contract*" wird nach IAS 32.6 eine "Vereinbarung zwischen zwei oder mehr Vertragspartnern verstanden, die eindeutige wirtschaftliche Konsequenzen hat, die von den einzelnen Vertragspartnern nach eigenem Ermessen kaum oder überhaupt nicht zu vermeiden sind, weil die Vereinbarung für gewöhnlich im Rechtsweg durchsetzbar ist"[6].

Unter dem Begriff "*enterprise*" ist in dieser Definition eine Vertragspartei zu verstehen.[7]

Ein "*financial asset*" ist im IAS 32.5 folgendermaßen definiert:

"A financial asset is any asset that is:

(a) cash;

(b) a contractual right to receive cash or another financial asset from another enterprise;

(c) a contractual right to exchange financial instruments with another enterprise under conditions that are potentially favourable; or

(d) an equity instrument of another enterprise."[8]

Ein Financial Asset ist somit eine Teilmenge der *Assets.* Der Begriff Asset ist im F.49 definiert.[9] Diese Definition[10] wurde in das Discussion Paper übernommen.[11] Das

[5] *Ein Finanzinstrument ist ein Vertrag, der gleichzeitig bei dem einen Unternehmen zu einem Financial Asset und bei dem anderen zu einer Financial Liability oder einem Equity Instrument führt;* vgl. IASC (1998b), IAS 32.5.

[6] IASC (1998b), IAS 32.6.

[7] IAS 32.6 i.V.m. CAIRNS (1995), S. 724.

[8] *Financial Assets umfassen: (a) Kassenbestände; (b) das Recht, flüssige Mittel oder ein anderes Financial Asset von einem anderen Unternehmen zu erhalten; (c) das Recht, Finanzinstrumente mit einem anderen Unternehmen unter potentiell vorteilhaften Bedingungen austauschen zu können, oder (d) ein als Aktivum gehaltenes Equity Instrument eines anderen Unternehmens;* vgl. IASC (1998b), IAS 32.5.

[9] Das Framework kann als theoretischer Unterbau der IAS verstanden werden. Entsprechend FRAMEWORK.2 hat das Framework jedoch nicht die Rechtswirkung eines International Accounting Standard und tritt in Überschneidungsfällen gegenüber dem International Accounting Standard zurück; vgl. WOLLMERT/ACHLEITNER (1997), S. 29 f.

[10] "*An asset is a resource controlled by an enterprise as a result of past events and from which future economic benefits are expected to flow to the enterprise.*"; FRAMEWORK.49.

[11] Vgl. DP 3, 2.1.

Discussion Paper nennt die drei wesentlichen Eigenschaften des Asset und konkretisiert diese Eigenschaften für ein Financial Asset.[12] Mit einem Asset ist ein *erwarteter Zufluß von zukünftigen ökonomischen Benefits* verbunden.[13] Die in der Definition eines Financial Asset unter (a)-(d) aufgeführten finanziellen Vermögenswerte sind die Gesamtheit der möglichen zukünftigen ökonomischen Benefits eines Financial Asset.[14] Dieser erwartete Zufluß von Benefits ist das *Resultat vergangener Ereignisse.*[15] Für ein Financial Asset ist das vergangene Ereignis der Zeitpunkt, zu dem das Unternehmen den Vertrag abschließt, durch den es das Recht an den Benefits des Financial Asset erhält.[16] Die zukünftigen ökonomischen Benefits eines Asset und damit auch die eines Financial Asset werden durch das Unternehmen *kontrolliert.*[17] Ein Unternehmen kontrolliert die zukünftigen Benefits, wenn es die "Fähigkeit hat, diese zu beziehen und anderen den Zugang zu diesen zu verwehren."[18] bzw. "wenn es die Macht hat, diese zu erhalten"[19].[20]

Eine *"financial liability"* ist im IAS 32.5 definiert:

"A financial liability is any liability that is a contractual obligation:

(a) to deliver cash or another financial asset to another enterprise; or

(b) to exchange financial instruments with another enterprise under conditions that are potentially unfavorable."[21]

---

[12] Vgl. DP 3, 3.5.

[13] Vgl. DP 3, 3.5. Zukünftige ökonomische Benefits sind im FRAMEWORK.53 dadurch bestimmt, daß sie zu einer Erhöhung des Cash Flow der Unternehmung beitragen.

[14] Vgl. DP 3, 3.5.

[15] *"result of past events"*; DP 3, 3.5.

[16] Vgl. DP 3, 3.5.

[17] Vgl. DP 3, 3.5.

[18] *"Control may be defined in general terms as the ability to obtain the future economic benefits relating to an asset and the ability to restrict the access of others to those benefits"*; DP 3, 9.7.

[19] *"Control of an asset is the power to obtain the future economic benefits that flow from the asset."*; IAS 39.10.

[20] Nach DP 3, 9.14 wird Kontrolle nicht übertragen,

- wenn der Übertragende die Übertragung des Asset widerrufen und die Ausgangssituation vor Übertragung im wesentlichen wieder herstellen kann bzw.
- wenn der Übertragende berechtigt oder verpflichtet ist, das Asset zu einem Preis zurückzuerwerben, der für den Übernehmenden Zinsen auf den Wert des Asset für die Übernahmeperiode vorsieht.

Nach IAS 39.41 wird die Kontrolle übertragen, wenn der Übernehmende berechtigt ist, das Asset zu veräußern oder es als Pfand mit dem in etwa vollen Fair Value zu belasten. Diesem Fall gleichgestellt ist der Fall, daß eine Projektgesellschaft ein Finanzinstrument erwirbt und diese Gesellschaft oder deren Eigner die Fähigkeit besitzen, alle Vorteile des übernommenen Asset zu erhalten.

[21] *Eine Financial Liability ist jede vertragliche Verpflichtung: (a) flüssige Mittel oder ein anderes*

Eine Financial Liability ist eine Teilmenge der *Liabilities*. Der Begriff Liability ist im F.49 definiert. Diese Definition[22] wurde in das Discussion Paper übernommen.[23] Das Discussion Paper nennt drei wesentliche Eigenschaften des Begriffs "Liability" und konkretisiert diese Eigenschaften für eine Financial Liability.[24] Mit einer Liability ist ein *erwarteter Abfluß von zukünftigen ökonomischen Benefits* verbunden.[25] Für eine Financial Liability sind die zukünftigen ökonomischen Benefits, die erwartungsgemäß abfließen, vertraglich festgelegt.[26] Analog zu den obigen Ausführungen des Discussion Paper zu den Financial Assets kann für Financial Liabilities gefolgert werden, daß die zukünftigen ökonomischen Benefits, die abfließen können, die in der Definition einer Financial Liability unter (a) und (b) aufgeführten finanziellen Verpflichtungen sind. Dieser erwartete Abfluß von Benefits ist das *Resultat vergangener Ereignisse*.[27] Dies ist – analog zu den Charakteristika des Financial Asset – der Zeitpunkt, zu dem das Unternehmen den Vertrag abschließt, durch den es die finanzielle Verpflichtung übernimmt.[28] Eine Liability und damit auch eine Financial Liability ist eine *gegenwärtige Verpflichtung* des Unternehmens.[29] Nach F.60 besteht eine gegenwärtige Verpflichtung immer dann, wenn sie eingeklagt werden kann.

Die obigen Definitionen von Financial Asset und Financial Liability beinhalten wiederum die Begriffe Financial Asset und Financial Liability. Die Definitionen sind jedoch nicht zirkulär. Sie erlauben eine Kette von vertraglichen Rechten und Pflichten, an deren Ende entweder der Empfang oder die Zahlung von flüssigen Mitteln bzw. entweder der Erwerb oder die Emission eines Equity Instrument steht.[30]

Ein *"equity instrument"* ist im IAS 32.5 folgendermaßen definiert:

"An equity instrument is any contract that evidences a residual interest in the assets of an enterprise after deducting all of its liabilities."[31]

Demnach wird durch ein Equity Instrument Eigenkapital zur Verfügung gestellt

---

Financial Asset an ein anderes Unternehmen abzugeben oder (b) Finanzinstrumente unter potentiell nachteiligen Bedingungen austauschen zu müssen; vgl. IASC (1998b), S. 548.

[22] "*A liability is a present obligation of the enterprise arising from past events, the settlement of which is expected to result in an outflow from the enterprise of resources embodying economic benefits.*"; FRAMEWORK.49.

[23] Vgl. DP 2, 2.1.

[24] Vgl. DP 3, 3.6.

[25] Vgl. DP 3, 3.6.

[26] Vgl. DP 3, 3.6.

[27] Vgl. DP 3, 3.6.

[28] Vgl. DP 3, 3.7.

[29] Vgl. DP 3, 3.6.

[30] Vgl. DP 2, 3.2.

[31] *Ein Equity Instrument ist jeder Vertrag, der einen Residualanspruch an den Assets einer Unternehmung nach Abzug aller Liabilities begründet;* vgl. IASC (1998b), IAS 32.5.

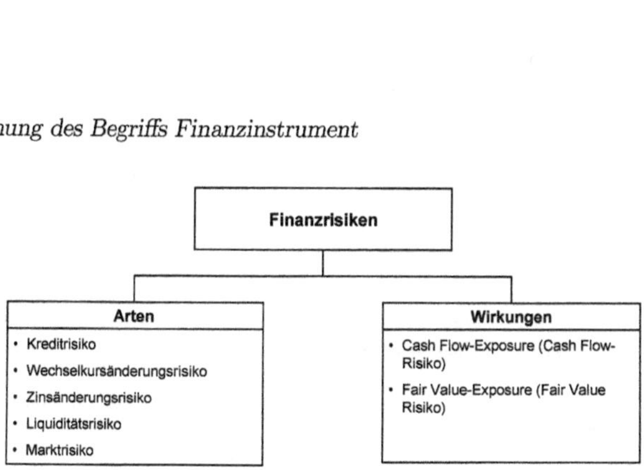

Abbildung 4.1: Darstellung der Finanzrisiken im Discussion Paper

und dem Halter eines Equity Instrument eine Eigentümerposition verschafft.[32]

4.2.3 Risks and Rewards

4.2.3.1 Risks

4.2.3.1.1 Vorbemerkung

Charakteristisch für ein Finanzinstrument ist, daß es Risiken ("risks"[33]), den sogenannten Finanzrisiken ("financial risks"[34]), ausgesetzt ist.[35]

IAS 32 unterteilt die Finanzrisiken hinsichtlich ihrer *Art* in Preisänderungsrisiko, Kreditrisiko, Liquiditätsrisiko und Cash Flow-Risiko. Zu den Preisänderungsrisiken zählen das Wechselkursänderungsrisiko, das Zinsänderungsrisiko und das Marktrisiko.[36]

Das *Discussion Paper* unterteilt Finanzrisiken hinsichtlich ihrer *Art* in Wechselkursänderungsrisiko, Zinsänderungsrisiko, Marktrisiko, Kreditrisiko und Liquiditätsrisiko und hinsichtlich ihrer *Wirkungen* in Cash Flow-Exposure (Cash Flow-Risiko) und Fair Value-Exposure (Fair Value-Risiko) (s. Abbildung 4.1).[37]

IAS 39 geht auf Finanzrisiken nicht ein.

---

[32] Vgl. WIEDMANN (1995) S. 791.

[33] DP 4, 4.2.

[34] DP 2, 4.4.

[35] Vgl. IAS 32.43; DP 2, 4.1.

Einen quantitativen Ansatz vertreten BEAVER/BLACK/SCHOLES (1970) und – für den deutschen Markt – MÜLLER (1992). Sie setzen die auf Rechnungslegungsgrößen basierenden Risikomaßzahlen zu dem systematischen Risiko, dem Finanzmarktrisiko, in Beziehung.

[36] IAS 32.43.

[37] Vgl. DP 4, 4.4; DP 4, 4.6 f. i.V.m. GEBHARDT (1996), S. 562 ff. Gebhardt bezeichnet mit Cash Flow-Risiko das Cash Flow-Exposure und mit Fair Value-Risiko das Fair Value-Exposure; vgl. GEBHARDT (1996), S. 562 ff.

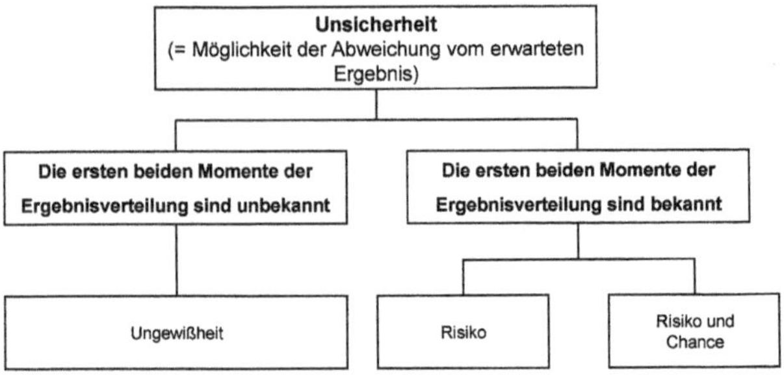

Abbildung 4.2: Formen der Unsicherheit

Zunächst wird der im Discussion Paper und der im IAS 32 nicht bestimmte Begriff "Risk" interpretiert und die im Discussion Paper und im IAS 32 gegebene Definition der Risikoarten beurteilt. Es wird festgestellt, daß Fair Value-Risiko und Cash Flow-Risiko nicht übereinstimmen und daß es – entgegen GEBHARDTS Ansicht[38] – keiner Festlegung auf eine Risikokonzeption bedarf.

4.2.3.1.2 Interpretation des Begriffs "Risks"

IAS 32 definiert den Begriff Risk nicht.

Unter dem Begriff Risk versteht das Discussion Paper die Möglichkeit nachteiliger Konsequenzen ("adverse consequences"[39]). Nach dem Discussion Paper ist ein Unternehmen einem Risiko (einem Finanzrisiko) immer dann ausgesetzt, wenn es nachteiligen Konsequenzen (aus dem Finanzinstrument) gegenüber ungeschützt ist.[40] Der Begriff "adverse consequences" ist wiederum weder im IAS 32, noch im Discussion Paper definiert. Zunächst soll dieser für ein Finanzinstrument auf der Grundlage finanzwirtschaftlicher Überlegungen interpretiert werden.

Es gibt grundsätzlich zwei Ausprägungen der Unsicherheit in der Finanzwirtschaft (s. Abbildung 4.2).

Unter *Unsicherheit* wird die Möglichkeit der Abweichung von einem erwarteten Ergebnis verstanden. Unsicherheit ist ex ante vorhanden, ex post liegt das realisierte Ergebnis vor. Das Ergebnis ist entweder durch eine absolute Größe oder durch eine relative Größe bestimmt. In Abhängigkeit davon, ob die ersten beiden Momente (d.h. Erwartungswert und Varianz) der Ergebnisverteilung bestimmbar sind, werden

[38] Vgl. GEBHARDT (1996), S. 563 f.
[39] DP 2, 4.2.
[40] Vgl. DP 4, 4.2.

zwei Formen von Unsicherheit unterschieden. Die Ergebnisverteilung besteht aus einer Menge der möglichen Ausprägungen des Ergebnisses und den ihnen für ihr Eintreten zugeordneten Wahrscheinlichkeiten. Dabei kann es sich um objektive (vom Entscheidenden unabhängige Wahrscheinlichkeiten) oder subjektive Wahrscheinlichkeiten (Wahrscheinlichkeiten, die der Entscheidende den Ergebnissen zuordnet) handeln. Die Menge der für möglich gehaltenen Ergebnisse muß das tatsächlich eintretende Ereignis nicht mit Sicherheit enthalten. *Ungewißheit* bezeichnet die Form der Unsicherheit, für die die ersten beiden Momente der Ergebnisverteilung unbekannt sind.[41] Sofern die ersten beiden Momente bestimmbar sind, werden zwei Unterauffassungen diskutiert:

- Die erste Auffassung versteht unter *Risiko* die Form der Unsicherheit, für die die ersten beiden Momente der Ergebnisverteilung bestimmt werden können. Risiko ist damit die Möglichkeit einer quantifizierbaren Abweichung von dem erwarteten Ergebnis. Aus dieser Sicht werden somit positive und negative Abweichungen vom erwarteten Ergebnis als Risiko verstanden. Dieser Auffassung entspricht die Messung des Risikos mit der Varianz.[42]

- Die zweite Auffassung versteht unter den Begriffen *Risiko und Chance* die Form der Unsicherheit, für die die ersten beiden Momente der Ergebnisverteilung bestimmt werden können. Aus dieser Sicht wird unter Risiko die quantifizierbare, negative Abweichung vom erwarteten Ergebnis und unter Chance die quantifizierbare, positive Abweichung vom erwarteten Ergebnis verstanden.[43]

Der Risikobegriff des Discussion Paper soll nun auf der Grundlage dieser finanzwirtschaftlichen Risikoauffassungen interpretiert werden. Die Ergebnisentwicklung eines Finanzinstruments ist mit Unsicherheit behaftet. Unter der Ergebnisentwicklung eines Finanzinstruments versteht das Discussion Paper die Entwicklung des Cash Flow (der Zahlungen) dieses Finanzinstruments oder des Fair Value (des Marktwerts) dieses Finanzinstruments.[44] Da es sich sowohl beim Cash Flow als auch beim Fair Value um monetäre Größen handelt, ist die Gesamtheit der möglichen Ausprägungen dieser Größen bestimmbar. Jeder dieser möglichen Ausprägungen kann zumindest eine subjektive Wahrscheinlichkeit zugeordnet werden. Somit sind die Ergebnisverteilung eines Finanzinstruments und damit auch deren ersten beiden Momente bestimmbar. Die

[41] Vgl. STEINER/BRUNS (1998), S. 53. Die Begriffe Ungewißheit und Unsicherheit werden nicht einheitlich verwandt. Sie werden auch genau umgekehrt definiert; d.h. Ungewißheit wird (im obigen Text) durch Unsicherheit und Unsicherheit durch Ungewißheit ersetzt; vgl. UNSER (1999), S. 47.

[42] Vgl. GÖPPL/SCHLAG (1995), Sp. 1667; STEINER/BRUNS (1998), S. 53 f.

[43] Vgl. WATSHAM (1998), S. 543.

[44] Vgl. DP 2, 4.5; GEBHARDT (1996), S. 563. Die Problematik der Definition und der Ermittlung des Fair Value ist im sechsten und siebten Kapitel dargestellt.

den Risikobegriff kennzeichnenden "nachteiligen Konsequenzen" lassen sich als negative Abweichungen verstehen und der Begriff "Risk" läßt sich als negative, quantifizierbare Abweichung von dem erwarteten Ergebnis interpretieren.[45]

4.2.3.1.3 Risikoarten

4.2.3.1.3.1 Risikoarten im Discussion Paper

Das Discussion Paper definiert einzelne Risikoarten: Wechselkursänderungsrisiko, Zinsänderungsrisiko, Marktrisiko, Kreditrisiko und Liquiditätsrisiko.

Unter dem Wechselkursänderungsrisiko, dem Zinsänderungsrisiko, dem Marktrisiko, dem Kreditrisiko und dem Liquiditätsrisiko wird die Veränderung des Cash Flow oder des Fair Value des Finanzinstruments aufgrund einer nachteiligen Veränderung des Wechselkurses, der Zinsen, der allgemeinen Marktbedingungen, der Kreditwürdigkeit und der Marktliquidität verstanden.[46]

Diese Systematisierung der Risiken wird im folgenden beurteilt.

Die Risikoarten sind nicht überschneidungsfrei definiert. Eine Veränderung der allgemeinen Marktbedingungen ist gegeben, wenn sich der Wechselkurs oder die Zinsen ändern. Wechselkursrisiken und Zinsänderungsrisiken sind daher auch immer Marktrisiken.

Für die Bewertung eines Finanzinstruments in der Bilanz bzw. für die Berücksichtigung der Bewertungsänderung in der Gewinn- und Verlustrechnung ist eine Spezifizierung der Risiken unnötig. Der Grund ist, daß sich nicht die Quellen, sondern die Wirkungen der Risiken in Bilanz und Gewinn- und Verlustrechnung niederschlagen. Diese Aussage wird an einem Beispiel veranschaulicht. Eine Bank kauft im Zeitpunkt $t = 0$ eine Anleihe eines Unternehmens, die zu 5% p.a. verzinst wird, mit einem Nennwert von 1000 Euro und einer Laufzeit von zwei Jahren. Die Anleihe wird in der Bilanz mit dem Fair Value angesetzt.[47] In Beispielen zur Erläuterung des Fair Value geht das Discussion Paper davon aus, daß der Fair Value einer Anleihe ihr Kapitalbarwert ist.[48] Um die Fair Value-Problematik in diesem Kapitel zu umgehen, wird die Anleihe in der Bilanz mit ihrem Kapitalbarwert angesetzt. Es werden im Zeitpunkt $t = 1$ zwei Fälle betrachtet:

---

[45] Vgl. PACTER (1993), S. 157.

[46] Das Discussion Paper beschreibt das Wechselkursänderungsrisiko, das Zinsänderungsrisiko und das Marktrisiko als die Möglichkeit der Veränderung des Wechselkurses, der Zinsen und der allgemeinen Marktbedingungen. Die Beispiele zur Veranschaulichung der einzelnen Risikoarten gehen jedoch von einer für das Unternehmen nachteiligen Veränderung aus; vgl. DP 2, 4.4 f.

[47] Vgl. DP 5, 1.1.

[48] Vgl. DP 5, 4.4; DP Appendix 5-2, S. 123.

POSTEN	$t = 0$	$t = 1$
Wertpapier	1000 Euro	954, 55 Euro
$\sum$ Aktiva	1000 Euro	954, 55 Euro
Eigenkapital	1000 Euro	954, 55 Euro
$\sum$ Passiva	1000 Euro	954, 55 Euro
Abschreibung		45, 45 Euro
Jahresergebnis	0 Euro	−45, 45 Euro

Tabelle 4.1: Beispiel zur Beurteilung der Definitionen der Risikoarten

- Die Zinsen sind unerwartet gestiegen. Der Schuldner der Anleihe kann sich jetzt, unter der Annahme, daß sich seine Bonität im Vergleich zum Zeitpunkt $t = 0$ nicht verändert hat, nur noch zu 10% p.a. refinanzieren.
- Die Bonität des Schuldners der Anleihe wird von den Ratingagenturen schlechter eingeschätzt. Der Schuldner der Anleihe kann sich jetzt, unter der Annahme, daß sich sich das allgemeine Zinsniveau im Vergleich zum Zeitpunkt $t = 0$ nicht verändert hat, nur noch zu 10% p.a. refinanzieren.

In beiden Fällen ist der relevante Zinssatz im Zeitpunkt $t = 1$ zur Berechnung des Fair Value der Anleihe 10%. Die Bilanzen der Bank für den Zeitpunkt $t = 0$ und $t = 1$ sind in Tabelle 4.1 dargestellt.

Unabhängig vom eingetretenen Fall wird auf den Fair Value des Wertpapiers (954, 55 Euro) abgeschrieben. Die Wirkung des Risikos, nämlich die unerwartete Verringerung des Fair Value, ist aus der Bilanz ersichtlich. Die Ursachen der Abschreibung – im ersten Fall die Veränderung des allgemeinen Zinsniveaus, im zweiten Fall die Veränderung der Bonität – sind jedoch nicht erkennbar. Demzufolge ist also die Angabe unterschiedlicher Risikoarten im Discussion Paper, welches den Ansatz und die Bewertung von Finanzinstrumenten im Jahres- und Konzernabschluß regeln soll[49], unnötig.

4.2.3.1.3.2 Risikoarten im IAS 32

IAS 32.43 definiert folgende Risikoarten: Preisänderungsrisiko, Kreditrisiko, Liquiditätsrisiko und Cash Flow-Exposure.

Unter dem Kreditrisiko und dem Liquiditätsrisiko werden die Risiken verstanden, die sich aufgrund einer für das betreffende Unternehmen nachteiligen Veränderung der Kreditwürdigkeit und der Unternehmensliquidität ergeben. Das Preisänderungsrisiko ist das Risiko einer Wertänderung eines Finanzinstruments aufgrund einer Veränderung

[49] Vgl. DP 1, 1.3.

des Wechselkurses, der Zinsen oder der allgemeinen Marktbedingungen. Das Cash Flow-Risiko wird als das Risiko der Änderung von Zahlungen eines Finanzinstruments definiert.[50] Folglich nimmt IAS 32 eine andere Systematisierung der Risiken vor als das Discussion Paper.

4.2.3.1.4 Cash Flow-Exposure versus Fair Value-Exposure

4.2.3.1.4.1 Definition des Cash Flow-Exposure

Unter dem Cash Flow-Exposure wird die für das Unternehmen nachteilige Änderung zukünftiger Zahlungen eines Finanzinstruments verstanden.[51]

Zur Veranschaulichung des Cash Flow-Exposure wird von einem Unternehmen ausgegangen, das eine bonitätsrisikofreie Anleihe mit einem variablen Zinssatz zu ihrem Nennwert von 100 Euro im Zeitpunkt 0 ($t = 0$) erwirbt. Diese Anleihe hat eine Laufzeit von zwei Jahren. Im ersten Jahr wird die Anleihe mit 20% verzinst. Im zweiten Jahr wird sie mit dem dann gültigen Referenzzinssatz für eine einjährige Anleihe verzinst. Nach dem ersten Jahr sinken die Zinsen unerwartet (der Zinssatz für die einjährige Anleihe fällt auf 10%), so daß das Unternehmen weniger Zinsen erhält als erwartet.

4.2.3.1.4.2 Definition des Fair Value-Exposure

Unter dem Fair Value-Exposure wird die für das Unternehmen nachteilige Änderung des Fair Value (des Marktwerts) eines Finanzinstruments verstanden.[52] Der Fair Value ist der Wert, mit dem ein Finanzinstrument in der Bilanz angesetzt wird.[53] Problematisch ist, daß die Ermittlung des Fair Value im Discussion Paper nicht eindeutig festgelegt ist.[54] In Beispielen zur Erläuterung des Fair Value geht das Discussion Paper davon aus, daß der Fair Value einer Anleihe ihr Kapitalbarwert ist.[55] Damit folgt, daß der Fair Value einer Geldeinheit – da sie einer bonitätsrisikofreien Anleihe, die sofort eine Geldeinheit auszahlt, entspricht – eine Geldeinheit ist. Um die "Fair Value-Problematik" in diesem Kapitel zu umgehen, wird die Anleihe in der Bilanz mit ihrem Kapitalbarwert angesetzt.

Zur Veranschaulichung des Fair Value-Exposure wird von einem Unternehmen ausgegangen, das in $t = 0$ eine festverzinsliche, bonitätsrisikofreie Anleihe zu ihrem Nennwert von 100 Euro erwirbt, die im zweiten Jahr wieder verkauft werden soll. Die

---

[50] Vgl. IAS 32.43.

[51] Vgl. DP 2, 4.7.

[52] Vgl. DP 2, 4.6.

[53] Vgl. DP 4, 2.1; 5, 1.1.

[54] Die Probleme bezüglich der Definition des Fair Value sind im sechsten, siebten und achten Kapitel dargestellt.

[55] Vgl. DP 5, 4.4; DP Appendix 5-2, S. 123.

Anleihe hat eine Laufzeit von zwei Jahren und wird jährlich mit einem Zinssatz von 10% verzinst. Nach dem ersten Jahr steigen die Zinsen unerwartet. Für eine einjährige, bonitätsrisikofreie Anleihe wird ein Zinssatz von 20% notiert. Der Kapitalbarwert ist im Zeitpunkt 0 ($t = 0$) 100 Euro; der Kapitalbarwert ist im Zeitpunkt 1 ($t = 1$) 91,67 Euro. Der Fair Value der Anleihe sinkt damit unerwartet.

4.2.3.1.4.3 Zum Verhältnis von Cash Flow-Exposure und Fair Value-Exposure

GEBHARDT[56] stellt fest, daß ein bestimmtes Finanzinstrument, das einem Cash Flow-Exposure (einem Fair Value-Exposure) ausgesetzt ist, nicht zwingend einem Fair Value-Exposure (Cash Flow-Exposure) unterliegt. Diese Überlegung begründet er folgendermaßen:

Ein Unternehmen, das eine Anleihe mit variablem Zinssatz kauft, trägt das Risiko einer unerwarteten Zinssenkung. Die Zinssenkung verringert die Zinszahlungen (Cash Flow-Exposure), der Kapitalbarwert der Anleihe bleibt jedoch unverändert (kein Fair Value-Exposure). Ein Unternehmen, das eine festverzinsliche Anleihe kauft, trägt das Risiko einer unerwarteten Zinserhöhung. Die Zinserhöhung verringert den Kapitalbarwert der Kapitalanlage (Fair Value-Exposure), beeinflußt die zukünftigen Zinszahlungen jedoch nicht (kein Cash Flow-Exposure).[57]

Da ein Finanzinstrument folglich zwei unterschiedlichen, sich ausschließenden Risiken ausgesetzt sein kann, handelt es sich um zwei Risikokonzeptionen. Je nachdem, welches Risikoverständnis (Cash Flow-Risiko versus Fair Value-Risiko) zugrundegelegt wird, kann es zu unterschiedlichen Beurteilungen kommen. Wird das Risiko eines Finanzinstruments als Cash Flow-Risiko verstanden, so ist die festverzinsliche Anleihe keinem, die Anleihe mit variablem Zinssatz jedoch einem Risiko ausgesetzt. Wird das Risiko eines Finanzinstruments als Fair Value Risiko verstanden, so unterliegt die Anleihe mit variablem Zinssatz keinem, die festverzinsliche Anleihe aber einem Risiko.[58]

Um Mißverständnisse zu vermeiden, stellt sich die Frage, ob man sich auf ein Risikoverständnis einigen sollte. Demnach ist das Risiko eines Finanzinstruments *entweder* als die Möglichkeit einer nachteiligen, unerwarteten Änderung des Cash Flow *oder* des Fair Value dieses Finanzinstruments festzulegen. Da die Unternehmensführung sich zunehmend am Marktwert (Shareholder Value) orientiert, erscheint eine Orientierung am Marktwertrisiko sinnvoll.[59]

Die Aussagen von GEBHARDT sind demzufolge:

[56] GEBHARDT (1996), S. 563.
[57] Vgl. GEBHARDT (1996), S. 563; DP 2, 4.6-4.7.
[58] Vgl. GEBHARDT (1996), S. 563; GEBHARDT/NAUMANN (1999), S. 1467.
[59] Vgl. GEBHARDT (1996), S. 563 f.

POSTEN	$t = 0$ (31.12.00)	$t = 1$ (31.12.01)	$t = 2$ (31.12.02)
Wertpapiere	100 Euro	100 Euro	
Kasse		20 Euro	130 Euro
$\sum$ Aktiva	100 Euro	120 Euro	130 Euro
Eigenkapital	100 Euro	120 Euro	130 Euro
$\sum$ Passiva	100 Euro	120 Euro	130 Euro
Zinserträge		20 Euro	10 Euro
Jahresergebnis	0 Euro	20 Euro	10 Euro

Tabelle 4.2: Beispiel zum Cash Flow-Risiko einer Kapitalanlage

- Cash Flow-Exposure und Fair Value-Exposure stimmen nicht überein.
- Da ein Finanzinstrument zwei sich ausschließenden Risiken unterliegen kann, handelt es sich um zwei Risikokonzeptionen.
- Es stellt sich die Frage, ob man sich auf eine Risikokonzeption einigen sollte. Im Falle einer Festlegung ist die Definition des Risikos als Fair Value-Risiko vorzuziehen.

Zu diesen Aussagen wird im folgenden Stellung genommen.[60]

Zunächst soll nochmals – wie schon von GEBHARDT festgestellt – ausgehend von den Daten der Beispiele zum Cash Flow-Exposure und zum Fair Value-Exposure mit Hilfe von Bilanzen für die drei Zeitpunkte ($t = 0$, $t = 1$, $t = 2$) verdeutlicht werden, daß Cash Flow-Exposure und Fair Value-Exposure nicht übereinstimmen. Es wird angenommen, daß das Eigenkapital der Unternehmung 100 Euro ist und daß die Kapitalanlage in $t = 0$ der einzige Geschäftsvorfall der zwei Perioden ist. Entsprechend des Discussion Paper werden die Anleihe und der Kassenbestand mit ihrem Fair Value bewertet.[61] Die Bilanzen und die Erfolgsrechnungen für das *Beispiel zum Cash Flow-Exposure* der Anleihe sind in Tabelle 4.2 dargestellt.

Das Unternehmen erwirbt im Zeitpunkt $t = 0$ eine variabel verzinsliche, bonitätsrisikofreie Anleihe zu ihrem Nennwert von 100 Euro. Für das erste Jahr erhält das Unternehmen 20 Euro Zinsen. Nach dem zweiten Jahr erhält das Unternehmen den Nennwert der Anleihe und die Zinsen für das zweite Jahr. Diese Zinszahlung in Höhe von 10 Euro fällt um 10 Euro niedriger aus als im Zeitpunkt $t = 0$ erwartet. Im Zeitpunkt $t = 0$ rechnet das Unternehmen für den Zeitpunkt $t = 2$ mit einem Kassen-

[60] Vgl. JÜTTNER-NAUROTH (1999).
[61] Vgl. DP 4, 1.1; DP 5, 1.1; DP 6, 1.2.

POSTEN	$t = 0$ (31.12.00)	$t = 1$ (31.12.01)
Wertpapiere	100,00 Euro	91,67 Euro
Kasse		10,00 Euro
$\sum$ Aktiva	100,00 Euro	101,67 Euro
Eigenkapital	100,00 Euro	101,67 Euro
$\sum$ Passiva	100,00 Euro	101,67 Euro
Zinserträge		10,00 Euro
Abschreibung		8,33 Euro
sonstige Erträge		
Jahresergebnis	0 Euro	1,67 Euro

Tabelle 4.3: Beispiel zum Fair Value-Risiko einer Kapitalanlage

bestand in Höhe von 140 Euro. Buchungstechnisch betrifft das Cash Flow-Exposure den Bilanzposten Kassenbestand. Der Kassenbestand sinkt unerwartet auf 130 Euro.

Im Gegensatz zu dem Cash Flow-Exposure betrifft das Fair Value-Exposure den Bilanzposten Wertpapiere. Die Bilanzen und die Erfolgsrechnungen für das *Beispiel zum Fair Value-Exposure* der Anleihe sind in Tabelle 4.3 dargestellt.

Das Unternehmen erwirbt im Zeitpunkt $t = 0$ eine festverzinsliche, bonitätsrisikofreie Anleihe zu ihrem Nennwert von 100 Euro, die im zweiten Jahr (nach $t = 1$) wieder verkauft werden soll. Nach dem ersten Jahr steigen die Zinsen unerwartet, so daß der Fair Value der Kapitalanlage im Zeitpunkt $t = 1$ unerwartet auf 91,67 Euro sinkt. Im Zeitpunkt $t = 0$ rechnet das Unternehmen für den Zeitpunkt $t = 1$ mit einem Fair Value der Kapitalanlage von 100 Euro. Buchungstechnisch betrifft das Fair Value-Exposure den Bilanzposten Wertpapiere. Der Fair Value der Wertpapiere sinkt auf 91,67 Euro.

Aus den obigen beiden Tabellen ist ersichtlich, daß das Cash Flow-Exposure den Kassenbestand betrifft, während das Fair Value-Exposure den Fair Value der Wertpapiere betrifft. Einigkeit besteht mit GEBHARDT also darin, daß Cash Flow-Exposure und Fair Value-Exposure nicht übereinstimmen.

Weiterhin schließt GEBHARDT aus der Tatsache, daß ein Finanzinstrument zwei sich ausschließenden Risiken ausgesetzt sein kann, daß es sich um zwei Risikokonzeptionen handelt. So stellt er fest, daß eine Anleihe sowohl einem Cash Flow-Risiko als auch einem Fair Value-Risiko ausgesetzt sein kann, denn eine Anleihe mit variablem Zinssatz unterliegt einem Cash Flow-Risiko, aber keinem Fair Value-Risiko und eine festverzinsliche Anleihe birgt ein Fair Value-Risiko, aber kein Cash Flow-Risiko.[62]

[62] Vgl. GEBHARDT (1996), S. 563.

Nach GEBHARDT ist also Voraussetzung dafür, daß es sich um zwei Risikokonzeptionen handelt, die Tatsache, daß ein Finanzinstrument dem Cash Flow-Risiko und/oder dem Fair Value-Risiko unterliegt. Im folgenden wird mit Hilfe des obigen Beispiels zum Cash Flow-Exposure und zum Fair Value-Exposure gezeigt, daß *ein* Finanzinstrument (z.B. eine Anleihe) allenfalls *einem* Risiko ausgesetzt ist. Handelt es sich um das Finanzinstrument "Kasse", so wird das Risiko als Cash Flow-Exposure bezeichnet. Handelt es sich um ein anderes Finanzinstrument, so wird das Risiko als Fair Value-Exposure bezeichnet. Es wird in zwei Schritten vorgegangen.

- Im ersten Schritt wird gezeigt, daß das Finanzinstrument "Kasse" ("Flüssige Mittel") einem Cash Flow-Risiko unterliegt und daß die übrigen Finanzinstrumente keinem Cash Flow-Risiko, sondern allenfalls einem Fair Value-Risiko ausgesetzt sind.

- Im zweiten Schritt wird gezeigt, daß das Finanzinstrument "Flüssige Mittel" keinem Fair Value-Risiko unterliegt.

In dem *Beispiel zum Cash Flow-Exposure* wird die unerwartete Verringerung des Kassenbestands durch den Kauf der variabel verzinslichen Anleihe herbeigeführt. Das Cash Flow-Exposure wird demnach durch die Anleihe begründet und betrifft den Kassenbestand. Das Cash Flow-Exposure bezeichnet damit die Möglichkeit, daß sich die Liquidität des Unternehmens unerwartet nachteilig ändert. Diese unerwartete Liquiditätsverschlechterung ist auf den Kauf einer Anleihe zurückzuführen. In dem *Beispiel zum Fair Value-Exposure* wird die unerwartete Wertminderung der festverzinslichen Anleihe durch die Anleihe verursacht. Das Fair Value-Exposure wird durch die Anleihe begründet und betrifft den Fair Value dieser Anleihe. Bislang wurde folgendes festgestellt:

- Durch den Kauf der variabel verzinslichen Anleihe ist das Unternehmen einem Liquiditätsrisiko ausgesetzt.

- Die festverzinsliche Anleihe unterliegt dem Risiko, daß sich ihr Marktwert unerwartet ändert.

Fazit ist also, daß eine Anleihe keinem Cash Flow-Risiko ausgesetzt ist. Diese Aussage ist auf alle Finanzinstrumente übertragbar, es sei denn, es handelt sich – wie obiges Beispiel belegt – um das Finanzinstrument "Flüssige Mittel". Damit wurde gezeigt, daß alle Finanzinstrumente außer dem Finanzinstrument "Flüssige Mittel" keinem Cash Flow-Risiko unterliegen. Sie sind allenfalls – wie obiges Beispiel zeigt – einem Fair Value-Risiko ausgesetzt.

In einem zweiten Schritt muß nun noch festgestellt werden, daß das Finanzinstrument "Flüssige Mittel" keinem Fair Value-Risiko unterliegt. Das Fair Value-Exposure eines Finanzinstruments bezeichnet die Möglichkeit, daß sich der Fair Value dieses Finanzinstruments ändert. Bezogen auf das Finanzinstrument "Flüssige Mittel" heißt das, daß sich der Fair Value einer Geldeinheit ändert. Der Fair Value einer Geldeinheit ist (und bleibt) eine Geldeinheit (s. Abschnitt 4.2.3.1.4.2). Damit folgt, daß sich der Fair Value einer Geldeinheit nicht ändert und daß das Finanzinstrument "Flüssige Mittel" somit keinem Fair Value-Risiko unterliegt.

Da ein Finanzinstrument – entsprechend dieser Überlegung – nicht zwei unterschiedlichen Risiken (Cash Flow-Risiko und Fair Value-Risiko), sondern lediglich einem Risiko (entweder Cash Flow-Risiko oder Fair Value-Risiko) ausgesetzt sein kann, entfällt die Frage, ob man sich auf eine Risikokonzeption festlegen sollte.

4.2.3.1.5 Zusammenfassung

Charakteristisch für Finanzinstrumente ist nach IAS 32 und nach dem Discussion Paper "Accounting for Financial Assets and Financial Liabilities", daß sie Finanzrisiken ausgesetzt sind.

IAS 32 und das Discussion Paper definieren einzelne Risikoarten als Möglichkeit von für das Unternehmen nachteiligen bzw. vorteilhaften und nachteiligen Abweichungen vom (erwarteten) Ergebnis aufgrund der Veränderung von einzelnen Risikofaktoren. Zu den Risikofaktoren zählen beispielsweise der Wechselkurs, die Zinsen und die Kreditwürdigkeit.

Die Risiken haben eine bilanzielle Wirkung. Sie führen zu einer unerwarteten Verringerung des Kassenbestands (Cash Flow-Exposure) oder zu einer unerwarteten Wertminderung eines Finanzinstruments auf der Aktivseite oder zu einer unerwarteten Werterhöhung eines Finanzinstruments auf der Passivseite (Fair Value-Exposure).

4.2.3.2 Rewards

Zur Kennzeichnung eines Finanzinstruments ist es nach dem Discussion Paper erforderlich, die mit dem Finanzinstrument verbundenen möglichen Risiken und die mit diesem verbundenen möglichen Rewards zu kennen.[63] Weder Discussion Paper noch IAS 32 und IAS 39 geben an, was unter den Rewards eines Finanzinstruments zu verstehen ist. Der Begriff "Reward" kann mit dem Begriff "Rückfluß" übersetzt werden. Im folgenden werden daher unter den Rewards eines Finanzinstruments die Rückflüsse eines Finanzinstruments verstanden.

---

[63] Vgl. DP 4, 4.1.

4.2.4 Primäre Finanzinstrumente versus Derivative Finanzinstrumente

Das Discussion Paper unterscheidet zwischen *Primären Finanzinstrumenten*, wie z.B. flüssigen Mitteln, Forderungen, Verbindlichkeiten und Dividendenpapieren, und *Derivativen Finanzinstrumenten.*[64] Mit Hilfe von Derivativen Finanzinstrumenten wird das im zugrundeliegenden Primären Finanzinstrument innewohnende Risiko ganz oder teilweise auf eine Vertragspartei des Derivativen Finanzinstruments übertragen.[65]

4.3 Aktienoptionen als Finanzinstrumente

4.3.1 Vorbemerkung

In diesem Abschnitt werden die Abschnitte 2.1 und 4.2 zusammengeführt. In Abschnitt 4.3.2 wird die Aktienoption als Finanzinstrument nach IAS 32.5 definiert. Es ergibt sich, daß das Aktienoptionsrecht ein Financial Asset ist, dessen Bilanzierung unter den sachlichen Anwendungsbereich des Discussion Paper "Accounting for Financial Assets and Financial Liabilities" und IAS 39 fällt. In Abschnitt 4.3.3 werden die Risks und Rewards von Aktienoptionen bestimmt. In Abschnitt 4.3.4 werden Aktienoptionen als Derivative Finanzinstrumente beschrieben.

4.3.2 Aktienoptionen als Finanzinstrumente nach IAS 32.5

Eine Aktienoption ist ein Finanzinstrument nach IAS 32.5, wenn folgende Voraussetzungen erfüllt sind:

- Die Aktienoption ist ein Vertrag nach IAS 32.6 und
- das Aktienoptionsrecht ist ein Financial Asset und
- die Stillhalterverpflichtung ist eine Financial Liability.

Die erste Bedingung ist erfüllt, da die Aktienoption ein Vertrag ist (s. Abschnitt 2.1).

Das Aktienoptionsrecht ist ein Financial Asset, wenn es folgenden Voraussetzungen genügt:[66]

[64]Vgl. DP 2, 3.8.
[65]Vgl. IAS 32.10.
[66]Vgl. Abschnitt 4.2.2.

- *Mit einem Financial Asset ist ein erwarteter Zufluß von einem der im IAS 32.5 unter (a)-(d) aufgeführten Benefits verbunden.* Das Aktienoptionsrecht ist das Recht, Aktien zum Basispreis zu kaufen oder zu verkaufen. Der Käufer der Aktienoption erhält bei Ausübung der Kauf- (Verkaufsoption) Aktien (flüssige Mittel) gegen flüssige Mittel (Aktien). Flüssige Mittel und Aktien definiert das Discussion Paper als Primäre Finanzinstrumente.[67] Das Aktienoptionsrecht erfüllt damit den Tatbestand (c) der Definition eines Financial Asset.[68]

- *Der erwartete Zufluß dieser Benefits wird durch einen in der Vergangenheit abgeschlossenen Vertrag begründet.* Das Aktienoptionsrecht ist das Recht des Käufers, Aktien zu einem festgelegten Basispreis zu erwerben oder zu verkaufen. Da dieses Recht durch einen vorher abgeschlossenen Vertrag begründet wird, ist die zweite Voraussetzung erfüllt.

- *Die zukünftigen ökonomischen Benefits werden durch das Unternehmen "kontrolliert".* Das Kriterium der Kontrolle betrifft den Ansatz des Financial Asset. Es legt für den Fall, daß tatsächliche und rechtliche Herrschaftsmacht auseinanderfallen fest, daß das Financial Asset in der Bilanz des Unternehmens anzusetzen ist, das die tatsächliche Herrschaftsmacht hat. Das Kriterium der Kontrolle entscheidet somit nicht darüber, ob es sich bei dem Aktienoptionsrecht um ein Financial Asset handelt oder nicht. Die Tatsache, daß das Aktienoptionsrecht ein Financial Asset ist, ist de facto durch die Erfüllung der beiden ersten Voraussetzungen entschieden. Das Kriterium der Kontrolle gibt lediglich an, bei welchem Unternehmen das Aktienoptionsrecht angesetzt wird.

Die Stillhalterverpflichtung ist eine Financial Liability, wenn sie folgende Voraussetzungen erfüllt:[69]

- *Mit einer Financial Liability ist ein erwarteter Abfluß von einem der in IAS 32.5 unter (a) und (b) aufgeführten Benefits verbunden.* Die Stillhalterverpflichtung ist die Verpflichtung, Aktien (flüssige Mittel) gegen flüssige Mittel (Aktien) auszutauschen. Die Stillhalterverpflichtung erfüllt damit den Tatbestand (b) der Definition einer Financial Liability nach IAS 32.5.

- *Der erwartete Abfluß dieser Benefits ist durch einen in der Vergangenheit abgeschlossenen Vertrag verursacht.* Da die Lieferung der Aktie bzw. die Zahlung der flüssigen Mittel durch den Stillhalter in einem vorher abgeschlossenen Vertrag begründet wird, ist die zweite Voraussetzung erfüllt.

[67] Vgl. DP 2, 3.8.
[68] Vgl. DP 3, 3.15.
[69] Vgl. Abschnitt 4.2.2.

- *Sie ist eine gegenwärtige Verpflichtung.* Da der Stillhalter eine vertragliche Verpflichtung, welche einklagbar ist, eingegangen ist, handelt es sich um eine gegenwärtige Verpflichtung.

Das Aktienoptionsrecht ist folglich ein Financial Asset. Grundsätzlich regelt das Discussion Paper die Bilanzierung aller Financial Assets und aller Financial Liabilities.[70] Diejenigen Financial Assets und Financial Liabilities, die von den Bestimmungen des Discussion Paper ausgenommen sind, sind:[71]

- Stillhalterverpflichtungen aus Aktienoptionsplänen zur Mitarbeitervergütung,
- Anteile an Tochtergesellschaften, Gemeinschaftsunternehmen und Assoziierten Unternehmen,
- Versicherungsverpflichtungen und Rückversicherungsforderungen.

Da keiner der Ausnahmetatbestände auf Aktienoptionsrechte zutrifft, fällt die Bilanzierung von Aktienoptionsrechten unter den sachlichen Anwendungsbereich des Discussion Paper. Auch der Interimsstandard IAS 39 regelt grundätzlich die Bilanzierung sämtlicher Financial Assets und Financial Liabilities.[72] Diejenigen Finanzinstrumente, deren Bilanzierung nicht unter den sachlichen Anwendungsbereich von IAS 39 fallen, sind neben den im Discussion Paper genannten Ausnahmefällen folgende:[73]

- Rechte und Pflichten aus Leasingverträgen (außer den in diesen Verträgen enthaltenen Optionsverträgen),
- Zahlungsgarantien,
- Bedingte Zahlungen aus Verträgen innerhalb von im IAS 22 definierten Unternehmenszusammenschlüssen,
- Verträge, deren Rückflüsse auf klimatischen bzw. geologischen Gegebenheiten beruhen (außer den in diesen Verträgen enthaltenen Derivaten).

Da keiner der Ausnahmetatbestände auf Aktienoptionsrechte zutrifft, fällt die Bilanzierung von Aktienoptionsrechten unter den sachlichen Anwendungsbereich von IAS 39.

[70] Vgl. DP 2, 1.1.
[71] Vgl. DP 2, 1.1 (d); DP 2, 6.23–6.34.
[72] Vgl. IAS 39.1.
[73] Vgl. IAS 39.1.

4.3.3 Risks and Rewards von Aktienoptionen

Entsprechend Abschnitt 4.2.3.1.2 ist unter Risiko die für das Unternehmen nachteilige Änderung des Fair Value der Aktienoption und sind unter Rewards die mit der Aktienoption verbundenen Rückflüsse im Ausübungs- bzw. Fälligkeitszeitpunkt zu verstehen.

4.3.4 Aktienoptionen als Derivative Finanzinstrumente

Derivative Finanzinstrumente werden im IAS 32.10 dadurch charakterisiert, daß sie das dem zugrundeliegenden Primären Finanzinstrument innewohnende Risiko auf eine Vertragspartei des Derivativen Finanzinstruments übertragen.

Aktienoptionen sind demnach dann Derivative Finanzinstrumente, wenn das Risiko der zugrundeliegenden Aktie durch Aktienoptionen auf eine der Vertragsparteien des Derivativen Finanzinstruments übertragen wird. Entsprechend Abschnitt 4.3.3 ist das Risiko der Aktie, daß sich ihr Fair Value unerwartet nachteilig ändert. In diesem Kapitel wird davon ausgegangen, daß der Fair Value der Aktie ihr Preis ist.[74] Für den Halter der Aktie, der diese in Zukunft verkaufen möchte, liegt das Risiko der Aktie darin, daß sich ihr zukünftiger Preis unerwartet nachteilig verringert. Gegen diesen Preisverfall kann sich der Verkäufer durch den Kauf eines Put mit einem Basispreis in Höhe des aktuellen Aktienkurses absichern. Der Stillhalter des Put übernimmt das Risiko der Aktienkursverringerung. Für denjenigen, der in Zukunft die Aktie kaufen möchte, besteht das Risiko der Aktie darin, daß ihr zukünftiger Preis unerwartet steigt. Gegen diesen Preisanstieg kann sich der Käufer durch den Kauf eines Call mit einem Basispreis in Höhe des aktuellen Aktienkurses absichern. Der Stillhalter des Call übernimmt das Risiko des Aktienkursanstiegs.

[74] Die Probleme bezüglich des Begriffs und der Ermittlung des Fair Value werden im sechsten, siebten und achten Kapitel dargelegt.

Kapitel 5

Wertbegriffe

5.1 Wert und Bewertung

Der Wert eines Objekts[1] ist das Resultat seiner Bewertung. Durch die Bewertung wird die Bedeutung einer Einheit des Objekts quantitativ charakterisiert, indem die Menge eines Vergleichsobjekts angegeben wird, die als gleich bedeutsam (äquivalent) anzusehen ist. Wie das Gewicht eines Objekts nur in Relation zum Gewicht eines anderen (z.B. eines Kilos) ausgedrückt werden kann, so kann der Wert eines Objekts nur relativ zum Wert eines anderen Objekts (Vergleichsobjekts) ausgedrückt werden.[2]

5.2 Objektbezogener versus subjektbezogener Wert

Objektbezogener und subjektbezogener Wert sind Wertbegriffe, die das Verhältnis zwischen dem bewertenden Subjekt (Bewertungssubjekt) und dem zu bewertenden Objekt (Bewertungsobjekt) beschreiben.

Die objektive Werttheorie geht davon aus, daß der Wert eine Eigenschaft des Objekts (*valor intrinsecus*) und damit unabhängig vom bewertenden Subjekt ist. Der Wert ist objektbezogen. Nach dieser Theorie hat ein Objekt einen einzigen Wert.[3]

Die subjektive Werttheorie geht davon aus, daß der Wert von dem bewertenden Subjekt abhängt. Der Wert ist subjektbezogen. Nach dieser Theorie kann ein Objekt mehrere Werte haben.[4]

---

[1] Unter einem Objekt wird im folgenden jede Sache verstanden, die Gegenstand des Vertrags sein kann.

[2] Vgl. BUSSE VON COLBE (1984), S. 39 f.; STÜTZEL (1976), Sp. 4405.

[3] Vgl. TOULMINS (1961) S. 9 ff.; ENGELS (1962), S. 6 ff.

[4] Vgl. TOULMINS (1961) S. 29 ff.; ENGELS (1962), S. 8 ff.

Die objektive Werttheorie kann in der Realität auftretende Phänomene (z.B. unterschiedliche Wertvorstellungen von Käufern und Verkäufern) nicht erklären und ist daher abzulehnen. Der Wert ist immer subjektbezogen.[5]

5.3 Systematisierung der Wertbegriffe

Im folgenden wird ein Raster zur Systematisierung der Wertbegriffe dargestellt. Wertbegriffe können nach folgenden Kritierien eingeteilt werden:

- nach dem Verhalten der Bewertungssubjekte,
- nach dem Zeitbezug,
- nach dem Marktbezug und
- nach dem Bewertungsanlaß.

Nach dem *Verhalten der Bewertungssubjekte* kann zwischen rationalen und irrationalen Bewertungssubjekten unterschieden werden.

Unter einem rationalen Bewertungssubjekt wird ein Individuum verstanden, das eine intersubjektiv nachprüfbare Entscheidung trifft; d.h. ein sachverständiger Dritter kommt bei gleichen Bedingungen (d.h. bei identischer Zielfunktion, identischen Entscheidungsalternativen und identischen Entscheidungsparametern) zu demselben Entschluß. Dieser Objektwert wird als objektiver Wert bezeichnet.[6] Erfolgt die Bewertung eines Objekts durch *ein* rationales Individuum, so ist der Wert Ausdruck der persönlichen Wertschätzung des Bewertungssubjekts; er wird als individualisierter Wert bezeichnet. Erfolgt die Bewertung eines Objekts durch das Zusammenspiel von mehreren rational agierenden Individuen, so ist der Wert Ausdruck der Wertschätzung eines synthetisierten Bewertungssubjekts; er wird als synthetisierter Wert bezeichnet. Ein synthetisiertes Bewertungssubjekt kann ein typisiertes Bewertungssubjekt sein. Diese Kategorisierung wird an einem Beispiel veranschaulicht. A will das Auto von B kaufen. Für A hat das Auto einen Wert von 5500 DM, für B hat das Auto einen Wert von 4500 DM. Es wird ein Preis von 5000 DM ausgehandelt. Individualisierte Werte sind die Wertvorstellung von A (5500 DM) und von B (4500 DM). Der ausgehandelte Preis ist der Wert eines Wirtschaftssubjekts, das das Auto auf 5000 DM taxiert. Es gibt jedoch in diesem Beispiel kein Wirtschaftssubjekt mit dieser Wertvorstellung. Der ausgehandelte Preis ist ein synthetisierter Wert eines synthetisierten Wirtschaftssubjekts.

---

[5] Vgl. DIEDERICH (1989), S. 39.
[6] Vgl. ENGELS (1962), S. 12.

Handelt das Individuum nicht rational, so handelt es irrational. Ein irrationales Individuum setzt den Wert des Objekts willkürlich fest. Der Wert wird als subjektiv bezeichnet.

Hinsichtlich des *Zeitbezugs* werden Werte, die sich auf einen Zeitraum (z.B. Zinsen) erstrecken, von solchen, die sich auf einen Zeitpunkt (z.B. Börsenkurs) beziehen, unterschieden.[7] Zeitpunktbezogene Werte können vergangenheitsbezogene, gegenwartsbezogene und zukunftsbezogene Werte sein. Diese Abgrenzung kann zum einen im Hinblick auf das Verhältnis vom aktuellen Zeitpunkt zum Bewertungszeitpunkt vorgenommen werden. Liegt der Bewertungszeitpunkt vor (nach) dem aktuellen Zeitpunkt, so ist der Wert ein vergangenheitsbezogener (zukunftsbezogener) Wert. Der Wert ist gegenwartsbezogen, falls der Bewertungszeitpunkt dem aktuellen Zeitpunkt entspricht. Zum anderen kann die Abgrenzung im Hinblick auf den Zeitbezug der in den Wert eingehenden Zahlungen vorgenommen werden.[8] Gehen in einem Wert zukünftige, gegenwärtige bzw. vergangene Zahlungen ein, so wird dieser als zukunftsbezogener, gegenwartsbezogener und vergangenheitsbezogener Wert bezeichnet.[9] Den weiteren Überlegungen wird die erste Terminologie zugrundegelegt.

Hinsichtlich des *Marktbezugs* kann zwischen Werten unterschieden werden, die sich auf einen Markt beziehen und solchen, die sich nicht auf einen Markt beziehen. Ein Markt ist der Ort, auf dem Angebot und Nachfrage zusammentreffen. Marktwerte können sich auf Absatz- oder Beschaffungsmärkte beziehen. Diese Unterscheidung ist nur sinnvoll, wenn sich der Wert auf dem Absatzmarkt[10] von dem Wert auf dem Beschaffungsmarkt[11] unterscheidet. Dies ist dann der Fall, wenn Transaktionskosten anfallen und damit der Wert auf dem Absatzmarkt ein um die Transaktionskosten verringerter und der Wert auf dem Beschaffungsmarkt ein um die Transaktionskosten erhöhter Marktwert ist. Marktwerte können Austauschwerte (Werte, zu denen ein Objekt ausgetauscht wird)[12] oder keine Austauschwerte (Werte, zu denen ein Objekt nicht ausgetauscht wird)[13] sein. Handelt es sich um Austauschwerte, so läßt sich zwischen

[7] Vgl. Busse von Colbe (1984), S. 42.

[8] Vgl. Busse von Colbe (1984), S. 42 f.

[9] Demnach ist der Kapitalwert im aktuellen Zeitpunkt ein gegenwartsbezogener Wert, wenn die erste Abgrenzung zugrundegelegt wird, und ein zukunftsbezogener Wert, wenn die zweite Abgrenzung zugrundegelegt wird.

[10] Der Wert auf dem Absatzmarkt wird als Exit Value bezeichnet; vgl. Barth/Landsman (1995a), S. 99.

[11] Der Wert auf dem Beschaffungsmarkt wird als Entry Value bezeichnet; vgl. Barth/Landsman (1995a), S. 99.

[12] Ein Austauschwert ist der Transaktionspreis. Ein Transaktionspreis ist der Preis, zu welchem der Austausch zustande kommt; vgl. Schwartz (1988), S. 17.

[13] Keine Austauschwerte sind Bid- und Askpreise, die nicht Transaktionspreise sind. Der Ask-Preis ist der Preis, zu dem ein Händler bereit ist, ein bestimmtes Wertpapier zu verkaufen. Der Bid-Preis

Austauschwerten differenzieren, die sich durch ein Modell errechnen (Werte i.e.S.) und solchen, die tatsächlich realisiert werden (Preisen). Der Preis ist wiederum Resultat des Austauschs, an dem das Bewertungssubjekt beteiligt ist oder nicht.

Hinsichtlich des *Bewertungsanlasses* kann zwischen auf den Zugangszeitpunkt bezogenen und auf Folgezeitpunkte bezogenen Werten unterschieden werden. Der Zugangszeitpunkt ist der Zeitpunkt, zu dem das Objekt erstmalig angesetzt wird. Unter den Folgezeitpunkten werden die auf den Zugang folgenden Bilanzstichtage verstanden.

Graphisch werden die unterschiedlichen Wertbegriffe in Abbildung 5.1 veranschaulicht.

ist der Preis, zu dem ein Händler bereit ist, ein bestimmtes Wertpapier zu kaufen; vgl. SCHWARTZ (1998), S. 17.

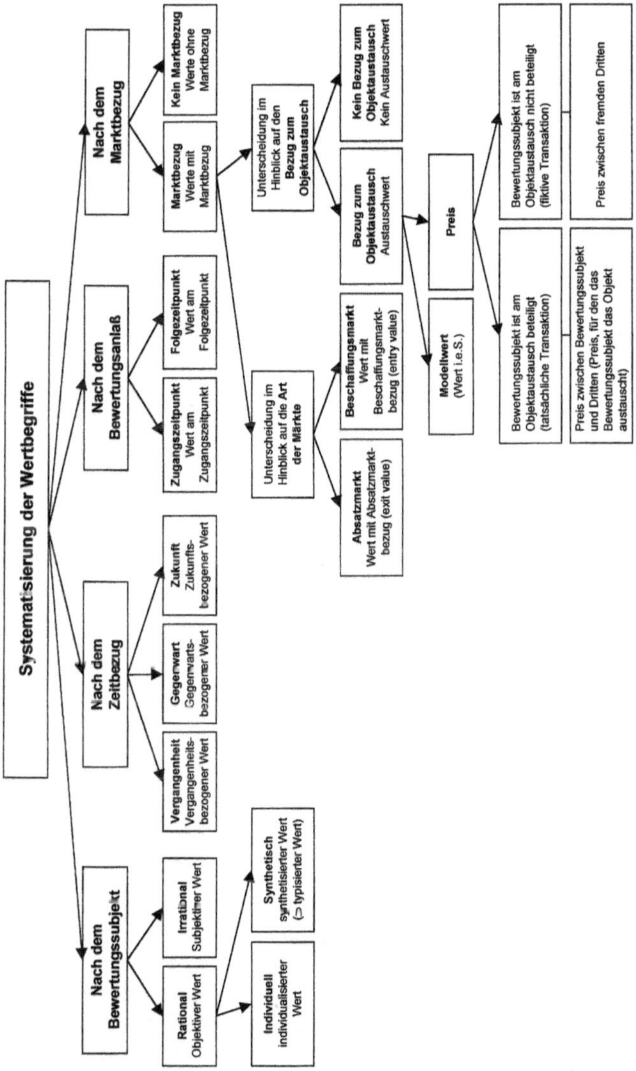

Abbildung 5.1: Systematisierung der Wertbegriffe

Kapitel 6

Zugangsbewertung von Aktienoptionsrechten

6.1 Zugangsbewertung nach dem Discussion Paper

6.1.1 Zugang

Die erstmalige Bewertung eines Financial Asset (Zugangsbewertung) erfolgt mit dem erstmaligen Ansatz (Zugang) dieses Financial Asset.

Das Discussion Paper behandelt den Zugang von Financial Assets hinsichtlich zweier Teilaspekte:

- Ansatzvoraussetzung von Financial Assets,
- Ansatzzeitpunkt von Financial Assets.[1]

Jedes Financial Asset und damit auch jedes Aktienoptionsrecht wird angesetzt. Es gibt keine zusätzlichen Voraussetzungen, die erfüllt sein müssen, damit ein Financial Asset anzusetzen ist.[2]

---

[1]Vgl. DP 3, 7.1–7.19; DP 3, 3.1; DP 3, 3.15.

[2]Das FRAMEWORK.83 gibt zwei Voraussetzungen an, die erfüllt sein müssen, damit ein Asset angesetzt werden darf. Die erste Voraussetzung "Wahrscheinlichkeit eines Zuflusses von zukünftigen ökonomischen Benefits" ist Definitionsmerkmal eines Financial Asset und damit immer erfüllt; vgl. DP 3; 7.1–7.8. Die zweite Voraussetzung "Verläßliche Bewertbarkeit" wird als Ansatzvoraussetzung für Finanzinstrumente abgelehnt. Finanzinstrumente sind immer anzusetzen, unabhängig davon, ob sie verläßlich oder nicht verläßlich bewertet werden können. Dies wird zum einen damit begründet, daß Finanzinstrumente im Regelfall verläßlich bewertet werden können. Zudem wird befürchtet, daß eine Regelung, Finanzinstrumente nicht anzusetzen zu dürfen, wenn sie nicht verläßlich bewertbar sind, zu Mißbrauch führen könnte; vgl. DP 3, 7.9–7.15.

Financial Assets werden von einem Unternehmen zu dem Zeitpunkt angesetzt, zu dem dieses Unternehmen einen Vertrag abschließt, durch den es das Recht an den mit dem Financial Asset verbundenen Benefits erhält.[3]

Aktienoptionsrechte sind Financial Assets. Jedes Aktienoptionsrecht wird demnach zu dem Zeitpunkt angesetzt, zu dem das Unternehmen den Vertrag abschließt, durch den es das Recht erhält, eine Aktie zu einem vorher festgelegten Basispreis zu kaufen oder zu verkaufen.[4]

6.1.2 Zugangsbewertung

6.1.2.1 Bewertungsgrundsatz

Die erstmalige Bewertung eines Financial Asset – z.B. eines Aktienoptionsrechts – in der Bilanz erfolgt mit dem "*Fair Value der hingegebenen Gegenleistung*"[5].[6] Im folgenden wird der Bewertungsgrundsatz im einzelnen erläutert.

Das Discussion Paper übernimmt den Begriff "*Fair Value*" aus IAS 32.5.[7] Demnach ist der Fair Value " ... the amount, for which an asset could be exchanged or a liability settled between knowledgeable willing parties in an arm's length transaction"[8]. Die Begriffe "knowledgeable, willing parties" und "arm's length transaction" erläutern weder das Discussion Paper, noch IAS 32.5. Auch die Sekundärliteratur diskutiert diese Begriffe bislang nicht.

Der Begriff "*knowledgeable ... parties*" wird in der deutschsprachigen Fassung der IAS als "sachverständige Geschäftspartner" übersetzt.[9] Unter "sachverständigen Geschäftspartnern" könnten solche Geschäftspartner verstanden werden, die den Wert des Asset oder der Liability einschätzen können. Der Definition des Fair Value liegt damit die Prämisse zugrunde, daß keiner der Geschäftspartner aufgrund seiner Unwissenheit übervorteilt wird.

"*Willing parties*" sind in der deutschsprachigen Fassung der IAS "vertragswillige Geschäftspartner". Der Begriff "vertragswillig" könnte sich mit Hilfe von IAS 32.80 erklären lassen. Nach IAS 32.80 wird der Fair Value " ... nicht durch den Betrag bestimmt, den ein Unternehmen aufgrund von erzwungenen Geschäften ... erzielen

[3] Vgl. DP 3, 3.7.

[4] Vgl. DP 3, 3.15.

[5] " *... the fair value of the consideration given ... for it*"; DP 4, 2.1.

[6] Vgl. DP 4, 2.1.

[7] Vgl. DP 4, 3.1.

[8] IAS 32.5. Die Übersetzung lautet: *"Der Fair Value ist der Betrag, zu dem zwischen sachverständigen, vertragswilligen und voneinander unabhängigen Geschäftspartnern ein Asset getauscht werden könnte oder eine Liability beglichen werden könnte."*; vgl. IASC (1998b), IAS 32.5.

[9] Vgl. IASC (1998b), IAS 32.5.

würde"[10]. Die Definition des Fair Value basiert damit auf der Voraussetzung, daß keiner der Geschäftspartner die Zwangslage des anderen ausnutzt und ihn übervorteilt.

Unter dem Begriff "*arm´s length transaction*" werden in der deutschsprachigen Fassung der IAS "voneinander unabhängige Geschäftspartner" verstanden. Nach der Definition der Bank for International Settlements ist eine "arm´s length transaction" ein Geschäftsabschluß, bei dem der Händler bezüglich des Vertragspartners indifferent ist.[11]

Fazit ist, daß es sich bei dem Fair Value um einen unverzerrten Wert eines Asset oder einer Liability handelt.[12] Verzerrte Werte können aus der zugrundeliegenden Geschäftsbeziehung resultieren und liegen vor, wenn einer der Geschäftspartner übervorteilt wird oder wenn sich das Abhängigkeitsverhältnis zwischen den Geschäftspartnern in einem Preis niederschlägt, der fremden Dritten nicht gewährt würde.

Gegenleistungen werden im Discussion Paper genannt. Danach kann der Zugang eines Financial Asset gegen

- den Abgang von flüssigen Mitteln,
- den Abgang eines Asset,
- den Zugang einer Liability oder
- eine Kombination aus Abgang von flüssigen Mitteln und/oder Assets und Zugang einer Liability erfolgen.[13]

Aktienoptionen werden an Börsen oder auf OTC-Märkten gehandelt. Der Kauf und der Verkauf einer Aktienoption werden über Kontokorrentkonten abgerechnet. Der Zugang eines Aktienoptionsrechts ist demnach mit dem Abfluß flüssiger Mittel verbunden. Die Gegenleistung für ein Aktienoptionsrecht sind damit flüssige Mittel.

6.1.2.2 Ermittlung des Fair Value der hingegebenen Gegenleistung

Aus dem Abschnitt 6.1.2.1 folgt, daß der Fair Value der hingegebenen Gegenleistung für ein Aktienoptionsrecht der Fair Value der flüssigen Mittel ist, zu denen es erworben wird. Es ist also der Wert einer Geldeinheit, die zwischen vertragswilligen, sachverständigen und voneinander unabhängigen Geschäftspartnern ausgetauscht wird, zu

---

[10] IASC (1998b), IAS 32.80.

[11] "... *in which the dealer is indifferent as to the counterparty.*"; BANK FOR INTERNATIONAL SETTLEMENTS (1996), S. 37.

[12] LYS erklärt den Begriff "Fair Value" mittels Interpretation der Wortbestandteile "Fair" und "Value". Er definiert "Fair" als unverzerrt und "Value" als einen in Geldeinheiten gemessenen Wert; vgl. LYS (1996), S. 156. Vgl. NEUSS (1998), S. 74.

[13] Vgl. DP 4, 3.4; 4, 3.5; 4, 3.7.

ermitteln. Der unverzerrte Wert einer Geldeinheit ist eine Geldeinheit, denn kein vertragswilliger, sachverständiger und unabhängiger Geschäftspartner wird bereit sein, mehr als eine Geldeinheit für eine Geldeinheit auszugeben. Damit ist der Fair Value der flüssigen Mittel für ein Aktienoptionsrecht der für das Aktienoptionsrecht ausgegebene Geldbetrag.[14]

6.1.2.3 Berücksichtigung von Transaktionskosten

Es stellt sich die Frage, ob *Transaktionskosten* Bestandteil der Gegenleistung für ein Aktienoptionsrecht sind. Fallen beim Erwerb Transaktionskosten an, so wird ein Aktienoptionsrecht gegen Zahlung des Preises und dieser Transaktionskosten gekauft. Transaktionskosten sind damit Bestandteil der hingegebenen Gegenleistung für ein Aktienoptionsrecht.[15]

6.2 Zugangsbewertung nach IAS 39

Aktienoptionsrechte werden nach IAS 39.29 (d) zu dem Zeitpunkt angesetzt, zu dem das Unternehmen den Optionsvertrag abschließt. Das Financial Asset – und damit auch das Aktienoptionsrecht – ist nach IAS 39.66 im Anschaffungszeitpunkt mit den Cost, welche dem Fair Value der hingegebenen Gegenleistung entsprechen, anzusetzen. Der Fair Value der hingegebenen Gegenleistung wird nach IAS 39.67 normalerweise unter Bezugnahme auf den Transaktionspreis oder andere Marktpreise ermittelt. Sind im Zugangszeitpunkt keine Preise vorhanden, so wird der Fair Value der hingegebenen Gegenleistung durch ein Modell geschätzt.[16]

Transaktionskosten sind nach IAS 39.10 i.V.m. IAS 39.17 alle Zahlungen an Unternehmensexterne für das Zustandekommen eines Kauf- bzw. Verkaufsvertrages. Finanzierungskosten und unternehmensinterne Kosten sind keine Transaktionskosten.[17] Transaktionskosten sind nach IAS 39.66 Bestandteil der hingegebenen Gegenleistung für ein Aktienoptionsrecht.

[14] Vgl. DP 4, 3.4.
[15] Vgl. DP 4, 3.12.
[16] Vgl. IAS 39.67.
[17] Vgl. IAS 39.17.

6.3 Vergleichende Gegenüberstellung der Zugangsbewertung

Im Grundsatz stimmt die Zugangsbewertung nach dem Discussion Paper mit der Zugangsbewertung nach IAS 39 überein. Da IAS 39.67 angibt, daß der Fair Value der hingegebenen Gegenleistung unter Bezugnahme auf[18] den Transaktionspreis oder andere Marktpreise ermittelt wird, hat man bei der Abfassung von IAS 39 offensichtlich erkannt, daß der Fair Value der Gegenleistung nicht unbedingt mit dem Fair Value der Leistung übereinstimmt.

Wenn A an B ein Wertpapier, das zu 1000 Euro notiert, zu 800 Euro verkauft, dann sind die 800 Euro der nach dem Discussion Paper anzusetzende Fair Value der hingegebenen Gegenleistung. Nach IAS 39.67 müßte das Wertpapier in Anbetracht der hier offensichtlichen Wertdifferenzen im Zugangszeitpunkt zu 1000 Euro angesetzt werden können. Da der Zweck der Regelung der Zugangsbewertung im Discussion Paper und IAS 39 die Bewertung eines beliebigen Financial Asset im Zugangszeitpunkt ist und der unverzerrte Wert eines Wertpapiers 1000 Euro sind, ist der Ansatz des Asset im Zugangszeitpunkt mit 1000 Euro dem Ansatz des Asset mit 800 Euro vorzuziehen.

6.4 Charakterisierung des Fair Value der hingegebenen Gegenleistung

Der "Fair Value der hingegebenen Gegenleistung" wird mit Hilfe des in Abschnitt 5.3 dargestellten Rasters zur Systematisierung der Wertbegriffe charakterisiert.

Nach Einordnung ergibt sich Abbildung 6.1.

Der Fair Value der hingegebenen Gegenleistung ist ein Wert, den Dritte nachvollziehen können (*objektiver Wert*). Der Wert ist vor dem Hintergrund zu verstehen, daß es sich um ein Geschäft zwischen fremden Dritten handelt. Der objektive Wert ist ein Austauschwert, der die Wertschätzung eines synthetisierten Bewertungssubjekts (*synthetisierter Wert*) für das Objekt widerspiegelt.[19] Der Fair Value der hingegebenen Gegenleistung ist ein *Wert des Zugangszeitpunkts* und ist – wird er in diesem Zeitpunkt betrachtet – ein *gegenwartsbezogener Wert*.[20] Er ist der Preis, für den das Bewertungssubjekt das Financial Asset kauft (*Wert mit Beschaffungsmarktbezug*).

[18] IAS 39.67 läßt offen, welche Konsequenzen daraus abzuleiten sind.

[19] Vgl. Abschnitt 5.3.

[20] Der Fair Value der hingegebenen Gegenleistung ist ein gegenwartsbezogener Wert, unabhängig davon, welche Definition von "Gegenwartsbezogenheit" (s. Abschnitt 5.3) zugrunde gelegt wird.

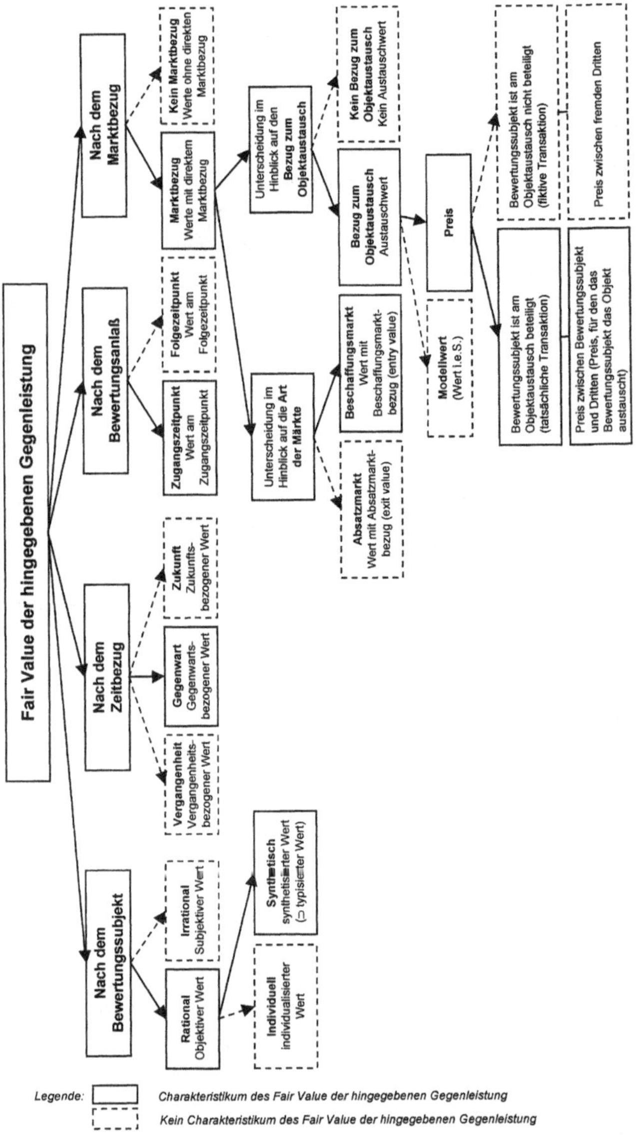

Abbildung 6.1: Charakterisierung des Fair Value der hingegebenen Gegenleistung

Kapitel 7

Folgebewertung von Aktienoptionsrechten

7.1 Folgebewertung nach dem Discussion Paper

7.1.1 Bewertungsgrundsatz

Ein Financial Asset und damit auch ein Aktienoptionsrecht wird an den auf den Zugang folgenden Abschlußstichtagen grundsätzlich mit dem Fair Value in diesen Zeitpunkten bewertet.[1] Das Discussion Paper übernimmt die Definition des Fair Value vom IAS 32.5.[2]

Im Ausnahmefall, wenn der Fair Value nicht verläßlich bestimmt werden kann, wird das Financial Asset und damit auch das Aktienoptionsrecht mit dem Buchwert[3] angesetzt.[4] Das Discussion Paper läßt offen, was unter dem Begriff "Verläßlichkeit" ("Reliability") zu verstehen ist.

Im folgenden wird allein die "Fair Value-Bewertung" eines Aktienoptionsrechts näher betrachtet.

---

[1] Vgl. DP 5, 3.1.

[2] Vgl. DP 5, 2.1.

[3] Der Buchwert entspricht der Anschaffungsauszahlung, wenn das Aktienoptionsrecht in dem auf den Zugang folgenden Zeitpunkt bewertet wird.

[4] Vgl. DP 3, 7.10.

7.1.2 Ermittlung des Fair Value

7.1.2.1 Ermittlung des Fair Value von Financial Assets

7.1.2.1.1 Ermittlung des Fair Value vor Auslegung des Discussion Paper

Das Discussion Paper macht die Art der Ermittlung eines Financial Asset davon abhängig, ob das zugrundeliegende Finanzinstrument gehandelt wird oder nicht.[5] Der Unterschied zwischen einem gehandelten und einem nichtgehandelten Finanzinstrument besteht darin, daß für das gehandelte Finanzinstrument ein notierter Kurs existiert und für das nichtgehandelte Finanzinstrument ein notierter Kurs nicht existiert.[6]

Existiert ein notierter Marktpreis, so ist der Fair Value des Financial Asset weiterhin von der Art des Marktes abhängig, in dem das Finanzinstrument gehandelt wird.

In einem *Active Market* gilt als Fair Value des Financial Asset der Marktpreis (Bid-Preis) des Finanzinstruments.[7]

Wird das Finanzinstrument in einem *Less Active Market* gehandelt, gibt das Discussion Paper Empfehlungen, die bei der Ermittlung des Fair Value eines Financial Asset berücksichtigt werden können bzw. berücksichtigt werden müssen. Herrscht "infrequent activity in a market"[8] oder ist der Markt "not well established"[9], kann zur Bestimmung des Fair Value auf den jüngsten Transaktionspreis (Preis, zu welchem der Austausch zustandekonmmt) des Finanzinstruments, auf den Mittelwert zwischen Bid- und Askpreisen (Preis, zu dem ein Händler bereit ist, ein bestimmtes Wertpapier zu kaufen bzw. zu verkaufen) oder auf den Mittelwert der Kursnotierung einer repräsentativen Auswahl von Händlern Bezug genommen werden. Wird das Finanzinstrument in einem "imperfect market"[10] gehandelt, dann müssen bei der Ermittlung des Fair Value die Kursnotierungen von mehreren Tagen vor und nach dem Bewertungsstichtag beachtet werden. Wenn die Geschäftsabschlüsse in einem Finanzinstrument selten sind ("infrequent transactions"[11]) oder wenn der Markt in anderer Hinsicht dünn ("thin"[12]) ist, dann sollte überprüft werden, ob die notierten Kurse dem Kriterium der "Verläßlichkeit" ("Reliability"[13]) genügen. Stellt sich heraus, daß die notierten Kurse diese Anforderung nicht erfüllen, dann muß zur Bestimmung des Fair Value auf die Bewertungsmethoden zur Ermittlung des Fair Value von nichtgehandelten Finanzinstrumen-

[5] Vgl. DP 5, 5.6 ff.; 5, 5.18 ff.
[6] Vgl. DP 5, 2.6 i.V.m. DP 5, 5.6, 5, 5.7, 5, 5.10.
[7] Vgl. DP 5, 2.6.
[8] DP 5, 5.7.
[9] DP 5, 5.7.
[10] DP 5, 5.8.
[11] DP 5, 5.8.
[12] DP 5, 5.8.
[13] DP 5, 5.8.

ten zurückgegriffen werden.[14]

Wird das Finanzinstrument nicht gehandelt (d.h. *ein notierter Marktpreis existiert nicht)*, dann unterscheidet das Discussion Paper zwei Fälle:

- Existiert ein *Active Market* für ein gleichartiges Finanzinstrument, dann wird der Fair Value aus dem Marktpreis dieses gleichartigen Finanzinstruments abgeleitet.[15]

- Existiert ein *Active Market* für ein gleichartiges Finanzinstrument nicht, dann wird der Fair Value durch andere Bewertungsmodelle bestimmt.[16]

Die Ermittlung des Fair Value für ein Financial Asset ist in Abbildung 7.1 dargestellt.

7.1.2.1.2 Ermittlung des Fair Value nach Auslegung des Discussion Paper

Das Discussion Paper gibt für den Fall, daß das Financial Asset im Less Active Market gehandelt wird, nicht an, ob ein Markt mit "infrequent activity" ein Markt mit "infrequent transactions" oder ob ein "imperfect market" ein "thin market" ist. Diese Entsprechung wird im folgenden durch grammatikalische Auslegung[17] der Begriffe "imperfect market" und "thin market" gezeigt. Da ein "imperfect market" als Markt beschrieben wird, dem es an Tiefe fehlt,[18] kann er als "dünner Markt" ("thin market") interpretiert werden. Der Begriff "infrequent activity" wird nicht erklärt. Er kann mit "unregelmäßiger Geschäftstätigkeit" übersetzt werden und damit einen Markt beschreiben, auf dem Geschäfte unregelmäßig getätigt, d.h. – da der Begriff "Geschäft" etymologisch u.a. Abmachung und Vertrag bedeutet[19] – Verträge unregelmäßig abgeschlossen werden. Demzufolge ist ein Markt mit unregelmäßiger Geschäftstätigkeit ("infrequent activity") ein Markt mit unregelmäßigen Geschäftsabschlüssen ("infrequent transactions").

Ausgehend von diesen Überlegungen muß also im Less Active Market geprüft werden, ob die notierten Kurse der Aktienoption dem "Verläßlichkeitskriterium" genügen oder nicht. Erfüllen sie diese Anforderung, so wird der Fair Value auf der Grundlage der notierten Kurse ermittelt, andernfalls wird er durch Bewertungsmethoden zur Ermittlung des Fair Value von nichtgehandelten Financial Assets bestimmt.

[14] Vgl. DP 5, 5.7; DP 5, 5.8.

[15] Vgl. DP 5, 5.3; 5, 5.10.

[16] Vgl. DP 5, 5.3.

[17] Die grammatikalische Auslegung hält sich an den Wortlaut einer Bestimmung; vgl. ENGISCH (1983), S. 77.

[18] Vgl. DP 5, 5.8.

[19] Vgl. DUDEN (1989), Stichwort: Geschäft.

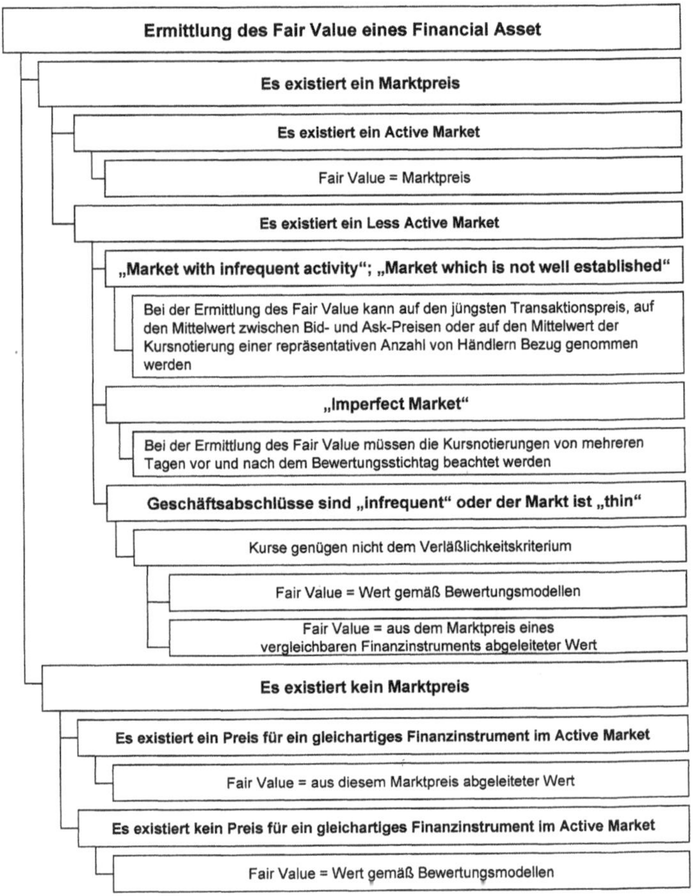

Abbildung 7.1: Ermittlung des Fair Value vor Auslegung des Discussion Paper

Es bleibt unklar, was das Discussion Paper unter dem Begriff "Verläßlichkeit" versteht. Wird das Kriterium teleologisch[20] ausgelegt, so können Kurse, bei denen man darauf vertrauen kann, daß sie den Fair Value – wenn auch verzerrt – widerspiegeln, als verläßliche Kurse interpretiert werden.

Bezieht man obige Überlegungen ein, so läßt sich die Bewertung eines Financial

[20]Die teleologische Auslegung ist die Auslegung aus dem Zweck einer Bestimmung; vgl. ENGISCH (1983), S. 77.

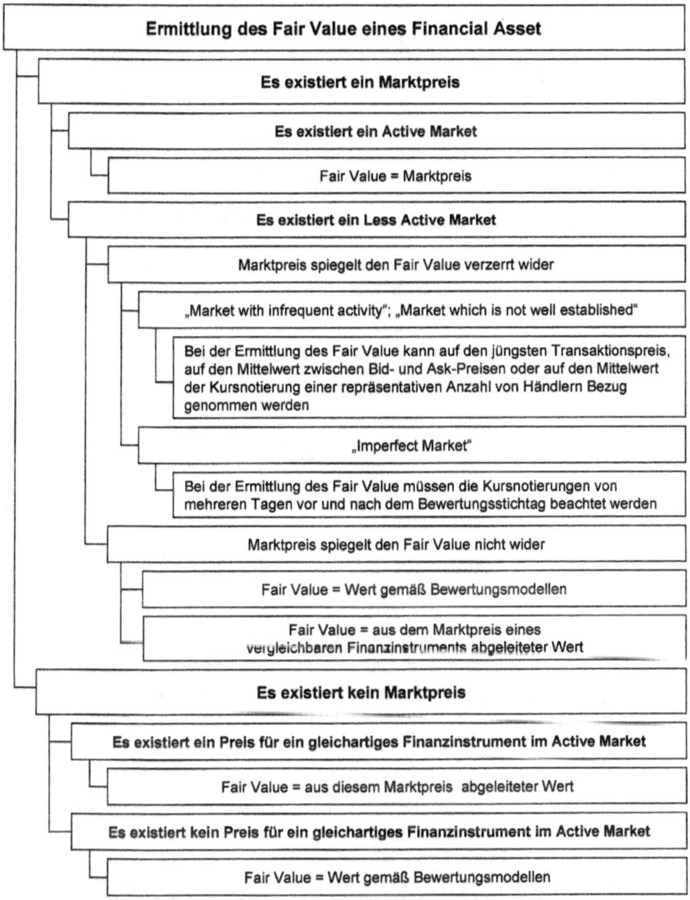

Abbildung 7.2: Ermittlung des Fair Value nach Auslegung des Discussion Paper

Asset in der Bilanz nach Auslegung des Discussion Paper durch Abbildung 7.2 bzw. komprimiert durch Abbildung 7.3 darstellen.

Die Begriffe Active Market und Less Active Market bleiben unbestimmt. Das Discussion Paper läßt offen, was unter einem gleichartigen Finanzinstrument zu verstehen ist. Auch bleibt unklar, wie der Fair Value aus Marktpreisen abzuleiten ist.

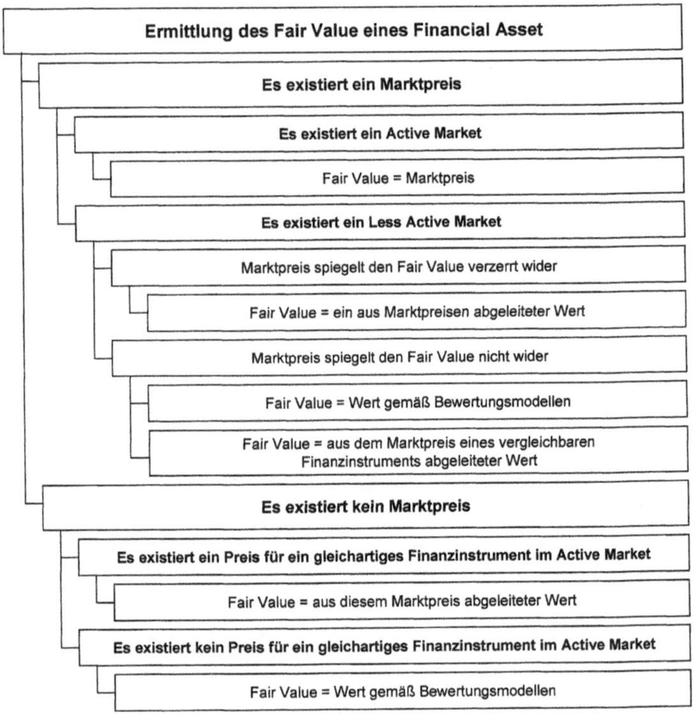

Abbildung 7.3: Fair Value-Bewertung eines Financial Asset im Discussion Paper

7.1.2.2 Ermittlung des Fair Value eines Aktienoptionsrechts

Im folgenden werden die in Abschnitt 7.1.2.1.2 dargestellten Regelungen auf die Ermittlung des Fair Value eines Aktienoptionsrechts angewandt. Die Bestimmung des Fair Value eines Aktienoptionsrechts wird in Abbildung 7.4 dargestellt.

Der Fair Value eines Aktienoptionsrechts ist nach dem Discussion Paper davon abhängig, ob ein notierter Marktpreis existiert oder nicht.

Existiert ein notierter Marktpreis, so unterscheidet das Discussion Paper zwei Fälle: Die Aktienoption wird in einem *Active Market* gehandelt und die Aktienoption wird in einem *Less Active Market* gehandelt. Im ersten Fall ist der Fair Value eines Aktienoptionsrechts der Marktpreis (Bid-Preis) der Aktienoption. Im zweiten Fall wird der Fair Value aus dem Marktpreis abgeleitet, wenn der Marktpreis den Fair Value verzerrt widerspiegelt, und der Fair Value durch ein Optionsbewertungsmodell errechnet,

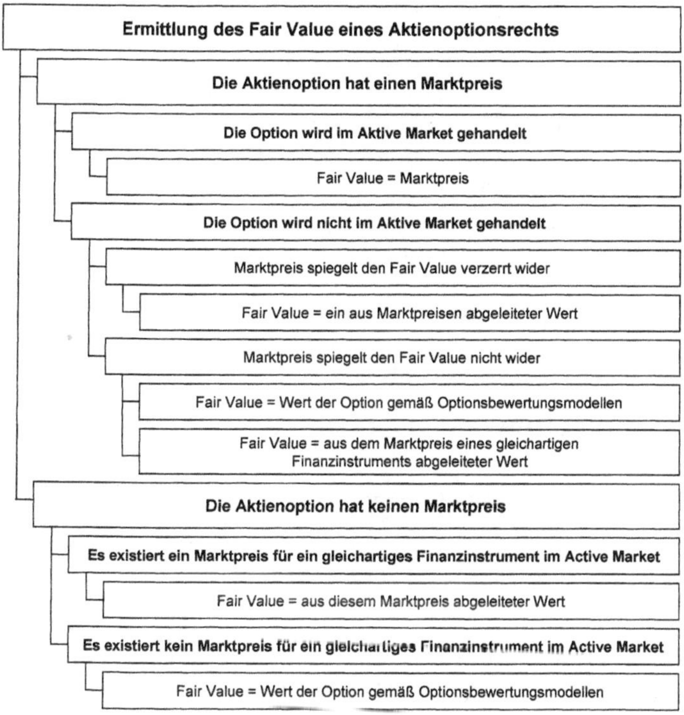

Abbildung 7.4: Fair Value-Bewertung eines Aktienoptionsrechts im Discussion Paper

wenn der Marktpreis den Fair Value nicht widerspiegelt.[21] Das Discussion Paper nennt beispielhaft zwei Optionsbewertungsmodelle, mit denen die Aktienoption zu bewerten ist: das Black-Scholes Modell und das Binomialmodell.[22]

Existiert kein Marktpreis, so werden wiederum zwei Fälle unterschieden: Existiert ein *Preis für ein in einem Active Market gehandeltes und gleichartiges Finanzinstrument*, dann wird der Fair Value aus dem Marktpreis dieses gleichartigen Finanzinstruments abgeleitet. Existiert kein *Preis für ein in einem Active Market gehandeltes und gleichartiges Finanzinstrument*, dann wird der Fair Value durch ein Optionsbewertungsmodell berechnet.

[21] Es stellt sich in diesem Zusammenhang natürlich die Frage, wie man feststellt, auf welche Art der Fair Value zu ermitteln ist, ohne den Fair Value zu kennen.

[22] Vgl. DP 5, 5.18.

7.1.2.3 Berücksichtigung von Transaktionskosten

Nach dem Discussion Paper wird das Financial Asset – und damit auch das Aktienoptionsrecht – in der Bilanz in den auf seinen Zugang folgenden Zeitpunkten mit dem dann notierten Marktpreis, d.h. ohne Berücksichtigung der nicht im Marktpreis enthaltenen Transaktionskosten, bewertet. Transaktionskosten, die im Marktpreis enthalten sind, werden jedoch berücksichtigt.

Transaktionskosten sind im Marktpreis enthalten, wenn der Marktpreis für Käufer und Verkäufer nicht identisch ist, das heißt, wenn der Käufer zum Ask-Preis kauft und zum niedrigeren Bid-Preis verkauft. Die Spanne zwischen Bid- und Ask-Preis sind Transaktionskosten.[23]

7.2 Folgebewertung nach IAS 39

7.2.1 Bewertungsgrundsatz

7.2.1.1 Bewertung von Financial Assets in der Bilanz

7.2.1.1.1 Vorbemerkung

Die Bewertung eines Financial Asset in der Bilanz ist davon abhängig, ob der Carrying Amount im Bewertungszeitpunkt kleiner oder größer als der Recoverable Amount im Bewertungszeitpunkt ist.[24]

Ist der Carrying Amount kleiner als der Recoverable Amount, dann ist der Carrying Amount anzusetzen.[25]

Ist der Carrying Amount größer als der Recoverable Amount, dann ist der Carrying Amount auf den Recoverable Amount abzuschreiben.[26] Zuschreibungen sind vorzunehmen, falls die Gründe für die Abschreibung auf den Recoverable Amount wegfallen bzw. teilweise entfallen.[27] IAS 39.114 legt eine Obergrenze fest. Die Zuschreibungen sollen nicht so bemessen sein, daß sie den Carrying Amount übersteigen, der sich ergeben hätte, wenn die Abschreibung nicht vorgenommen worden wäre.

Die Bewertung eines Financial Asset in der Bilanz ist nochmals in der Abbildung 7.5 dargestellt.

---

[23] Vgl. DEMSETZ (1968), S. 35.
[24] Vgl. IAS 39.69 i.V.m. IAS 39.109; IASC (1998f), S. 8.
[25] Vgl. IAS 39.69 i.V.m. IAS 39.109.
[26] Vgl. IAS 39.69 i.V.m. IAS 39.109; IASC (1998f), S. 8.
[27] Vgl. IAS 39.114; IAS 39.119.

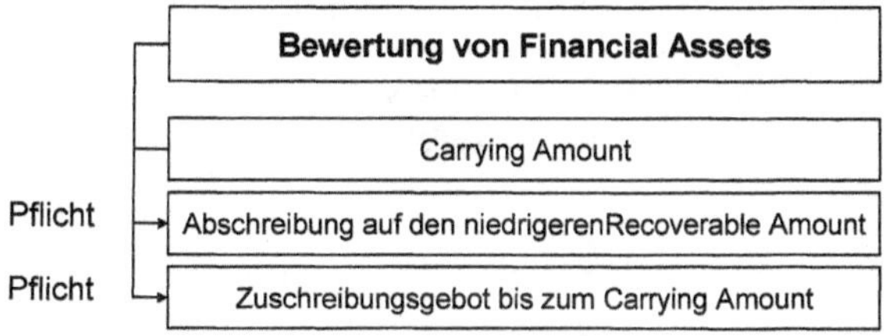

Abbildung 7.5: Bewertungsgrundsatz vor Auslegung des IAS 39

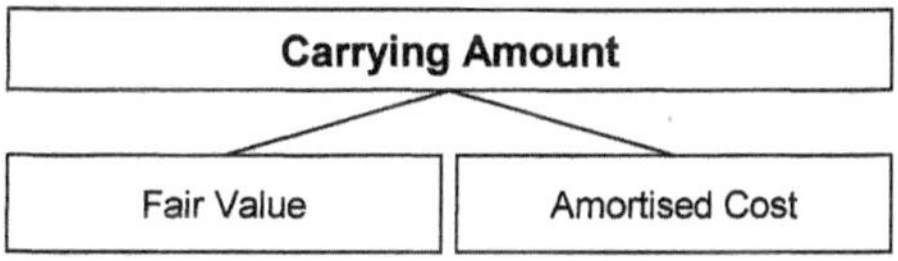

Abbildung 7.6: Carrying Amount gemäß IAS 39

7.2.1.1.2 Carrying Amount

Der Begriff "Carrying Amount" ist im IAS 39 nicht definiert. Nach IAS 1.22 ist im Falle eines fehlenden Standards oder einer fehlenden Interpretation durch das Standing Interpretations Committee[28] zur Begriffsklärung auf sämtliche International Accounting Standards zurückzugreifen. Unter dem Begriff "Carrying Amount" versteht IAS 16.6 den Buchwert eines Asset im Bewertungszeitpunkt. IAS 39 unterscheidet weiterhin zwischen Financial Assets "carried at amortised cost"[29] und Financial Assets "carried at fair value"[30]. Demnach ist der *Fair Value* oder sind die *Amortised Cost* der Carrying Amount eines Financial Asset (s. Abbildung 7.6).

Grundsätzlich werden Financial Assets mit ihrem *Fair Value* in dem Bewertungszeitpunkt bewertet.[31] IAS 39 übernimmt die Definition des Begriffs "Fair Value" aus IAS 32.5.[32]

Folgende Financial Assets werden jedoch nicht zum Fair Value bewertet:

[28]Das IASC hat 1997 das Standing Interpretations Committe (SIC) gegründet. Das SIC hat die Aufgabe, Regelungslücken zu schließen; vgl. IASC (1999), S. 16.

[29]IAS 39.111.

[30]IAS 39.117.

[31]Vgl. IAS 39.69.

[32]Vgl. IAS 39.8.

- Forderungen des Unternehmens, die nicht kurzfristig verkauft werden sollen,[33]

- Financial Assets mit einem festgelegten Verfalltermin und festgelegten, sicheren Zahlungen, die bis zum Laufzeitende gehalten werden sollen ("Held-to-maturity Investments"),[34]

- Equity Instruments, die keinen notierten Kurs in einem "Active Market" haben und deren Fair Value nicht verläßlich bestimmt werden kann, sowie Derivate auf solche Equity Instruments.[35]

In Abhängigkeit davon, ob diese nicht zum Fair Value bewerteten Financial Assets einen festen Verfalltermin haben, gilt folgende Bewertungsregel:

- Financial Asset, die einen *festen Verfalltermin* haben, werden zu *Amortised Cost* bewertet. Die Amortised Cost werden am Bilanzstichtag im IAS 39.10 i.V.m. IAS 39.114 folgendermaßen definiert:

	Wert des Financial Asset in seinem Zugangszeitpunkt
–	Gesamtheit der bisher geleisteten Rückzahlungen (Tilgung)
+	Auf die bisherige Laufzeit entfallendes Disagio
–	Auf die bisherige Laufzeit entfallendes Agio
–	Gesamtheit der bisher angefallenen Abschreibungen
+	Gesamtheit der bisher angefallenen Zuschreibungen
=	AMORTISED COST.

- Financial Asset, die *keinen festen Verfalltermin* haben, werden mit ihren *Kosten (Cost)* bewertet.[36] Der Begriff "Cost" wird im IAS 39 nicht definiert. Nach IAS 1.22 ist zur Klärung eines Begriffs auf andere Standards zurückzugreifen. Unter den Kosten wird nach IAS 16.7 der Betrag verstanden, der im Zeitpunkt der Anschaffung oder Herstellung für das Financial Asset ausgegeben werden muß.[37]

[33] Vgl. IAS 32.69 i.V.m. IAS 39.10.

[34] Vgl. IAS 39.69 i.V.m. IAS 39.10. Forderungen des Unternehmens, die nicht kurzfristig verkauft werden sollen, gehören nicht zu den "Held-to-maturity Investments"; vgl. IAS 39.10.

[35] Vgl. IAS 39.69; IAS 39.70; IASC (1998f), S. 7.

[36] Vgl. IAS 39.73.

[37] Vgl. IAS 16.7.

Amortised Cost und Cost entsprechen sich für den Fall, daß auf die Laufzeit weder Agio und Disagio entfallen, noch Tilgungszahlungen und Abschreibungen anfallen.

7.2.1.1.3 Recoverable Amount

Der Recoverable Amount ist im IAS 39 nicht definiert. Nach IAS 1.22 wird dieser Begriff durch seine Definition im IAS 36.5 bestimmt. Demnach erwartet das Unternehmen, den Recoverable Amount durch die zukünftige Nutzung des Asset zu erwirtschaften. IAS 39 unterscheidet bei der Ermittlung des Recoverable Amount zwei Fälle: Der Buchwert des Financial Asset ist der Fair Value bzw. der Buchwert sind die Amortised Cost.

Ist der *Buchwert des Financial Asset der Fair Value*, dann werden Financial Assets hinsichtlich der Ermittlung des Recoverable Amount in *Equity Instruments* und *Debt Instruments* unterteilt.

IAS 39.8 übernimmt die Definition des Begriffs Equity Instrument aus IAS 32.5. Der Begriff "Debt Instrument" ist nicht definiert, daher muß er ausgelegt werden. In Abgrenzung zu dem im IAS 32.5 definierten Begriff "Equity Instrument" kann ein "Debt Instrument" als ein Financial Asset verstanden werden, mit dem Eigenkapital nicht zur Verfügung gestellt wird. "Debt Instrumente" sind alle Finanzinstrumente, die nicht Eigenkapitalinstrumente sind.[38]

Für Equity Instruments ist der Recoverable Amount der Fair Value.[39] Für Debt Instruments ist der Recoverable Amount der Kapitalwert der mit dem aktuellen Kassazinssatz für ein gleichartiges Financial Asset diskontierten erwarteten Zahlungen.[40] Diese Definition ist identisch mit der Definition des Fair Value für Debt Instruments im IAS 39.113.[41]

Wird obiger Überlegung gefolgt, so ist der Recoverable Amount eines zum Fair Value bewerteten Financial Asset der Fair Value. Damit entfällt für zum Fair Value bewertete Financial Asset folglich die Überprüfung, ob der Carrying Amount größer als der Recoverable Amount ist. Zum Fair Value bewertete Financial Asset werden immer mit dem Carrying Amount angesetzt.

---

[38] Dieser Auslegung entspricht auch die Einteilung der Finanzinstrumente, die das SIC für Emittenten vornimmt. Finanzinstrumente, deren Zahlung an eine Bedingung geknüpft ist, damit auch Aktienoptionen, sind beim Emittenten Verbindlichkeiten und nicht dem Eigenkapital zuzurechnen; vgl. IASC (1997c), S. 1.

[39] Vgl. IAS 39.117 i.V.m. IAS 39.118.

[40] Vgl. IAS 39.118.

[41] Zudem ist diese Definition identisch mit der Definition des Fair Value eines "Debt-type Instrument" im Discussion Paper (vgl. DP 5, 5.13).

Sind der *Buchwert des Financial Asset die Amortised Cost*, dann berechnet sich der Recoverable Amount folgendermaßen:

Der Recoverable Amount (RA) wird für *Forderungen des Unternehmens, die nicht kurzfristig verkauft werden sollen*, und *Held-to-maturity Investments* als Kapitalwert der diskontierten zukünftigen Einzahlungsüberschüsse berechnet.[42] Es gilt für den Fall der effektiven Verzinsung[43]:

$$RA\left(t_j\right) = \sum_{i=j+1}^{n} \frac{E\left[E\ddot{U}_{t_i}\right]}{\left(1+r\right)^{t_i - t_j}}, \tag{7.1}$$

wobei gilt:

$E\left[E\ddot{U}_{t_i}\right]$	Erwarteter Überschuß der Einzahlungen des Zeitpunkt t_i,
r	Interner Zinsfuß des Asset[44] im Zugangszeitpunkt t_0,
n	Letzter Ansatzzeitpunkt des Asset in der Bilanz.[45]

Der Recoverable Amount im Zeitpunkt t_j wird für *Equity Instruments, die keinen notierten Kurs in einem Active Market haben, sowie für Derivate auf solche Instrumente* als Kapitalwert der diskontierten mit dem Finanzinstrument verbundenen zukünftigen Einzahlungsüberschüsse berechnet. Im Unterschied zum Recoverable Amount für Held-to-maturity Investments wird hier der Diskontsatz durch den Kassazinssatz $r\left(t_j, t_i - t_j\right)$ eines gleichartigen Finanzinstruments im Zeitpunkt t_j für das Bezugsintervall $t_i - t_j$ bestimmt.[46] Der Kassazinssatz ist der Zinssatz im gegenwärtigen Zeit-

[42] Vgl. IAS 39.111; IAS 39.113.

[43] Eine Geldeinheit kann effektiv, nominal oder konform verzinst werden; vgl. SANDMANN (1999), S. 277 ff. Hier wird die Systematisierung der Zinsbegriffe von SANDMANN (1999, S. 277 ff.) zugrunde gelegt.

[44] Der interne Zinsfuß des Asset im Zugangszeitpunkt t_0 ist der Zinssatz r^*, für den sich der Wert $(W\left(t_0\right))$des Financial Asset im Zeitpunkt t_0 folgendermaßen berechnet:

$$W\left(t_0\right) = \sum_{i=0}^{n} \frac{E[E\ddot{U}_{t_i}]}{\left(1+r^*\right)^{t_i - t_0}}.$$

[45] Die Ermittlung des Recoverable Amount für ein Held-to-maturity Investment wird im folgenden an einem Beispiel veranschaulicht. Ein Unternehmen vergibt heute ($t = 0$) einen Kredit in Höhe von 100 Euro, der mit 10% p.a. verzinst wird und nach zwei Jahren zurückgezahlt wird. Nach dem ersten Jahr ($t = 1$) stellt das Unternehmen fest, daß der Kredit nur zu 50% getilgt werden kann. Die Zinsen können zudem nicht mehr beglichen werden. Für den Recoverable Amount (RA) gilt: $RA(1) = \frac{E[E\ddot{U}_2]}{1+0,1} = \frac{50}{1,1} = 45,45$ Euro. Da der Carrying Amount 100,– Euro beträgt, muß das Unternehmen auf den Recoverable Amount abschreiben.

[46] Der anzuwendende Diskontsatz ist nach IAS 39.115 "the current market rate of interest". Aufgrund der Vielzahl der am Markt notierten Zinsen, muß dieser Begriff präzisiert werden. Mit Hilfe der Systematisierung der Zinsbegriffe in SANDMANN (1999; S. 279) läßt sich der "current market rate of interest" als Kassazinssatz interpretieren.

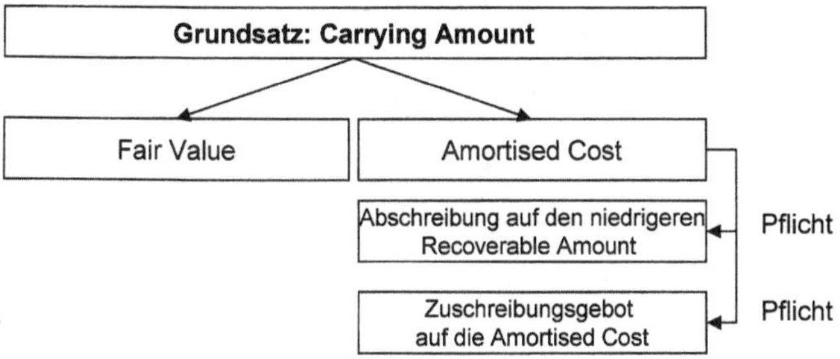

Abbildung 7.7: Bewertungsgrundsatz nach Auslegung des IAS 39

punkt (hier: t_j) für ein Bezugsintervall, das sich über den Zeitraum $t_i - t_j$ erstreckt.[47] Es gilt für den Fall der effektiven Verzinsung:

$$RA(t_j) = \sum_{i=j+1}^{n} \frac{E\left[E\ddot{U}_{t_i}\right]}{\left(1 + r\left(t_j, t_i - t_j\right)\right)^{t_i - t_j}}. \tag{7.2}$$

7.2.1.1.4 Fazit

Werden die Überlegungen in den Abschnitten 7.2.1.1.2 und 7.2.1.1.3 berücksichtigt, so kann die Bewertung eines Financial Asset in der Bilanz anstelle durch Abbildung 7.5 durch Abbildung 7.7 dargestellt werden.

Grundsätzlich werden Financial Assets in der Folgebewertung mit den Amortised Cost oder mit dem Fair Value bewertet.

Ist der Recoverable Amount jedoch kleiner als die Amortised Cost des Bewertungszeitpunkts, so ist auf den Recoverable Amount abzuschreiben. Entfallen die Gründe der Abschreibung auf den Recoverable Amount, so muß zugeschrieben werden.

7.2.1.2 Bewertung eines Aktienoptionsrechts in der Bilanz

Mit Hilfe des Abschnitts 7.2.1.1 läßt sich die Bewertung von Aktienoptionsrechten in der Bilanz durch Abbildung 7.8 darstellen.

Grundsätzlich ist das Aktienoptionsrecht in der Bilanz mit dem Fair Value im Bewertungszeitpunkt anzusetzen. Wird jedoch die der Aktienoption zugrundeliegende Aktie nicht in einem Active Market gehandelt und kann der Fair Value der Aktie nicht

[47] Vgl. SANDMANN (1999), S. 277 ff.

Abbildung 7.8: Bewertung von Aktienoptionsrechten nach IAS 39

verläßlich[48] bestimmt werden, so ist das Aktienoptionsrecht mit den Amortised Cost im Bewertungszeitpunkt anzusetzen (s. Abbildung 7.8).

Im folgenden wird allein die "Fair Value-Bewertung" eines Aktienoptionsrechts diskutiert.

7.2.2 Ermittlung des Fair Value

7.2.2.1 Ermittlung des Fair Value von Financial Assets

IAS 39 macht die Bewertung eines Financial Asset davon abhängig, ob für das Finanzinstrument ein veröffentlichter Marktpreis existiert oder nicht.[49]

Existiert ein veröffentlichter notierter Marktpreis, so ist der Fair Value des Financial Asset weiterhin von der Art des Marktes abhängig, in dem das Finanzinstrument

[48] Es stellt sich die Frage, unter welchen Bedingungen der Wert einer nicht an einem Active Market gehandelten Aktie verläßlich bestimmbar ist.

Eine Antwort auf diese Fragen könnte die Definition des Begriffs Verläßlichkeit in IAS 39.95 und IAS 39.96 geben. IAS 39.96 gibt Situationen an, in denen der Fair Value verläßlich bestimmt werden kann. Der Fair Value einer in einem Active Market gehandelten Aktie ist verläßlich bestimmbar. Die verläßliche Bestimmbarkeit des Fair Value von nicht am Active Market gehandelten Finanzinstrumenten wird damit nicht geklärt. Nach IAS 39.95 ist der Fair Value eines Finanzinstruments verläßlich meßbar, wenn die folgenden Bedingungen erfüllt sind:

(a) Die Schwankungen in der Bandbreite der vernünftigen (*reasonable*) Schätzwerte für den Fair Value sind unbedeutend.

(b) Für jeden Schätzwert kann seine Wahrscheinlichkeit verläßlich bestimmt werden.

IAS 39.95 definiert den unbestimmten Begriff "Verläßlichkeit" durch den unbestimmten "reasonable" und trägt damit nichts zur Lösung des obigen Problems bei. Es bleibt also unklar – entgegen der Ankündigung von Pacter [vgl. Pacter (1998), S. 66] –, unter welchen Bedingungen der Fair Value einer nicht an einem Active Market gehandelten Aktie verläßlich bestimmbar ist.

[49] Vgl. IAS 39.99–39.102.

gehandelt wird.[50]

In einem *Active Market* ist der Fair Value des Financial Asset der Marktpreis des Finanzinstruments.[51] Wird das Finanzinstrument *nicht* in einem *Active Market* gehandelt, dann müssen die veröffentlichten Kurse so angepaßt werden, daß sie den Fair Value verläßlich widerspiegeln. Herrscht "*infrequent activity in a market*"[52] oder ist der Markt "*not well established*"[53] (wie z.B. einige "Over-the-Counter" Märkte) oder werden nur geringe Volumen im Vergleich zu der Anzahl der zu bewerteten Handelseinheiten gehandelt, dann kann der Marktpreis den Fair Value nicht widerspiegeln. Spiegelt der Marktpreis den Fair Value nicht wider, dann wird dieser durch Bewertungsmodelle (u.a. Optionsbewertungsmodelle) bestimmt oder aus dem Marktpreis eines gleichartigen Finanzinstruments abgeleitet.[54]

Existiert kein Marktpreis für ein Finanzinstrument, dann wird der Fair Value des Financial Asset folgendermaßen ermittelt:

- Existieren Marktpreise für die Komponenten des Financial Asset, dann wird der Fair Value auf der Grundlage dieser Marktpreise konstruiert.[55]
- Existiert ein Marktpreis für ein gleichartiges Finanzinstrument, dann wird der Fair Value aus dem Marktpreis dieses gleichartigen Finanzinstruments abgeleitet. IAS 39 läßt offen, was unter einem gleichartigen Finanzinstrument zu verstehen ist. Auch bleibt unklar, wie der Fair Value aus dem Marktpreis abzuleiten ist.[56]

Die Ermittlung des Fair Value eines Financial Asset ist in Abbildung 7.9 nochmals abschließend dargestellt.

7.2.2.2 Ermittlung des Fair Value eines Aktienoptionsrechts

Im folgenden werden die in Abschnitt 7.2.2.1 dargestellten Regelungen auf die Ermittlung des Fair Value eines Aktienoptionsrechts angewandt. Die Bestimmung des Fair Value eines Aktienoptionsrechts wird in Abbildung 7.10 dargestellt.

Der Fair Value eines Aktienoptionsrechts ist nach IAS 39 davon abhängig, ob ein der Öffentlichkeit zugänglicher Marktpreis existiert oder nicht.

Existiert ein veröffentlichter Marktpreis, so unterscheidet IAS 39 zwei Fälle: Die Aktienoption wird in einem *Active Market* gehandelt und die Aktienoption wird *nicht in*

[50] Vgl. IAS 39.99–39.100.
[51] Vgl. IAS 39.99.
[52] IAS 39.100.
[53] IAS 39.100.
[54] Vgl. IAS 39.100.
[55] Vgl. IAS 39.101.
[56] Vgl. IAS 39.101.

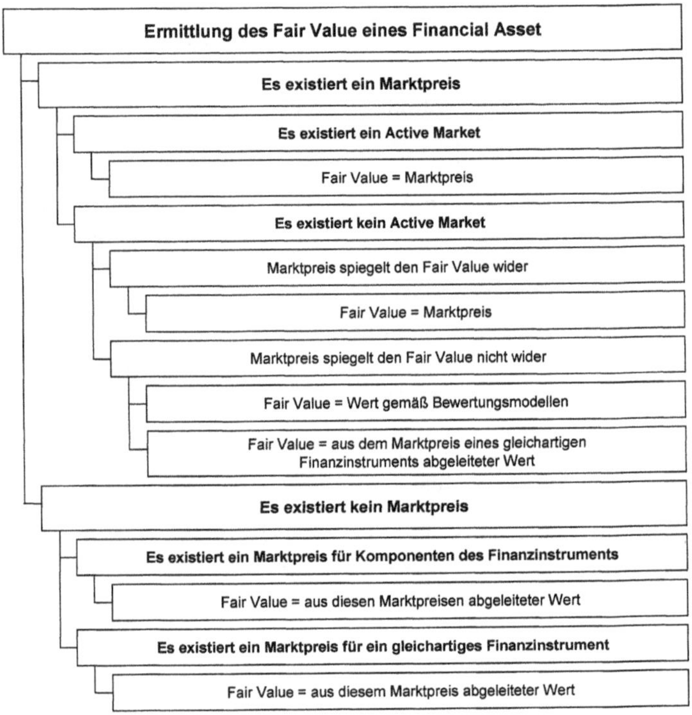

Abbildung 7.9: Fair Value-Bewertung eines Financial Asset im IAS 39

einem Active Market gehandelt. Im ersten Fall ist der Fair Value eines Aktienoptionsrechts der Marktpreis (Bid Preis) der Aktienoption. Im zweiten Fall ist der Fair Value der Marktpreis (Bid-Preis), wenn der Marktpreis den Fair Value widerspiegelt, und der Wert, der sich durch ein Optionsbewertungsmodell errechnet oder aus dem Marktpreis eines gleichartigen Finanzinstruments abgeleitet wird, wenn der Marktpreis den Fair Value nicht widerspiegelt.

Existiert kein Marktpreis, so unterscheidet IAS 39 wiederum zwei Fälle. Existieren *Marktpreise für die Komponenten* der Aktienoption, dann wird der Fair Value auf der Grundlage dieser Marktpreise bestimmt.

Diese Formulierung beschreibt verbal das Duplikationsprinzip[57], das den Options-

[57]Duplikation heißt, daß ein Portefeuille das Zahlungsprofil eines derivativen Finanzinstruments nachbildet.

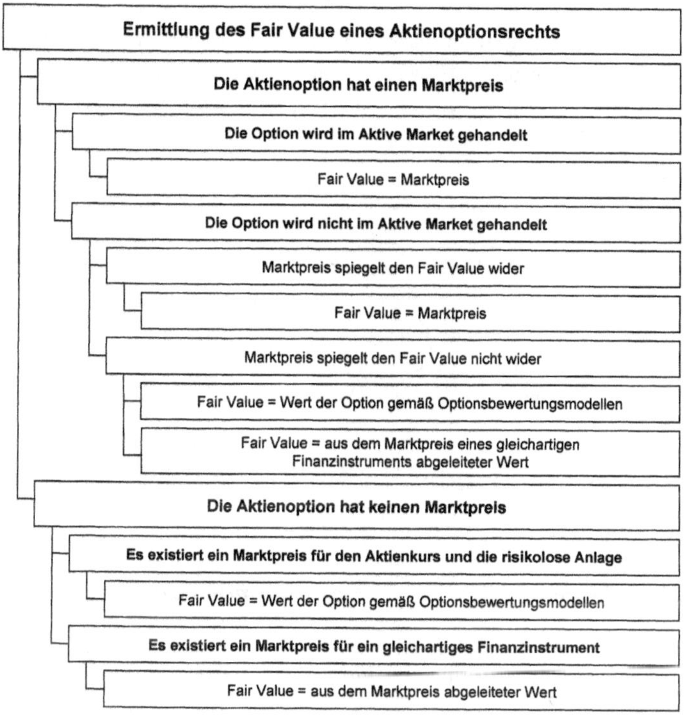

Abbildung 7.10: Fair Value-Bewertung eines Aktienoptionsrechts im IAS 39

bewertungsmodellen in Abschnitt 3.1 zugrunde liegt. Die Komponenten des Wertes des Aktienoptionsrechtes sind die der Option zugrundeliegende Aktie und risikolose Anleihe. Demnach ist der Fair Value auch in diesem Fall der Wert, der sich durch ein Optionsbewertungsmodell errechnet.

Existiert ein *Marktpreis für ein gleichartiges Finanzinstrument*, dann wird der Fair Value aus dem Marktpreis dieses gleichartigen Finanzinstruments abgeleitet.

7.2.2.3 Berücksichtigung von Transaktionskosten

Transaktionskosten sind im IAS 39.10 i.V.m. IAS 39.17 definiert.[58]

IAS 39.77 stellt an einem Beispiel die Berücksichtigung von Transaktionskosten

[58] Vgl. Abschnitt 6.1.2.3.

bei der Folgebewertung eines "Financial Asset held for trading" dar. Ein "Financial Asset held for trading" ist nach IAS 39.10 ein Financial Asset, durch dessen kurzfristige Preisänderungen ein Gewinn erzielt werden soll. In diesem Beispiel wird das Financial Asset in dem auf seinen Zugang folgenden Zeitpunkt mit dem dann notierten Marktpreis, d.h. ohne Berücksichtigung von nicht im Marktpreis enthaltenen Transaktionskosten, angesetzt.

Weitere Regelungen zur Behandlung von Transaktionskosten gibt es im IAS 39 nicht.

Derivate, somit auch Aktienoptionen, sind nach IAS 39.10 grundsätzlich "Financial Assets held for trading", es sei denn, sie werden als Hedging Instrumente[59] eingesetzt. Wenn eine Aktienoption ein "Financial Asset held for trading" ist, werden demnach Transaktionskosten an den auf den Zugang folgenden Zeitpunkten nicht in dem Wertansatz der Aktienoption in der Bilanz berücksichtigt.

7.3 Vergleichende Gegenüberstellung der Folgebewertung

7.3.1 Vergleich des Bewertungsgrundsatzes

Grundsätzlich wird das Aktienoptionsrecht mit seinem Fair Value, ausnahmsweise mit den Amortised Cost, angesetzt. Der Ausnahmefall tritt

- nach IAS 39 ein, wenn der Fair Value der *Aktie* nicht verläßlich ermittelt werden kann, und
- nach dem Discussion Paper ein, wenn der Fair Value des *Aktienoptionsrechts* nicht verläßlich bestimmt werden kann. Damit kann die Vorgehensweise zur Bewertung des Aktienoptionsrechts nach dem Discussion Paper durch Abbildung 7.11 dargestellt werden.

Es stellt sich die Frage, ob die beiden Bewertungsgrundsätze übereinstimmen.

Weder das Discussion Paper noch IAS 39 geben Fälle an, für die der Fair Value der Aktie bzw. der Aktienoption nicht verläßlich bestimmt werden kann.

Der Begriff "Verläßlichkeit" im Discussion Paper könnte mit Hilfe der Abbildung 7.4 ausgelegt werden. Die Abbildung 7.4 zeigt alle Fälle an, für die der Fair Value ermittelt wird. Weil das Aktienoptionsrecht entweder mit dem Fair Value oder mit dem

[59] Hedging Instrumente dienen der Absicherung gegen nachteilige Wertänderungen des zugrundeliegenden Finanzinstruments.

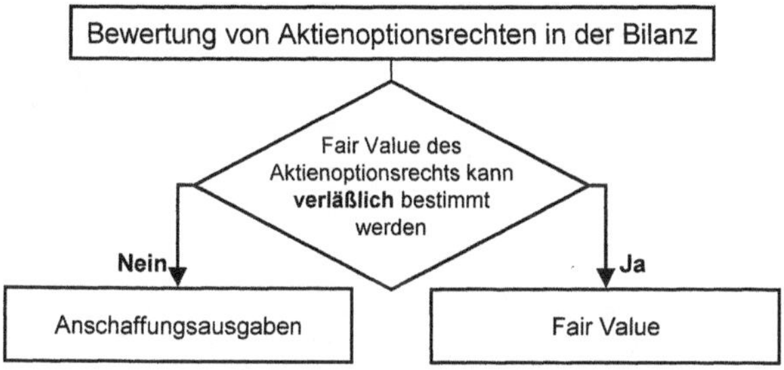

Abbildung 7.11: Bewertung von Aktienoptionsrechten vor Auslegung des Discussion Paper

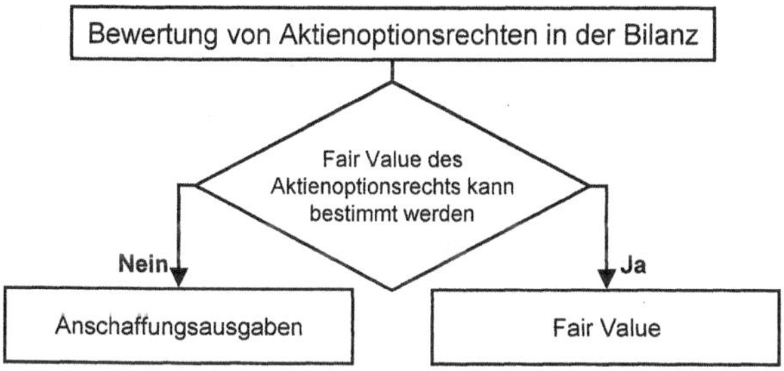

Abbildung 7.12: Bewertung von Aktienoptionsrechten nach Auslegung des Discussion Paper

Buchwert bewertet wird, wird es in den übrigen (nicht in der Abbildung 7.4 aufgeführten) Fällen mit dem Buchwert angesetzt. Der Begriff "Verläßlichkeit" umfaßt also alle in der Abbildung 7.4 aufgeführten Tatbestände, für die der Fair Value bestimmt wird. Demnach kann die Vorgehensweise zur Bewertung von Aktienoptionsrechten im Discussion Paper durch Abbildung 7.12 dargestellt werden.

Diese Überlegungen gelten analog für die Auslegung des Begriffs "Verläßlichkeit" nach IAS 39. Der Begriff "Verläßlichkeit" ist demnach überflüssig.

Zu dem gleichen Ergebnis kommt FIKKERS[60]. Ihre Argumentation ist jedoch nicht überzeugend. FIKKERS sieht keine Notwendigkeit, die Fair Value-Bewertung von Derivaten an die Bedingung zu knüpfen, daß der Fair Value verläßlich ermittelt werden

[60] Vgl. FIKKERS (1998), S. 68.

kann. Die verläßliche Bewertung eines Derivats ist immer gegeben, da ein rationales Unternehmen bei einer Investitionsentscheidung die Investitionsmöglichkeiten bewertet. FIKKERS definiert den Fair Value damit implizit als individualisierten Wert; die Kaufentscheidung erfordert eine Bewertung des Objekts durch den Käufer. Sowohl IAS 39 als auch das Discussion Paper definieren den Fair Value jedoch nicht als individualisierten, sondern als synthetisierten Wert (s. Abbildungen 6.1, 7.13). Die Auslegung des Begiffspaars "verläßlicher Wert" muß an die in im Discussion Paper bzw. im IAS 39 zugrunde gelegte (hier: Fair Value als Austauschwert) und nicht an eine andere Bewertungskonzeption (z.B. Fair Value als individualisierter Wert) anknüpfen. Die Interpretation des Begriffs "Verläßlichkeit" im IAS 39 bzw. im Discussion Paper muß also mit Blick auf einen Austauschwert und nicht auf einen individualisierten Wert erfolgen.

Der Fair Value des Aktienoptionsrechts kann nach dem Discussion Paper nicht ermittelt werden, wenn weder ein Optionspreis noch ein Optionswert (Modellwert)[61] bestimmt werden kann. Der Optionswert kann nicht bestimmt werden, wenn der für die Errechnung des Optionswerts benötigte Wert bzw. Preis der Aktie nicht verfügbar ist. Wird unterstellt, daß der Wert bzw. Preis der Aktie der im Modell angenommenen Aktienkursentwicklung folgt und der Wert bzw. Preis der Aktie nicht ermittelt werden kann, dann gibt IAS 39 *einen Fall* an, für den der Fair Value des Aktienoptionsrechts nicht bestimmt werden kann. Tritt dieser Fall ein, dann stimmt der Bewertungsgrundsatz von Discussion Paper und IAS 39 überein.

Der Ausnahmefall ist im Discussion Paper weiter gefaßt als im IAS 39. Dies ist sinnvoll, da es möglich ist, daß der Fair Value der Aktie zwar bestimmt werden kann, nicht aber der Fair Value der Option. Die Bestimmung des Fair Value der Option setzt nämlich voraus, daß der Aktienkurs, die Volatilität der Aktienkursrendite und der risikolose Zinssatz bekannt sind.

7.3.2 Vergleich der Fair Value-Ermittlung

Es wird zunächst davon ausgegangen, daß *ein Marktpreis für die Aktienoption existiert.* Die beiden Bewertungskonzepte stimmen überein, wenn die Aktienoption auf einem Active Market gehandelt wird. In diesem Fall ist der Fair Value der Marktpreis. Die beiden Bewertungskonzepte stimmen nicht überein, wenn das Financial Asset nicht auf einem Active Market gehandelt wird:

- Sie unterscheiden sich zum einen hinsichtlich der Marktabgrenzung. IAS 39 bezieht sich auf einen "Nicht-Active Market", während das Discussion Paper von

[61] Der Modellwert ist entsprechend der Abbildungen 7.4 und 7.10 entweder ein durch ein Bewertungsmodell ermittelter Wert oder ein aus Preisen abgeleiteter Wert.

einem Less Active Market ausgeht.

- Zum anderen unterscheiden sie sich hinsichtlich der Bestimmung des Fair Value. Der Fair Value eines Aktienoptionsrechts ist nach IAS 39 der Optionspreis oder der Optionswert, während der Fair Value eines Aktienoptionsrechts in einem Less Active Market immer ein Optionswert ist.

Fazit ist also, daß sich die Bewertung eines Aktienoptionsrechts nach IAS 39 von der Bewertung eines Aktienoptionsrechts nach dem Discussion Paper unterscheidet. Die Bewertungskonzepte werden im folgenden anhand des Kriteriums ihrer Geschlossenheit beurteilt. Ein Bewertungskonzept gilt als in sich geschlossen, wenn die Bestimmung des Fair Value für *alle* gehandelten Finanzinstrumente geregelt ist.

IAS 39 grenzt die Begriffe Active Market und Nicht-Active Market eindeutig gegeneinander ab. Alle Finanzinstrumente, für die ein Marktpreis exisitiert, können entweder in die Menge der am Active Market gehandelten Finanzinstrumente oder in die Komplementmenge der Nicht-Active Market gehandelten Finanzinstrumente eingeordnet werden. Diese eindeutige begriffliche Abgrenzung fehlt im Discussion Paper. Es ist unklar, ob alle nicht auf einem Active Market gehandelten Finanzinstrumente automatisch in einem Less Active Market gehandelt werden. Die Verneinung der Aussage "das Financial Asset wird auf einem aktiven Market gehandelt" ist "das Financial Asset wird nicht auf einem aktiven Market gehandelt" und nicht "das Financial Asset wird auf einem wenig aktiven Markt gehandelt". Da IAS 39 die Bestimmung des Fair Value für *alle* gehandelten Finanzinstrumente regelt, ist dieser Standard in diesem Fall dem Discussion Paper vorzuziehen.

Im weiteren wird davon ausgegangen, daß *ein Marktpreis für die Aktienoption nicht existiert.* Die Bewertung eines Aktienoptionsrechts nach IAS 39 stimmt mit der des Discussion Paper überein, wenn ein gleichartiges Finanzinstrument in einem Active Market gehandelt wird.[62] Die Bewertungskonzepte werden im folgenden anhand des Kriteriums ihrer Geschlossenheit beurteilt. Ein Bewertungskonzept gilt als in sich geschlossen, wenn die Bestimmung des Fair Value für alle nichtgehandelten Finanzinstrumente geregelt ist. Das Discussion Paper deckt *alle* Fälle ab. Für ein Finanzinstrument, das keinen Marktpreis hat, gibt es entweder ein gleichartiges Finanzinstrument, das einen Marktpreis hat oder nicht. IAS 39 läßt offen, wie der Fair Value zu ermitteln ist, wenn es keinen Marktpreis für ein gleichartiges Finanzinstrument bzw. für Komponenten des Finanzinstruments gibt. Da das Discussion Paper die Bestimmung

[62] Beide Bewertungskonzepte lassen offen, was unter einem gleichartigen Finanzinstrument zu verstehen ist und wie der Fair Value aus dem Marktpreis dieses gleichartigen Finanzinstruments abzuleiten ist.

des Fair Value für *alle* nichtgehandelten Finanzinstrumente regelt, ist dieses Konzept in diesem Fall vorzuziehen.

Folglich erhält man ein in sich geschlossenes Bewertungskonzept, in dem man den Fair Value für ein gehandeltes Finanzinstrument nach IAS 39 ermittelt und den Fair Value für ein nichtgehandeltes Finanzinstrument nach dem Discussion Paper feststellt.

7.4 Charakterisierung des Fair Value

Der Fair Value eines Financial Asset in einem Folgezeitpunkt wird mit Hilfe des in Abschnitt 5.3 dargestellten Rasters zur Systematisierung der Wertbegriffe charakterisiert.

Nach Einordnung des Begriffs in dieses Wertgerüst ergibt sich Abbildung 7.13.

Der Fair Value ist – wird er in diesem Folgezeitpunkt betrachtet – ein *gegenwartsbezogener Wert*. Er ist im Folgezeitpunkt genauso definiert wie im Zugangszeitpunkt und ist demzufolge – wie bereits in Abschnitt 6.4 dargestellt – ein *objektiver, synthetisierter Wert*. Er ist ein *Austauschwert*, der einen *fiktiven Verkauf* zwischen dem Bewertungssubjekt und einem Dritten unterstellt. Dies ist der Unterschied zum Wert im Zugangszeitpunkt, dem ein tatsächlicher Kauf zugrundeliegt. Der Austauschwert ist entsprechend den Abbildungen 7.3 und 7.9 für ein Financial Asset entweder ein *Modellwert*[63] oder sein *Verkaufspreis (Bid-Preis)*. Demzufolge ist der Fair Value der *Wert am Absatzmarkt*.

[63] Der Modellwert ist entweder ein "Wert entsprechend des Bewertungsmodells" oder "ein aus Preisen abgeleiteter Wert".

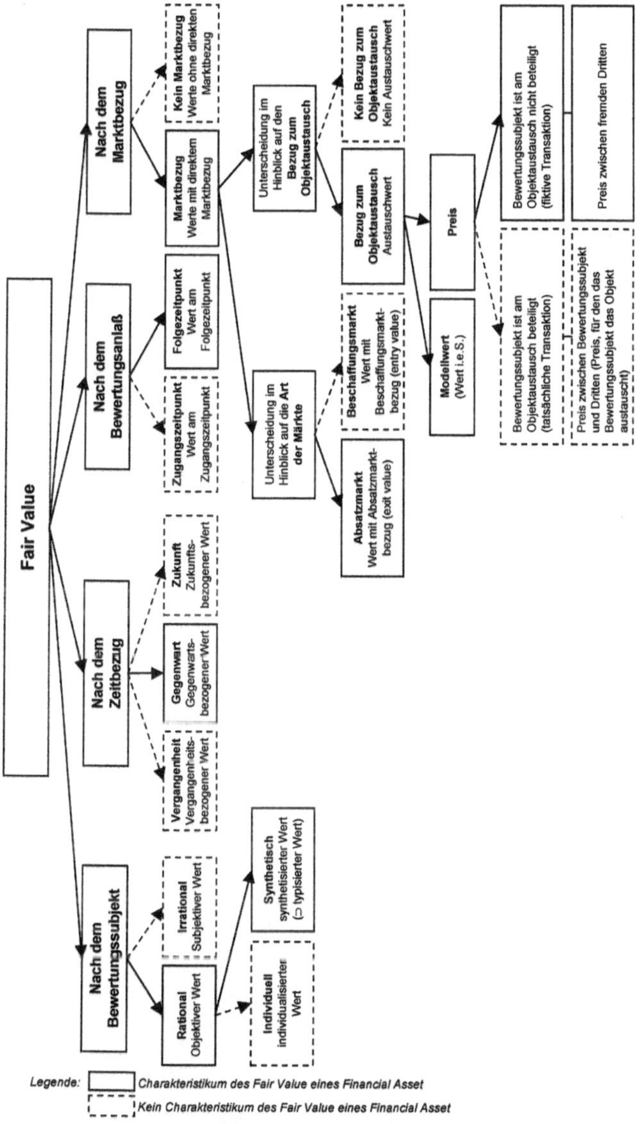

Abbildung 7.13: Charakterisierung des Fair Value eines Financial Asset

Kapitel 8

Fair Value

8.1 Vorbemerkungen

Der Fair Value ist nach dem Discussion Paper und nach IAS 39 in den auf den Zugang folgenden Zeitpunkten entweder der Wert, der sich durch ein Optionsbewertungsmodell bestimmt (Optionswert), oder der Optionspreis.[1] Wird die Bestimmung des Fair Value nicht – wie im Discussion Paper und im IAS 39 geschehen – in Abhängigkeit von den Märkten, sondern in Abhängigkeit vom ermittelten Fair Value dargestellt, so können die Abbildungen 7.4 und 7.10 in Abbildung 8.1 überführt werden.

Ausgehend von Abbildung 8.1 wird mit Hilfe von Discussion Paper sowie der angelsächsischen Rechnungslegungstradition der Markt charakterisiert, in dem der Fair Value des Aktienoptionsrechts durch den Optionspreis bestimmt wird.

8.2 Fair Value und vollständige Märkte

8.2.1 Wert als Fair Value

Da die übrigen im Discussion Paper und im IAS 39 genannten Optionsbewertungsmodelle dem Bilanzierenden mehr Freiheitsgrade bei der Bestimmung des Optionswerts einräumen als das Binomialmodell und das Black-Scholes-Modell, beschränkt sich die Analyse im folgenden auf das Binomialmodell und das Black-Scholes-Modell.

Gleichung (3.15) zeigt, daß der Wert eines Financial Asset den mit den Zustandspreisen diskontierten zukünftigen Rückflüssen entspricht. Ein einziger Wert für diese Gleichung ergibt sich, wenn der Kapitalmarkt vollständig ist, d.h. wenn jeder der möglichen Umweltzustände einen eindeutigen Zustandspreis hat. Ein eindeutiger Optionswert errechnet sich mit dem Binomialmodell bzw. Black-Scholes-Modell, die die

---

[1] Vgl. Kapitel 7.

Abbildung 8.1: Unterschiede in der Fair Value-Ermittlung von Aktienoptionsrechten

Gleichung (3.15) mit Hilfe von zwei Annahmen (Beschreibung der Aktienkursentwicklung durch einen Binomialprozeß bzw. durch eine geometrische Brownsche Bewegung; Existenz einer risikolosen, einperiodigen Anleihe, deren Rückzahlungsbetrag konstant und bekannt ist) spezifizieren.[2] Die im Discussion Paper aufgeführten Optionsbewertungsmodelle, Binomialmodell und Black-Scholes-Modell, ermitteln einen eindeutigen Optionswert und bewerten daher eine Option unter der Annahme eines vollständigen Markts.

8.2.2 Preis als Fair Value

Im Gegensatz zu *IAS* 39 charakterisiert das *Discussion Paper* den Preis eines Finanzinstruments, der dem Fair Value entspricht. Es verweist zunächst auf die Kapitalmarktforschung.[3] In den auf den Fair Value abstellenden Wertrelevanzstudien[4] für Finanzinstumente wird der Begriff "Active Market" nicht verwandt.[5] Lediglich

[2]Die geometrische Brownsche Bewegung ist u.a. bei BEISSER/JÜTTNER-NAUROTH (1999, S. 1252-1256) beschrieben.

[3]Vgl. DP 5, 2.9; 5, 2.10. Die angelsächsische Denkweise wird geprägt durch die auf Rechnungslegungsgrößen bezogene empirische Kapitalmarktforschung. Die empirische Kapitalmarktforschung wird z.B. in ABAD/LAFFARGA (1999); BEAVER (1998), S. 38-158; DYCKMAN (1986); LEV/OHLSON (1982); WATTS/ZIMMERMANN (1986), Kapitel 1-6; WHITE/SONDHI/FRIED (1997), S. 216-237 dargestellt. Sie befaßt sich u.a. mit den Wirkungen einer Veränderung der Bilanzpolitik oder einer Gewinnankündigung bzw. -revidierung auf die Aktienkurse und beschäftigt sich mit dem Zusammenhang von Jahresabschlußinformationen und Aktienkursen.

[4]Die empirischen Studien sind in Abschnitt 9.3.3.2 dargestellt. BARTH/LANDSMAN bezeichnen diese Studien als „Wertrelevanzstudien"; vgl. BARTH/LANDSMAN (2000), S. 4.

[5]In dem Artikel von BARTH/BEAVER/LANDSMAN (1996, S. 516) wird der Begriff einmal gebraucht: „*Estimates of financial instruments' fair values likely are more reliable because many are traded in*

BARTH/LANDSMAN[6] setzen "actively traded markets"[7] mit arbitragefreien und vollständigen Märkten gleich.[8] Zudem beschreibt das Discussion Paper den Fair Value eines Finanzinstruments als Preis in einem arbitragefreien Markt.[9] Demnach ist ein Active Market ein vollständiger und arbitragefreier Markt.

Zu der gleichen Interpretation des Active Market gelangt man, wenn man von dem Begriff "Fair Value" ausgeht. Aktienoptionsrechte sollen nach dem Discussion Paper und nach IAS 39 mit ihrem wahren Wert und nicht mit ihren wahren Werten angesetzt werden. Der Begriff "Fair Value" impliziert folglich Eindeutigkeit. Die Konsequenz ist, daß der Wert einer Aktienoption, der gemäß 8.2.1 unter der Annahme eines vollständigen und arbitragefreien Markt ermittelt wird, mit dem Preis übereinstimmen muß. Da das Discussion Paper[10] (unmißverständlich) fordert, daß der Preis dem Grundsatz der Arbitragefreiheit genügt, folgt aufgrund der geforderten Eindeutigkeit, daß der Preis in einem vollständigen Markt notiert sein muß. Demnach ist der Active Market ein vollständiger und arbitragefreier Markt.

IAS *39* definiert den Begriff Active Market nicht. Zur Begriffsklärung ist nach IAS 1.22 im Falle einer fehlenden Interpretation durch das Standing Interpretations Committee auf sämtliche IAS zurückzugreifen. Es gibt eine Definition des Active Market im IAS 36.5 bzw. im IAS 38.7. Demnach ist ein Active Market ein Markt, der jede der folgenden Bedingungen erfüllt:[11]

- Es werden homogene Güter gehandelt.
- Es sind kauf- und verkaufswillige Marktteilnehmer normalerweise zu jedem Zeitpunkt anzutreffen.

---

active markets". Dieser Satz trägt jedoch nichts zu dem Verständnis des Begriffs „Active Market" bei.

[6]Vgl. BARTH/LANDSMAN (1995).

[7]BARTH/LANDSMAN (1995), S. 98.

[8] *„We base part of our analysis of fair value accounting on an example in two settings, a simple setting in which fair values are obtainable from actively traded markets and a more realistic setting, where these assumptions are relaxed. ... Our simple setting is economically equivalent to perfect and complete markets."*; BARTH/LANDSMAN (1995), S. 98, 99.

[9] *„Competitive market forces will drive the market value of a financial instrument to its present value. Any difference that is any expectation of abnormal returns, will very quickly be arbitraged away."*; DP 5, 2.7.

[10]Vgl. DP 5, 2.7.

[11] *„An active market is a market where all the following conditions exist:*
(a) the items traded within the market are homogeneous.
(b) willing buyers and sellers can normally be found at any time and
(c) prices are available to the public."; IAS 36.5, IAS 38.7.

- Die Preise sind der Öffentlichkeit zugänglich.

Da es sich bei Aktienoptionen um gleichartige Güter handelt, ist die erste Bedingung für Aktienoptionen immer erfüllt. Die letzte Bedingung ergibt sich zwangsläufig aus den Vorschriften des IAS 39. Nach IAS 39 ist die Existenz eines veröffentlichten Marktpreises eine notwendige Bedingung für das Vorhandensein eines Active Market.[12] Wären das erste und das letzte Kriterium die einzigen Charakteristika des Active Market, dann wäre jeder börsenmäßig organisierte Markt für Aktienoptionen ein Active Market.

Nach IAS 39 ist die Existenz eines veröffentlichten Marktpreises zwar eine notwendige, aber keine hinreichende Bedingung für das Vorhandensein eines Active Market.[13] Somit müßte für Aktienoptionen die zweite Eigenschaft des Active Market das Kriterium beinhalten, das einen Active Market von einem "Nicht-Active Market" trennt.

Die zweite Bedingung fordert, daß es zu jedem Zeitpunkt normalerweise kauf- und verkaufswillige Marktteilnehmer gibt. Es ist vorstellbar, daß kauf- und verkaufswillige Marktteilnehmer zwar anzutreffen sind, jedoch – aufgrund unterschiedlicher Preisvorstellungen – selten Geschäftsabschlüsse zustandekommen.

Wird die Ermittlung des Fair Value eines Aktienoptionsrechts betrachtet, so ist festzustellen, daß der Active Market ein Indikator der Qualität des notierten Preises ist.[14] In einem "Nicht-Active Market" ist der Preis weniger "vertrauenswürdig" als im Active Market; der Fair Value wird hier im Regelfall durch Bewertungsmodelle bestimmt. Da die an den Active Market gestellte zweite Bedingung keine Beziehung zu den Eigenschaften eines am Active Market notierten Preises herstellt, trägt die Definition des Active Market in den IAS nicht zum Verständnis des Begriffs bei.[15]

---

[12] Vgl. Abbildung 7.10.

[13] Vgl. Abbildung 7.10.

[14] Vgl. Abbildung 7.10.

[15] Man kann darüber spekulieren, ob das IASC mit der zweiten Bedingung einen liquiden Markt beschreiben wollte. Da jedoch nicht definiert ist, wie der Begriff "Liquidität" zu verstehen ist, trägt auch diese Definition zu dem Verständnis des Active Market nicht bei.

Liquide Märkte sind zwar notwendig, aber für die Existenz eines vollständigen Markts nicht hinreichend. Ein liquider Markt wird in dem Modellrahmen des dritten Kapitels durch die Annahme, daß keiner der Marktteilnehmer den Marktpreis beeinflussen kann (Preisnehmerverhalten der Marktteilnehmer), beschrieben. Wird die zweite an den Active Market gestellte Bedingung in diesem Sinne verstanden, so führt die Definition des Active Market im IAS 36.5 daher lediglich eine der Eigenschaften auf, die den vollständigen und arbitragefreien Markt kennzeichnen.

8.2.3 Charakterisierung des Fair Value und Implikationen des Bewertungskonzepts

Gemäß 8.2.1 und 8.2.2 setzt die Existenz des Fair Value eines Aktienoptionsrechts einen vollständigen und arbitragefreien Markt voraus. Das in Kapitel 5.3 entwickelte Raster wird um diese Annahme ergänzt. Ausgehend von Abbildung 7.13 läßt sich der Fair Value abschließend durch Abbildung 8.2 charakterisieren.

Das Bewertungskonzept hat demnach folgende Implikationen:

- Stimmt der Preis der Aktienoption mit dem Wert der Aktienoption, der sich unter der Annahme eines arbitragefreien und vollständigen Markts ergibt, überein, so ist der

$$\begin{aligned} & \text{Fair Value des Aktienoptionsrechts} \\ = \; & \text{Wert der Aktienoption} \\ = \; & \text{Preis der Aktienoption.} \end{aligned}$$

- Stimmt der Preis der Aktienoption mit dem Wert der Aktienoption, der sich unter der Annahme eines arbitragefreien und vollständigen Markts ergibt, nicht überein, so ist der

$$\text{Fair Value des Aktienoptionsrechts} = \text{Wert der Aktienoption.}$$

Die Bewertung in der Bilanz erfolgt bei Anwendung des Black-Scholes-Modells bzw. Binomialmodells unter der *Fiktion eines vollständigen Markts.*

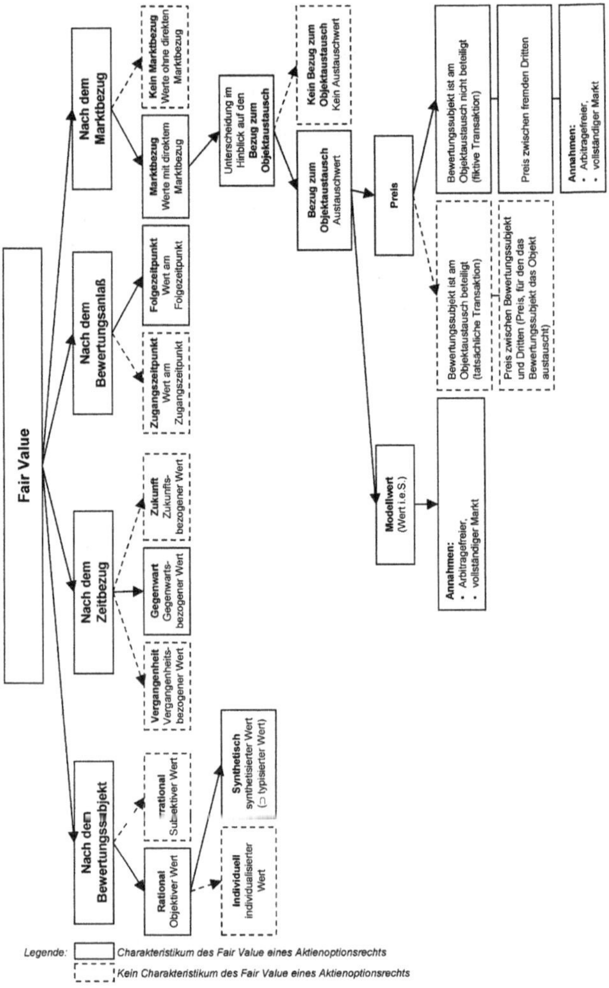

Abbildung 8.2: Charakterisierung des Fair Value eines Aktienoptionsrechts

Kapitel 9

Wertrelevanz

9.1 Wertrelevanz als Beurteilungskriterium

Das Bewertungskonzept wird vom IASC mit Hilfe zweier Kriterien, "Relevance" und "Reliability", beurteilt.[1] Sowohl Relevance als auch Reliability sind im Framework definiert.[2] Da IAS 1.15 (b) fordert, daß die Informationspräsentation u.a. den Grundsätzen "Relevance" and "Reliability" genügen muß, bekommen diese für den IAS-Anwender auch Normcharakter.

Unter dem Grundsatz "Relevance" ist die Relevanz der Informationen des Financial Statement für die Informationsadressaten zu verstehen.[3] Die Relevanz bezieht sich auf die Art der Informationen und auf die ausgewiesenen Beträge.[4] Die Informationsadressaten sind nach F.9 unter anderem Gläubiger, Zulieferer, Kunden, gegenwärtige und potentielle Investoren. Die Informationsinteressen der Anteilseigner stehen jedoch im Vordergrund.[5] Der Grundsatz "Reliability" besagt, daß die Adressaten sich bei ihren Entscheidungen auf die Angaben im Financial Statement verlassen können.[6]

Da zwei Grundsätze genannt werden, stellt sich die Frage nach deren Verhältnis zueinander. Da weder IAS noch Framework festlegen, welcher der beiden Grundsätze

[1] Vgl. DP, S. 5, Fragen 12-14. Auch die US-amerikanischen Rechnungslegungsnormen zur Bewertung von Finanzinstrumenten werden anhand dieser Kriterien beurteilt, vgl. BARRETT/ BEAVER/COOPER/MILBURN/SOLOMONS/TWEEDIE (1991), S. 94, 101; BARTH/LANDSMAN (2000), S. 17.

[2] Vgl. F.26–38.

[3] Vgl. F.26, IAS 1.15 (a).

[4] Vgl. F.29.

[5] Vgl. CAIRNS (1995), S. 77.

[6] Vgl. F.31. Der Grundsatz "Reliability" wird konkretisiert durch die Untergrundsätze: Faithful Representation (Getreue Wiedergabe der zugrundeliegenden Sachverhalte), Substance over Form (Abbildung der wirtschaftlichen und nicht der zivilrechtlichen Gegebenheiten), Neutrality (Objektive, willkürfreie Wiedergabe der Sachverhalte), Prudence (Vorsichtsprinzip), Completeness (Vollständige Abbildung der relevanten Sachverhalte unter Beachtung des Grundsatzes der Wirtschaftlichkeit); vgl. F.24–48.

mächtiger ist, kann angenommen werden, daß beide Kriterien gleichberechtigt nebeneinanderstehen. Gemäß F.32 können Informationen zwar relevant, aber müssen nicht zuverlässig ermittelbar sein. Gleichzeitig ist auch der Fall denkbar, daß Informationen zuverlässig bestimmbar, aber nicht relevant sind.[7]

Die beiden Grundsätze "Relevance" und "Reliability" werden im Discussion Paper, im Framework und in den IAS nicht operationalisiert. Im folgenden wird angenommen, daß die Angaben im Financial Statement zuverlässig bestimmt werden können und sich auf den Grundsatz "Relevance" beschränkt.[8]

9.2 Theoretische Analyse

9.2.1 Literaturübersicht

Der bisher einzige theoretische Aufsatz zum Thema Wertrelevanz ist der von BARTH und LANDSMAN. Er trägt den Titel "Fundamental Issues Related to Using Fair Value Accounting for Financial Reporting". BARTH/LANDSMAN definieren einen Wert als relevant, wenn er den Jahresabschlußadressaten am Stichtag hilft, den Unternehmenswert einzuschätzen.[9] Unter dem Unternehmenswert verstehen sie den Marktwert des Eigenkapitals. Mit Hilfe des Rasters in Abschnitt 5.3 kann der dieser Studie zugrunde gelegte Marktwert des Eigenkapitals mit Abbildung 9.1 als ein synthetisierter, gegenwartsbezogener Wert mit Marktbezug charakterisiert werden.[10]

Es werden dabei zwei Annahmen an den Markt gestellt. BARTH/LANDSMAN leiten unter der Annahme eines vollständigen und arbitragefreien Marktes den relevanten Wert für ein Asset bzw. eine Liability ab; dies ist der Marktwert.[11] Für einen arbitragefreien und unvollständigen Markt ermitteln sie den Value-in-Use als den relevanten Wert.[12] Der Value-in-Use ist der Teil des Unternehmenswerts, der dem Asset respekti-

---

[7]Kritisch äußert sich MUJKANOVIC zu dieser Gleichordnung; er argumentiert, daß Reliability eine notwendige Bedingung für Relevance ist; vgl. MUJKANOVIC (2000), S.167.

BARTH und BARTH/BEAVER/ LANDSMAN betonen, daß ein „gewisser Grad", den es noch zu spezifizieren gilt, an Reliability für die Erfüllung des Grundsatzes der Relevance erforderlich ist, vgl. BARTH (2000), S. 19, 68; BARTH/BEAVER/LANDSMAN (2000), S. 7.

[8]Wird der Auffassung von BARTH und MUJKANOVIC gefolgt, daß Relevance einen gewissen Grad an Reliability erfordert, so sind die Tests auf Value Relevance auch gleichzeitig Tests auf Reliability; BARTH (2000) S. 19; MUJKANOVIC (2000), S. 167.

[9]Vgl. BARTH/LANDSMAN (1995), S. 98.

[10]Vgl. BARTH/LANDSMAN (1995), S. 99 f. Es ist sinnvoll, einen "arbitragefreien Markt" anzunehmen. Im Finanzmarktgleichgewicht ist der Marktwert des Eigenkapitals endlich und diese Eigenschaft wird mit dieser Annahme garantiert.

[11]Vgl. BARTH/LANDSMAN (1995), S. 99.

[12]Vgl. BARTH/LANDSMAN (1995), S. 101. BEAVER kommt zu dem gleichen Ergebnis, auch wenn er

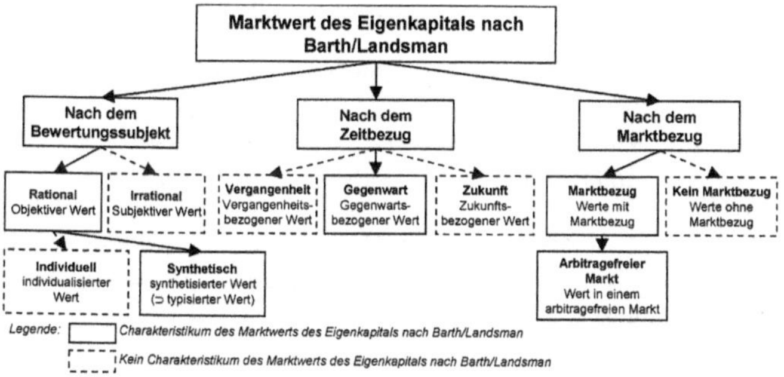

Abbildung 9.1: Marktwert des Eigenkapitals nach BARTH/LANDSMAN

ve der Liability von der Unternehmensführung zugerechnet wird.[13] Er ist der Barwert der zukünftigen mit dem Asset oder der Liability verbundenen Zahlungen.[14] Seine Ermittlung erfordert die Festlegung eines Diskontfaktors und der durch das Asset bzw. die Liability ausgelösten Zahlungen.[15]

Dem Abschnitt 9.2 werden die von BARTH/LANDSMAN unterstellten Annahmen 9.1 und 9.2, wenn es sich um einen arbitragefreien und friktionslosen Markt, und die Annahmen 9.1 und 9.3, wenn es sich um einen arbitragefreien und nichtfriktionslosen Markt handelt, zugrunde gelegt:[16]

Annahme 9.1 ***(Vollständige Information in der Bilanz)*** *Aus Sicht des Bilanzstichtags erzeugen die in der Bilanz angesetzten Assets i $(i = 1, \ldots, m)$ und die Liabilities j $(j = 1, \ldots, n)$ alle zukünftigen Zahlungen des Unternehmens, die nicht von den Eigenkapitalgebern und an die Eigenkapitalgeber erfolgen.*

Annahme 9.2 ***(Arbitragefreier und friktionsloser Markt)*** *Der Markt ist arbitragefrei und friktionslos; es werden die Annahmen 3.1, 3.7, 3.8, 3.9, 3.10 unterstellt.*

Annahme 9.3 ***(Arbitragefreier und nichtfriktionsloser Markt)*** *Der Markt ist arbitragefrei und nichtfriktionslos.*

den Begriff Value-in-Use nicht nutzt. Ausgangspunkt seiner Betrachtung ist jedoch nicht die Bilanz, sondern die Erfolgsmessung; vgl. BEAVER (1979), S. 43.

[13]Vgl. BARTH/LANDSMAN (1995), S. 99.

[14]Vgl. BARTH/LANDSMAN (1995), S. 101; BEAVER (1998), S. 68.

[15]Vgl. BARTH/LANDSMAN (1995), S. 101.

[16]Vgl. BARTH/LANDSMAN (1995), S. 98.

9.2.2 Wertrelevanz im vollständigen Markt

Es wird in diesem Abschnitt neben den Annahmen 9.1 und 9.2 weiterhin vorausgesetzt:

Annahme 9.4 ***(Vollständiger Markt)*** *Der Markt ist vollständig; d.h. es existiert ein eindeutiger Marktwert für jeden der möglichen Umweltzustände.*

Nach BARTH/LANDSMAN ist der relevante Wert eines Asset (einer Liability) in einem vollständigen und arbitragefreien Markt sein (ihr) Marktwert. Setzt man jedes Asset (jede Liability) mit seinem (ihrem) Marktwert an, so ist der Marktwert des Eigenkapitals aus der Bilanz ersichtlich. Die Gewinn- und Verlustrechnung ist zu dessen Bestimmung folglich nicht erforderlich.[17]

Zu den Aussagen von BARTH/LANDSMAN wird im folgenden Stellung genommen. Ziel dieses Absatzes ist es, den relevanten Wert eines Asset in einem vollständigen und arbitragefreien Markt zu ermitteln.

Satz 9.1 ***(Marktwert des Eigenkapitals in einem arbitragefreien und vollständigen Markt)*** *Der Marktwert des Eigenkapitals am Bilanzstichtag t ist in einem arbitragefreien und vollständigen Markt eindeutig und aus der Bilanz ersichtlich:*

$$MVE_f(t) = \sum_{i=1}^{m} MVA_i(t) - \sum_{j=1}^{n} MVL_j(t), \tag{9.1}$$

$$= \sum_{i=1}^{m} MPA_i(t) - \sum_{j=1}^{n} MPL_j(t), \tag{9.2}$$

wobei MVE_f den Marktwert des Eigenkapitals, MVA_i/MPA_i den Marktwert/Marktpreis des Asset i $(i = 1, \dots m)$ und MVL_j/MPL_j den Marktwert/Marktpreis der Liability j $(j = 1, \dots, n)$ des Unternehmens f bezeichnen.[18]

Beweis: Sämtliche Einzahlungen und Auszahlungen des Unternehmens, die nicht an Eigenkapitalgeber oder von Eigenkapitalgebern erfolgen, werden durch die in der Bilanz angesetzten Assets und Liabilities dupliziert. Demnach muß am Bilanzstichtag der Marktwert der Einzahlungen abzüglich der Auszahlungen - also der Marktwert des Eigenkapitals - unter der Annahme der Arbitragefreiheit dem Marktwert der Assets abzüglich dem der Liabilities entsprechen. Aus der Annahme der Vollständigkeit folgt, daß Assets und Liabilities einen eindeutigen Marktwert haben und damit auch der Marktwert des Eigenkapitals eindeutig ist. ■

[17] Vgl. BARTH/LANDSMAN (1995), S. 100.

[18] Da die empirischen Studien zum Thema Wertrelevanz die Notation *MVE*, *MVA*, *MVL* verwenden, wird auf sie auch hier zurückgegriffen.

Im Fall eines arbitragefreien und vollständigen Marktes ist es unerheblich, ob am Bilanzstichtag ein Marktpreis für ein Asset oder eine Liability existiert, da sich Marktpreis und Marktwert in vollständigen und arbitragefreien Märkten entsprechen.[19]

Werden alle zukünftigen Zahlungen des Unternehmens, die nicht an Eigenkapitalgeber oder von Eigenkapitalgebern erfolgen, durch die in der Bilanz angesetzten Assets und Liabilities erzeugt und werden diese Assets und Liabilities zu ihren Marktwerten angesetzt, so ist der Marktwert des Eigenkapitals am Bilanzstichtag aus der Bilanz ersichtlich. Demzufolge ist der Marktwert eines Asset bzw. einer Liability der relevante Wert und BARTH/LANDSMAN ist folglich zuzustimmen.

9.2.3 Wertrelevanz im unvollständigen und im nichtfriktionslosen Markt

9.2.3.1 Darstellung der Aussagen von Barth/Landsman

BARTH/LANDSMAN legen ihren Überlegungen einen Markt zugrunde, der einem "more realistic setting"[20] genügt. BARTH und LANDSMAN folgern, daß der Value-in-Use in diesem Fall grundsätzlich der relevante Wert eines Asset ist.[21]

Sie begründen ihre Entscheidung damit, daß der Value-in-Use eines Financial Asset mehr Informationen über den Marktwert des Eigenkapitals liefert als Entry Value und Exit Value. Der Grund liegt darin, daß der Value-in-Use – im Gegensatz zu den beiden anderen Möglichkeiten – Managementfähigkeiten und Synergieeffekte zwischen den einzelnen Assets widerspiegelt.[22]

BARTH/LANDSMAN geben folgende Wertgrenzen für den Value-in-Use an:[23]

- Im Kaufzeitpunkt des Asset gilt:

$$\textit{Value-in-Use} \geq \textit{Entry Value}. \tag{9.3}$$

- Es ist für ein Asset weiterhin möglich, daß:

$$\textit{Exit Value} > \textit{Value-in-Use} \tag{9.4}$$

[19] In diesem Kapitel wird der Begriff "Wert" im engeren Sinne verstanden (s. Abschnitt 5.3). Damit bezeichnet man einen Wert, der durch ein Bewertungsmodell errechnet wird, als "Wert" und einen solchen, der tatsächlich realisiert wird, als Preis.

[20] Vgl. BARTH/LANDSMAN (1995), S. 98, 99.

[21] Vgl. BARTH/LANDSMAN (1995), S. 101. In diesem Zusammenhang heißt „grundsätzlich", daß auch Entry Value oder Exit Value relevante Werte sein können. Dies sind sie immer dann, wenn der Value-in-Use nicht "hinreichend" gut bestimmt werden kann; vgl. BARTH/LANDSMAN (1995), S. 101.

[22] Vgl. BARTH/LANDSMAN (1995), S. 101.

[23] Vgl. BARTH/LANDSMAN (1995), S. 101.

Aus (9.3) und (9.4) folgt:

$$\textit{Exit Value} > \textit{Entry Value}. \tag{9.5}$$

9.2.3.2 Beurteilung der Aussagen von Barth/Landsman

9.2.3.2.1 Vorbemerkung

Unter einem "realistischeren Marktszenario" verstehen sie einen unvollständigen Markt (incomplete market) und einen Markt, der nichtfriktionslos ist (imperfect market).[24] BARTH/LANDSMAN diskutieren lediglich Transaktionskosten als Friktion des Marktes.[25]

Die Beurteilung der Aussagen von BARTH/LANDSMAN erfolgt daher in zwei Schritten:

- Zunächst wird ein Markt unterstellt, der arbitragefrei, aber nicht vollständig ist.
- In Anschluß daran wird ein Markt zugrunde gelegt, der arbitragefrei, jedoch nichtfriktionslos ist. Es fallen Transaktionskosten an. In diesem Fall wird davon ausgegangen, daß ein Marktpreis für jedes Asset und jede Liability existiert.

9.2.3.2.2 Marktwert des Eigenkapitals im unvollständigen und im nichtfriktionslosen Markt

Zunächst wird neben der Annahme eines arbitragefreien und friktionslosen Marktes (Annahme 9.2) und der Annahme von vollständigen Informationen in der Bilanz (Annahme 9.1) folgende Annahme unterstellt:

Annahme 9.5 ***(Unvollständiger Markt)*** *Der Markt ist unvollständig; d.h. nicht für jedes der Zustandswertpapiere existiert ein eindeutiger Marktwert.*

Ziel ist es, den relevanten Wert oder die relevanten Werte in einem *unvollständigen und arbitragefreien Markt* abzuleiten.

Im vollständigen Markt ist es unerheblich, ob ein Marktpreis für ein Asset oder eine Liability existiert. In diesem Fall entsprechen sich Marktwert und Marktpreis. Im unvollständigen Markt gibt es für einen Teil der Assets und der Liabilities nicht nur einen, sondern mehrere Marktwerte, die dem Grundsatz der Arbitragefreiheit genügen. Existiert in einem unvollständigen Markt ein Marktpreis für ein Asset bzw. eine Liability, so entspricht dieser einem dieser Marktwerte.

Es werden daher zwei Szenarien betrachtet:

[24]Vgl. BARTH/LANDSMAN (1995), S. 103.
[25]Vgl. BARTH/LANDSMAN (1995), S. 99.

- Es existiert am Bilanzstichtag ein Marktpreis für jedes Asset und jede Liability.
- Es existiert kein Marktpreis für mindestens ein Asset oder eine Liability.

Zunächst wird das erste Szenario erörtert. Dieses bedingt:

Annahme 9.6 ***(Existenz von Marktpreisen für jedes Asset und jede Liability in einem friktionslosen Markt)*** *Es existiert am Bilanzstichtag ein Marktpreis* $MPA_i(t)$ *für jedes Asset* i $(i = 1, \ldots, m)$ *und ein Marktpreis* $MPL_j(t)$ *für jede Liability* j $(j = 1, \ldots, n)$.

Satz 9.2 ***(Marktwert des Eigenkapitals in einem arbitragefreien und unvollständigen Markt)*** *Es ist ein unvollständiger Markt, auf dem jedes Asset* i $(i = 1, \ldots, m)$ *und jede Liability* j $(j = 1, \ldots, n)$ *am Bilanzstichtag* t *einen Marktpreis hat, gegeben. Dann gilt für den Marktwert des Eigenkapitals des Unternehmens* f *am Bilanzstichtag* t*:*

$$MVE_f(t) = \sum_{i=1}^{m} MPA_i(t) - \sum_{j=1}^{n} MPL_j(t). \tag{9.6}$$

Beweis: Sämtliche Einzahlungen und Auszahlungen des Unternehmens, die nicht an Eigenkapitalgeber oder von Eigenkapitalgebern erfolgen, werden durch die in der Bilanz angesetzten Assets und Liabilities dupliziert. Demnach muß am Bilanzstichtag der Marktwert der Einzahlungen abzüglich der Auszahlungen – also der Marktwert des Eigenkapitals – unter der Annahme der Arbitragefreiheit dem Marktpreis der Assets abzüglich dem der Liabilities entsprechen. ■

Existieren Marktpreise für die Assets und die Liabilities, so berechnet sich mit Gleichung (9.6) ein eindeutiger Marktwert des Eigenkapitals. Es gilt demnach am Bilanzstichtag t:

$$\textit{Relevanter Wert des Asset } i = MPA_i(t), \tag{9.7}$$

$$\textit{Relevanter Wert der Liability } j = MPL_j(t). \tag{9.8}$$

Im folgenden wird – ohne Beschränkung der Allgemeinheit – zur Vereinfachung der Darstellung davon ausgegangen, daß für keines der Assets i $(i = 1, \ldots, m)$ und für keine der Liabilities j $(j = 1, \ldots, n)$ am Bilanzstichtag ein Marktpreis existiert. Die Annahme der Unvollständigkeit (Annahme 9.5) wird für dieses Szenario spezifiziert:

Annahme 9.7 ***(Wertgrenzen als Kennzeichen des unvollständigen Markts)*** *Der Markt ist unvollständig. Es wird weiterhin angenommen, daß die Unvollständigkeit dergestalt ist, daß die Menge der Marktwerte jedes Asset* i *bzw. jeder Liability* j *am*

Bilanzstichtag t das Intervall zwischen einer Wertobergrenze MVA_i^{ub} *bzw.* MVL_j^{ub} *und einer Wertuntergrenze* MVA_i^{lb} *bzw.* MVL_j^{lb} *ist, d.h. am Bilanzstichtag gilt:*

$$\text{Menge der Marktwerte des Assets } i = \left[MVA_i^{lb}(t), MVA_i^{ub}(t)\right], \tag{9.9}$$

bzw.

$$\text{Menge der Marktwerte der Liabilities } j = \left[MVL_j^{lb}(t), MVL_j^{ub}(t)\right]. \tag{9.10}$$

Satz 9.3 ***(Marktwerte des Eigenkapitals in einem arbitragefreien und unvollständigen Markt)*** *Es ist ein unvollständiger Markt, auf dem die Menge der Marktwerte jedes Asset* i $(i = 1, \dots, m)$ *und die Menge der Marktwerte jeder Liability* j $(j = 1, \dots, n)$ *am Bilanzstichtag t die Intervalle zwischen einer unteren* (MVA^{lb} *bzw.* MVL^{lb}) *und einer oberen* (MVA^{ub} *bzw.* MVL^{ub}) *Wertgrenze sind, gegeben. Dann gilt für die Menge der Marktwerte des Eigenkapitals des Unternehmens f am Bilanzstichtag:*

$$\text{Menge der Marktwerte des Eigenkapitals} = \left[MVE_f^{lb}(t), MVE_f^{ub}(t)\right], \tag{9.11}$$

wobei die untere Grenze des Marktwerts des Eigenkapitals (MVE_f^{lb}) *durch:*

$$MVE_f^{lb}(t) = \sum_{i=1}^{m} MVA_i^{lb}(t) - \sum_{j=1}^{n} MVL_j^{ub}(t) \tag{9.12}$$

und die obere Grenze des Marktwerts des Eigenkapitals (MVE_f^{ub}) *durch*

$$MVE_f^{ub}(t) = \sum_{i=1}^{m} MVA_i^{ub}(t) - \sum_{j=1}^{n} MVL_j^{lb}(t) \tag{9.13}$$

bestimmt ist.

Beweis: Wird für jedes Asset und jede Liability einer der möglichen Marktwerte angesetzt, so folgt ausgehend von der aus dem Grundsatz der Arbitragefreiheit abgeleiteten Bedingung

$$MVE_f(t) = \sum_{i=1}^{m} MVA_i(t) - \sum_{j=1}^{n} MVL_j(t) \tag{9.14}$$

mit (9.9) und (9.10) für den Marktwert des Eigenkapitals die Abschätzung (9.11). Die untere (obere) Wertgrenze ergibt sich, indem die niedrigste (höchste) Summe der Marktwerte der Assets der höchsten (niedrigsten) Summe der Marktwerte der Liabilities gegenübergestellt wird. ■

Abbildung 9.2: Relevanter Wert/Relevante Werte im unvollständigen Markt

Existieren keine Preise für Assets und Liabilities, so zeigt sich mit Satz 9.3, daß sich in einem unvollständigen Markt kein eindeutiger Marktwert des Eigenkapitals ermitteln läßt. Relevant sind in diesem Fall also die Werte von Assets und Liabilities, die Aufschluß über die Menge der dem Grundsatz der Arbitragefreiheit genügenden Marktwerte des Eigenkapitals (9.11) geben. Es gibt daher keinen relevanten Marktwert eines Asset und einer Liability. Das Menge der Marktwerte (9.11) des Eigenkapitals ermittelt sich nur über die Bandbreite der Marktwerte der Assets (9.9) und die Bandbreite der Marktwerte der Liabilities (9.10). Die Mengen dieser Werte sind die relevanten Werte des Asset bzw. der Liability. Es gilt demnach am Bilanzstichtag t:

$$\textit{Relevante Werte des Asset } i = \left[MVA_i^{lb}(t), MVA_i^{ub}(t)\right], \tag{9.15}$$

$$\textit{Relevante Werte der Liability } j = \left[MVL_j^{lb}(t), MVA_j^{ub}(t)\right]. \tag{9.16}$$

Abschließend werden die Ergebnisse durch Abbildung 9.2 zusammengefaßt.

Ziel ist es nun, den relevanten Wert in einem *arbitragefreien, aber nichtfriktionslosen Markt* abzuleiten; es werden daher die Annahmen 9.1 und 9.3 zugrunde gelegt. Es wird weiterhin angenommen, daß Marktpreise existieren:

Annahme 9.8 ***(Existenz von Marktpreisen für jedes Asset und jede Liability in einem nichtfriktionslosen Markt)*** *Es existieren am Bilanzstichtag ein Kaufpreis $MPA_i^{ask}(t)$ und ein Verkaufspreis $MPA_i^{bid}(t)$ für jedes Asset i $(i = 1, \ldots, m)$ und ein Preis für die Begleichung $MPL_j^{ask}(t)$ und die Aufnahme $MPL_j^{bid}(t)$ jeder Liability j $(j = 1, \ldots, n)$.*

Satz 9.4 ***(Marktwert des Eigenkapitals in einem arbitragefreien und nichtfriktionslosen Markt)*** *Es ist ein nichtfriktionsloser Markt, auf dem jedes Asset i ($i = 1, \ldots, m$) und jede Liability j ($j = 1, \ldots, n$) am Bilanzstichtag t einen Kauf- und einen Verkaufspreis haben, gegeben. Dann gilt für den Marktwert des Eigenkapitals aus der Sicht eines Käufers eines Unternehmens f am Bilanzstichtag t*

$$MVE_f^{ask}(t) = \sum_{i=1}^{m} MPA_i^{ask}(t) - \sum_{j=1}^{n} MPL_j^{bid}(t) \tag{9.17}$$

und aus der Sicht eines Verkäufers eines Unternehmens f

$$MVE_f^{bid}(t) = \sum_{i=1}^{m} MPA_i^{bid}(t) - \sum_{j=1}^{n} MPL_j^{ask}(t). \tag{9.18}$$

Beweis: Werden am Bilanzstichtag die in der Bilanz angesetzten Assets gekauft und die in der Bilanz angesetzten Liabilities eingegangen, so werden sämtliche zukünftige mit dem Kauf des Unternehmens verbundene Einzahlungen und Auszahlungen des Unternehmens, die nicht an Eigenkapitalgeber oder von Eigenkapitalgebern erfolgen, erzeugt. Aus der Annahme der Arbitragefreiheit folgt (9.17). Werden am Bilanzstichtag die in der Bilanz angesetzten Assets verkauft und die in der Bilanz angesetzten Liabilities zurückgezahlt, so muß - unter der Annahme der Arbitragefreiheit - der gleiche Nettozahlungszufluß bzw. -abfluß generiert werden wie beim Verkauf des Unternehmens. Damit folgt (9.18). ■

Wird jedes dieser Assets bzw. jede der Liabilities zu seinem bzw. ihrem Marktpreis $MPA_i^{ask}(t)$ ($MPA_i^{bid}(t)$) bzw. $MPL_j^{bid}(t)$ ($MPL_j^{ask}(t)$) angesetzt, so ist der Marktwert des Eigenkapitals am Bilanzstichtag aus der Sicht eines Käufers (aus der Sicht des Verkäufers) einer Unternehmung aus der Bilanz ersichtlich. Es gelten demnach am Bilanzstichtag t aus der Sicht des Käufers eines Unternehmens die Beziehungen:

$$\begin{aligned} &\textit{Relevanter Wert des Asset i aus Sicht} \\ &\quad \textit{des Käufers eines Unternehmens} = MPA_i^{ask}(t), \end{aligned} \tag{9.19}$$

$$\begin{aligned} &\textit{Relevanter Wert der Liability j aus Sicht} \\ &\quad \textit{des Käufers eines Unternehmens} = MPL_j^{bid}(t), \end{aligned} \tag{9.20}$$

und aus der Sicht des Verkäufers die Beziehungen:

$$\begin{aligned} &\textit{Relevanter Wert des Asset i aus Sicht} \\ &\quad \textit{des Verkäufers eines Unternehmens} = MPA_i^{bid}(t), \end{aligned} \tag{9.21}$$

$$\begin{aligned} &\textit{Relevanter Wert der Liability j aus Sicht} \\ &\quad \textit{des Verkäufers eines Unternehmens} = MPL_j^{ask}(t). \end{aligned} \tag{9.22}$$

Die Ergebnisse sind in Abbildung 9.3 dargestellt.

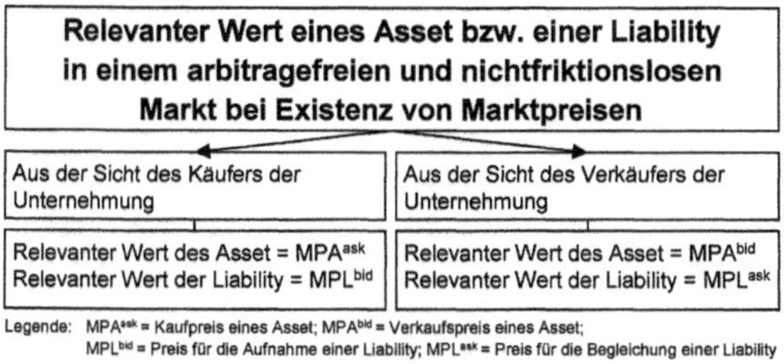

Abbildung 9.3: Relevanter Wert im nichtfriktionslosen Markt

9.2.3.2.3 Value-in-Use und seine Wertrelevanz im unvollständigen und im nichtfriktionslosen Markt

Diesem Abschnitt liegen drei Definitionen des Value-in-Use zugrunde.

Zum einen wird die Charakterisierung des Value-in-Use von BARTH/LANDSMAN übernommen: Der Value-in-Use spiegelt den Wert wider, den das Management einer Unternehmung dem Asset bzw. der Liability dieser Unternehmung im Hinblick auf seinen bzw. ihren Beitrag zum Marktwert des Eigenkapitals beimißt.[26] Der Value-in-Use eines Asset ist der Kapitalbarwert der mit dem Asset verbundenen Einzahlungsüberschüsse; der Value-in-Use einer Liability ist der Kapitalbarwert der mit der Begleichung der Liability verbundenen Auszahlungen.[27] Ordnet man den so definierten Value-in-Use in das in Abschnitt 5.3 entwickelte Raster ein, so ist der Value-in-Use – wie in Abbildung 9.4 dargestellt – ein individualisierter Wert ohne direkten Marktbezug.[28]

Die zweite und dritte Bestimmung des Begriffs "Value-in-Use" schränken die erste Definition des Value-in-Use durch eine zusätzliche Bedingung ein:

- Der Value-in-Use spiegelt den Wert wider, den das Management einer Unternehmung dem Asset bzw. der Liability dieser Unternehmung im Hinblick auf seinen bzw. ihren Beitrag zum Marktwert des Eigenkapitals *unter der Fiktion eines*

[26] Vgl. BARTH/LANDSMAN (1995), S. 99 i.V.m. S. 102. Vergleicht man diese Charakterisierung des Value-in-Use mit der Definition des Teilwerts, so gibt es einen wesentlichen Unterschied: Der Beitrag des einzelnen Asset bzw. der einzelnen Liability zum Marktwert des Eigenkapitals wird nicht aus der Sicht eines fiktiven Erwerbers, sondern aus Sicht des Managements ermittelt.

[27] Vgl. BARTH/LANDSMAN (1995), S. 101, 104.

[28] Die Ermittlung der Einzahlungsüberschüsse erfordert die Einschätzung der Umsätze und damit auch der zukünftigen Preise. Damit hat der Value-in-Use also einen Marktbezug. Dieser ist jedoch lediglich indirekt, denn der Value-in-Use ist nach dieser Definition kein Austauschwert, sondern eine Funktion von Austauschwerten.

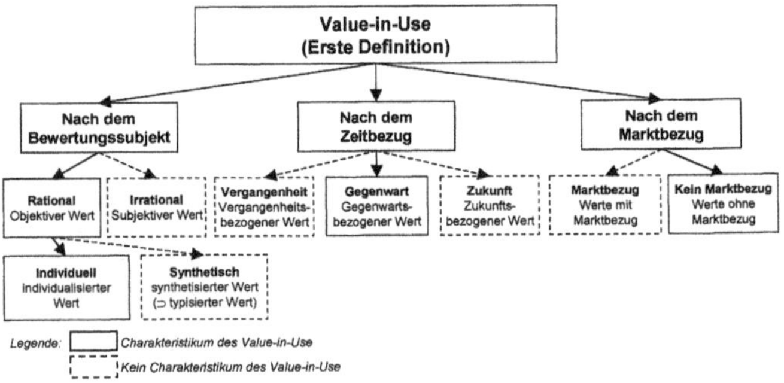

Abbildung 9.4: Erste Definition des Value-in-Use

Unternehmenskaufs durch Dritte beimessen kann.[29]

- Der Value-in-Use spiegelt den Wert wider, den das Management einer Unternehmung dem Asset bzw. der Liability dieser Unternehmung im Hinblick auf seinen bzw. ihren Beitrag zum Marktwert des Eigenkapitals *unter der Fiktion eines Unternehmensverkaufs beimessen kann.*

Ordnet man die so definierten Werte in das in Abschnitt 5.3 entwickelte Raster ein, so läßt sich der Value-in-Use - wie in Abbildung 9.5 dargestellt - als individualisierter Wert mit direktem Marktbezug charakterisieren. Die zweite und die dritte Definition des Value-in-Use entsprechen sich für den Fall, daß keine Transaktionskosten anfallen; dann stimmen Entry Value und Exit Value überein.

Bevor der Value-in-Use mit dem relevanten Wert bzw. mit den relevanten Werten verglichen wird, wird er zunächst *konkretisiert.* Im weiteren ist es unerheblich, wie das Management den Value-in-Use im einzelnen ermittelt. Diesem Abschnitt wird folgende Annahme zugrunde gelegt.

Annahme 9.9 ***(Existenz eines Value-in-Use)*** *Das Management ordnet jedem Asset und jeder Liability einen Value-in-Use zu.*

Es stellt sich zunächst das Problem, in welcher Beziehung der Value-in-Use zu den Marktpreisen bzw. Marktwerten von Assets und Liabilities in einem *arbitragefreien und unvollständigen* Markt steht. Es werden zwei Szenarien betrachtet:

[29]Die Erwerberfiktion ist nun Bestandteil der Charakterisierung des Value-in-Use. Damit sind die Überlegungen zu den Teilwertgrenzen auch auf den Value-in-Use übertragbar. Die Teilwertgrenzen sind z.B. bei MUJKANOVIC dargestellt; vgl. MUJKANOVIC (1994), S. 39 f., S. 60.

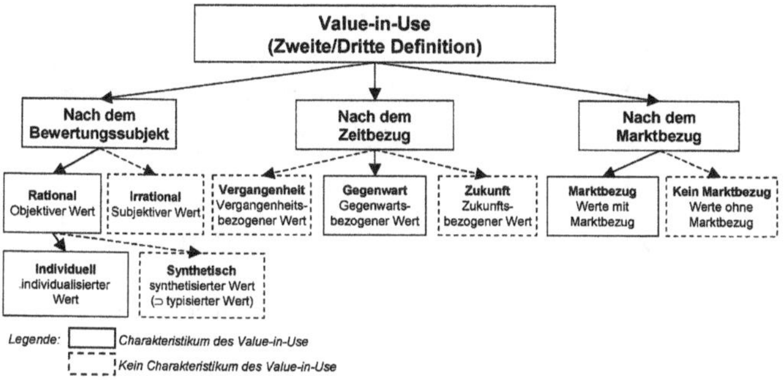

Abbildung 9.5: Zweite/Dritte Definition des Value-in-Use

- Es existiert am Bilanzstichtag ein Marktpreis für das Asset und die Liability.
- Es existiert am Bilanzstichtag kein Marktpreis für das Asset oder die Liability.

Zunächst wird das erste Szenario erörtert: Es werden die Annahmen 9.1, 9.2, 9.5 und 9.6 unterstellt.

Satz 9.5 ***(Wertuntergrenze des Value-in-Use eines Asset im arbitragefreien und unvollständigen Markt bei Existenz von Marktpreisen)*** *Es ist ein unvollständiger Markt, auf dem jedes Asset i $(i = 1, \ldots, m)$ am Bilanzstichtag t einen Marktpreis MPA_i hat, gegeben. Dann gilt für den Value-in-Use des Asset i am Bilanzstichtag t:*

$$\textit{Value-in-Use des Asset } i \textit{ am Bilanzstichtag} \geq MPA_i\,(t)\,. \tag{9.23}$$

Beweis: Entprechend Annahme 3.1 agieren rationale Marktteilnehmer auf dem Finanzmarkt. Rationale Marktteilnehmer nutzen alle Möglichkeiten aus, ihren Konsum zu erhöhen. Ist der

$$\textit{Value-in-Use des Asset } i \textit{ am Bilanzstichtag} < MPA_i\,(t)\,,$$

so wird der rationale Marktteilnehmer das Asset verkaufen. Daher gilt (9.23). ■

Die Wertuntergrenze des Value-in-Use eines Asset ist folglich der Marktpreis dieses Asset. Die Wertobergrenze des Value-in-Use einer Liability ist der Marktpreis dieser Liability. Dies wird mit Satz 9.6 gezeigt.

Satz 9.6 ***(Wertobergrenze des Value-in-Use einer Liability im arbitragefreien und unvollständigen Markt bei Existenz von Marktpreisen)*** *Es ist ein unvollständiger Markt, auf dem jede Liability j ($j = 1, \ldots, n$) am Bilanzstichtag t einen Marktpreis hat, gegeben. Dann gilt für den Value-in-Use der Liability j am Bilanzstichtag t:*

$$\textit{Value-in-Use der Liability } j \textit{ am Bilanzstichtag} \leq MPL_j(t)\,. \tag{9.24}$$

Beweis: Entprechend Annahme 3.1 agieren rationale Marktteilnehmer auf dem Finanzmarkt. Rationale Marktteilnehmer nutzen alle Möglichkeiten aus, ihren Konsum zu erhöhen. Ist der

$$\textit{Value-in-Use der Liability } j \textit{ am Bilanzstichtag} > MPL_j(t)\,,$$

so ist der Wert der Liability für das Unternehmen geringer als der Marktwert, d.h. der aus Unternehmenssicht ermittelte Kapitalbarwert der Liability ist höher als der Rückzahlungsbetrag am Bilanzstichtag t; in diesem Fall wird ein rationales Unternehmen die Liability am Bilanzstichtag zurückzahlen. Daher gilt (9.24). ■

Es stellt sich die Frage, ob der Value-in-Use eines Asset (einer Liability) auch eine Wertobergrenze (Wertuntergrenze) hat, die sich aus dem Marktpreis dieses Asset (dieser Liability) ableiten läßt. Dies ist zu verneinen, wenn keine weiteren Bedingungen eingeführt werden. Der Grund liegt darin, daß der Value-in-Use die Wertschätzung widerspiegelt, die das Management dem Asset und der Liability beimißt. Wird jedoch eine weitere Bedingung an den Value-in-Use gestellt, so ist eine Wertobergrenze bzw. eine Wertuntergrenze ableitbar. Spiegelt der Value-in-Use den Wert wider, den das Management einer Unternehmung dem Asset bzw. der Liability dieser Unternehmung im Hinblick auf seinen bzw. ihren Beitrag zum Marktwert des Eigenkapitals *unter der Fiktion eines Unternehmenskaufs/Unternehmensverkaufs beimessen kann*, so ist die Wertobergrenze eines Asset der Marktpreis des Asset und die Wertuntergrenze einer Liability der Marktpreis der Liability und mit (9.23) bzw. (9.24) ist der Value-in-Use eines Asset bzw. einer Liability demzufolge der Marktpreis. Dies wird im folgenden gezeigt.

Satz 9.7 ***(Value-in-Use eines Asset im arbitragefreien und unvollständigen Markt bei Existenz von Marktpreisen)*** *Es ist ein unvollständiger Markt, auf dem jedes Asset i ($i = 1, \ldots, m$) am Bilanzstichtag t einen Marktpreis MPA_i hat, gegeben. Dann gilt für den Value-in-Use des Asset i am Bilanzstichtag t:*

$$\textit{Value-in-Use des Asset } i \textit{ am Bilanzstichtag} = MPA_i(t)\,. \tag{9.25}$$

Beweis: Ein rationaler Erwerber der Unternehmung wird für das Asset i am Bilanzstichtag nie mehr als den Marktpreis MPA_i zahlen. Andernfalls wäre es für ihn günstiger, das Unternehmen ohne Asset i zu kaufen und das Asset i über den Markt zu beziehen. Mit (9.23) folgt (9.25). ∎

Satz 9.8 ***(Value-in-Use einer Liability im arbitragefreien und unvollständigen Markt bei Existenz von Marktpreisen)*** *Es ist ein unvollständiger Markt, auf dem jede Liability j $(j = 1, \dots, n)$ am Bilanzstichtag t einen Marktpreis hat, gegeben. Dann gilt für den Value-in-Use der Liability j am Bilanzstichtag t:*

$$\text{Value-in-Use der Liability } j \text{ am Bilanzstichtag} = MPL_j(t). \tag{9.26}$$

Beweis: Ein rationaler Erwerber der Unternehmung wird die Liability j am Bilanzstichtag mindestens mit ihrem Marktpreis bewerten. Andernfalls wäre es für ihn günstiger, das Unternehmen ohne Liability j zu kaufen und die Liability j dann selbst einzugehen. Mit (9.24) folgt (9.26). ∎

In dem Fall, in dem der Value-in-Use dem Marktpreis entspricht, gibt es für das Unternehmen keinen Anreiz, Assets zu halten oder Liabilities einzugehen. Im folgenden wird - ohne Beschränkung der Allgemeinheit - zur Vereinfachung der Darstellung davon ausgegangen, daß für keines der Asset i $(i = 1, \dots, m)$ und für keine der Liabilities j $(j = 1, \dots, n)$ am Bilanzstichtag ein Marktpreis existiert. Es werden die Annahmen 9.1, 9.2 und 9.7 unterstellt. Die Frage ist, ob ein Zusammenhang zwischen dem Value-in-Use eines Asset und einer Liability und der Menge der dem Grundsatz der Arbitragefreiheit genügenden Marktwerte hergeleitet werden kann.

Die Frage ist, ob die im ersten Szenario hergeleitete Wertuntergrenze für ein Asset (Satz 9.5) und die Wertobergrenze für eine Liability (Satz 9.6) auch auf die veränderten Annahmen übertragbar sind. Dies ist zu verneinen. Es ist zwar richtig, daß ein rationaler Unternehmer das Asset am Bilanzstichtag verkaufen möchte, wenn der Value-in-Use kleiner als die Wertuntergrenze des Assets i ist, also wenn die Beziehung

$$\text{Value-in-Use des Asset } i \text{ am Bilanzstichtag} < MVA_i^{lb}(t)$$

gilt. Die Voraussetzung dafür, daß er seinen Konsum erhöhen kann, ist jedoch, daß er das Asset verkaufen kann. Da für das Asset kein Marktpreis existiert, wird das Asset am Bilanzstichtag folglich nicht gehandelt. Die Überlegung ist auf die mit Satz 9.6 ermittelte Wertobergrenze für Liabilities übertragbar. Hat ein Unternehmer eine Schuldverschreibung begeben und ist am Bilanzstichtag der

$$\text{Value-in-Use der Liability } j \text{ am Bilanzstichtag} > MVL_j^{ub}(t),$$

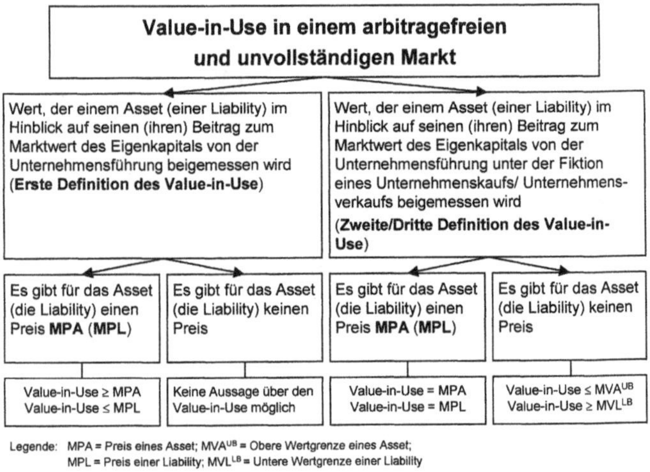

Abbildung 9.6: Value-in-Use in einem unvollständigen Markt

dann möchte der Unternehmer, seine Liability, die Schuldverschreibung, zurückzahlen. Doch auch in diesem Fall ist es ihm – unter der Annahme, daß kein Marktpreis für die Liability existiert – nicht möglich, dies zu tun. Fazit ist, daß man unter der Annahme, daß keine Marktpreise für Assets und Liabilities existieren, keine Aussage darüber treffen kann, wie der Value-in-Use zu der Menge der Marktwerte in Beziehung steht.

Im folgenden wird von der zweiten bzw. dritten Definition des Value-in-Use ausgegangen. Diese Definition geht von der Fiktion eines Unternehmenskaufs/ Unternehmensverkaufs aus. Der fiktive Erwerber wird das Unternehmen maximal zu der Wertobergrenze des Marktwerts des Eigenkapitals erwerben. Es folgt mit (9.13), daß er das Asset maximal zu dessen Wertobergrenze MVA^{ub} und die Liability minimal zu deren Untergrenze MVL^{lb} bewertet. Damit ergibt sich für den im Sinne der zweiten Definition verstandenen Value-in-Use:

$$\textit{Value-in-Use des Asset } i \textit{ am Bilanzstichtag} \leq MVA_i^{ub}(t) \tag{9.27}$$

und

$$\textit{Value-in-Use der Liability } j \textit{ am Bilanzstichtag} \geq MVL_j^{lb}(t)\,. \tag{9.28}$$

Die Aussagen werden abschließend in Abbildung 9.6 dargestellt.

Im folgenden wird der Value-in-Use mit den relevanten Werten *verglichen.*

Zunächst wird davon ausgegangen, daß ein Marktpreis für ein Asset bzw. eine Liability existiert. Es werden also die Annahmen 9.5 und 9.6 zugrunde gelegt. Vergleicht man Abbildung 9.2 mit Abbildung 9.6, so erkennt man, daß lediglich in dem Fall, in dem die zweite/dritte Definition des Value-in-Use berücksichtigt wird, Übereinstimmung zwischen dem relevanten Wert, dem Marktpreis, und dem Value-in-Use besteht. In diesem Fall ist BARTH/LANDSMAN also zuzustimmen. Geht man von der ersten Definition des Value-in-Use aus, so kann der Value-in-Use dem Marktpreis entsprechen; er muß ihm aber nicht entsprechen. In diesem Fall ist der Vorschlag von BARTH/LANDSMAN, Assets und Liabilities mit ihrem Value-in-Use zu bewerten, also abzulehnen.

Zu dem gleichen Schluß kommt man, wenn davon ausgegangen wird, daß kein Marktpreis für ein Asset bzw. eine Liability existiert. Es wird also Annahme 9.7 unterstellt. Auch hier entsprechen sich der Value-in-Use, der als eindeutiger Wert eines Asset bzw. einer Liability definiert ist, und die relevanten Werte, die die Menge aller Werte eines Intervalls sind, nicht. Für beide Definitionen des Value-in-Use gilt, daß der Value-in-Use ein Wert der relevanten Werte sein kann, aber nicht sein muß.

Es stellt sich nun die Frage, in welcher Beziehung der Value-in-Use zu den Marktpreisen bzw. Marktwerten von Assets und Liabilities in einem *arbitragefreien und nichtfriktionslosen* Markt steht. Dabei werden die Annahmen 9.1, 9.3 und 9.8 unterstellt.

Die folgenden Überlegungen gehen von der ersten Definition des Value-in-Use aus.

Satz 9.9 ***(Wertuntergrenze des Value-in-Use eines Asset im arbitragefreien und nichtfriktionslosen Markt bei Existenz von Marktpreisen)*** *Es ist ein arbitragefreier und nichtfriktionsloser Markt, auf dem jedes Asset i ($i = 1, \ldots, m$) am Bilanzstichtag t einen Kaufpreis MPA_i^{ask} und einen Verkaufspreis MPA_i^{bid} hat, gegeben. Dann gilt für den Value-in-Use des Asset i im Zugangszeitpunkt t^*:*

$$\textit{Value-in-Use des Asset i im Zugangszeitpunkt} \geq MPA_i^{ask}(t^*) \tag{9.29}$$

und am Bilanzstichtag t, der nicht dem Zugangszeitpunkt entspricht:

$$\textit{Value-in-Use des Asset i am Bilanzstichtag} \geq MPA_i^{bid}(t)\,. \tag{9.30}$$

Beweis: Entprechend Annahme 3.1 agieren rationale Marktteilnehmer auf dem Finanzmarkt. Rationale Marktteilnehmer nutzen alle Möglichkeiten aus, ihren Konsum zu erhöhen. Ist der

$$\textit{Value-in-Use des Asset i im Zugangszeitpunkt} < MPA_i^{ask}(t^*)\,,$$

so wird der rationale Marktteilnehmer das Asset nicht kaufen. Ist der

$$\textit{Value-in-Use des Asset i am Bilanzstichtag} < MPA_i^{bid}(t)\,,$$

so wird er das Asset verkaufen. Daher gelten (9.29) bzw. (9.30). ∎

Die von BARTH/LANDSMAN abgeleitete Beziehung (9.4) widerspricht damit der Beziehung (9.30) und ist daher mit der Annahme von am Markt handelnden rationalen Marktteilnehmern (Annahme 3.1) nicht vereinbar.

Satz 9.10 ***(Wertobergrenze des Value-in-Use einer Liability im arbitragefreien und nichtfriktionslosen Markt bei Existenz von Marktpreisen)*** *Es ist ein arbitragefreier und nichtfriktionsloser Markt, auf dem am Bilanzstichtag t ein Preis für die Rückzahlung* $MPL_j^{ask}(t)$ *und ein Preis für die Aufnahme* $MPL_j^{bid}(t)$ *jeder Liability j* $(j = 1, \ldots, n)$ *existieren, gegeben. Dann gilt für den Value-in-Use der Liability j am Bilanzstichtag t:*

$$\textit{Value-in-Use der Liability j am Bilanzstichtag} \leq MPL_j^{ask}(t)\,. \tag{9.31}$$

Beweis: Entprechend Annahme 3.1 agieren rationale Marktteilnehmer auf dem Finanzmarkt. Rationale Marktteilnehmer nutzen alle Möglichkeiten aus, ihren Konsum zu erhöhen. Ist der

$$\textit{Value-in-Use der Liability j am Bilanzstichtag} > MPL_j^{ask}(t)\,,$$

so wird der rationale Marktteilnehmer die Liability zurückzahlen und sie demzufolge nicht mehr in der Bilanz ansetzen. Daher gilt (9.31). ∎

Es stellt sich die Frage, ob der Value-in-Use eines Asset (einer Liability) auch eine Wertobergrenze (Wertuntergrenze) hat, die sich aus den Marktpreisen dieses Asset (dieser Liability) ableiten läßt. Um diese zu ermitteln, wird die zweite Definition des Value in Use den Überlegungen zugrunde gelegt.

Satz 9.11 ***(Wertunter- und Wertobergrenze des Value-in-Use eines Asset aus Käufersicht im arbitragefreien und nichtfriktionslosen Markt bei Existenz von Marktpreisen)*** *Es ist ein arbitragefreier und nichtfriktionsloser Markt, auf dem jedes Asset i* $(i = 1, \ldots, m)$ *am Bilanzstichtag t einen Kaufpreis* $MPA_i^{ask}(t)$ *und einen Verkaufspreis* $MPA_i^{bid}(t)$ *hat, gegeben. Dann gilt für den Value-in-Use des Asset i aus Sicht des Käufers der Unternehmung am Bilanzstichtag t, der nicht dem Zugangszeitpunkt entspricht:*

$$MPA_i^{bid}(t) \leq \textit{Value-in-Use des Asset i am Bilanzstichtag} \leq MPA_i^{ask}(t)\,. \tag{9.32}$$

Beweis: Ein rationaler Erwerber der Unternehmung wird für das Asset i am Bilanzstichtag nie mehr als den Marktpreis $MPA_i^{ask}(t)$ zahlen. Andernfalls wäre es für ihn günstiger, das Unternehmen ohne Asset i zu kaufen und das Asset i über den Markt zu beziehen. Mit dieser Einschränkung folgt für (9.30) die Beziehung (9.32). ∎

Satz 9.12 ***(Wertunter- und Wertobergrenze des Value-in-Use einer Liability aus Käufersicht im arbitragefreien und nichtfriktionslosen Markt bei Existenz von Marktpreisen)*** *Es ist ein arbitragefreier und nichtfriktionsloser Markt, auf dem am Bilanzstichtag t ein Preis für die Rückzahlung $MPL_j^{ask}(t)$ und ein Preis für die Aufnahme $MPL_j^{bid}(t)$ jeder Liability j $(j = 1, \ldots, n)$ existieren, gegeben. Dann gilt für den Value-in-Use der Liability j am Bilanzstichtag t:*

$$MPL_j^{bid}(t) \leq \textit{Value-in-Use der Liability } j \textit{ am Bilanzstichtag} \leq MPL_j^{ask}(t)\,. \qquad (9.33)$$

Beweis: Ein rationaler Erwerber der Unternehmung wird die Liability j am Bilanzstichtag mindestens mit ihrem Marktpreis $MPL_j^{bid}(t)$ bewerten. Andernfalls wäre es für ihn günstiger, das Unternehmen ohne Liability j zu kaufen und die Liability j dann selbst einzugehen. Mit dieser Einschränkung folgt für (9.31) die Beziehung (9.33).
∎

Wird die dritte Definition des Value-in-Use unterstellt, so lassen sich die Sätze 9.13 und 9.14 ableiten:

Satz 9.13 ***(Wertunter- und Wertobergrenze des Value-in-Use eines Asset aus Verkäufersicht im arbitragefreien und nichtfriktionslosen Markt bei Existenz von Marktpreisen)*** *Es ist ein arbitragefreier und nichtfriktionsloser Markt, auf dem jedes Asset i $(i = 1, \ldots, m)$ am Bilanzstichtag t einen Kaufpreis $MPA_i^{ask}(t)$ und einen Verkaufspreis $MPA_i^{bid}(t)$ hat, gegeben. Dann gilt für den Value-in-Use des Asset i am Bilanzstichtag t:*

$$\textit{Value-in-Use des Asset } i \textit{ am Bilanzstichtag} = MPA_i^{bid}(t)\,. \qquad (9.34)$$

Beweis: Ein Verkäufer der Unternehmung wird für das Asset i am Bilanzstichtag gemäß Annahme 3.1 nicht mehr als den Marktpreis MPA_i^{bid} erhalten. Mit dieser Einschränkung folgt für (9.30) die Beziehung (9.34). ∎

Satz 9.14 ***(Wertunter- und Wertobergrenze des Value-in-Use einer Liability aus Verkäufersicht im arbitragefreien und nichtfriktionslosen Markt bei Existenz von Marktpreisen)*** *Es ist ein arbitragefreier und nichtfriktionsloser Markt, auf dem am Bilanzstichtag t ein Preis für die Rückzahlung $MPL_j^{ask}(t)$ und ein Preis*

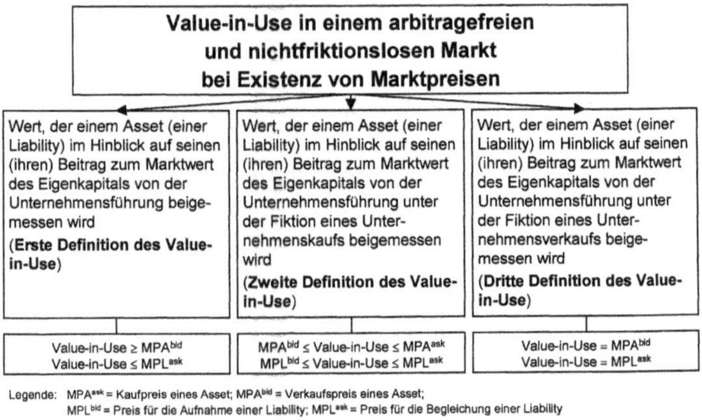

Abbildung 9.7: Value-in-Use in einem arbitragefreien und nichtfriktionslosen Markt

für die Aufnahme $MPL_j^{bid}(t)$ *jeder Liability* j $(j = 1, \ldots, n)$ *existieren, gegeben. Dann gilt für den Value-in-Use der Liability* j *am Bilanzstichtag* t*:*

$$\textit{Value-in-Use der Liability } j \textit{ am Bilanzstichtag} = MPL_j^{ask}(t) \tag{9.35}$$

Beweis: Ein Verkäufer der Unternehmung wird die Liability j am Bilanzstichtag gemäß Annahme 3.1 immer nur zum Marktpreis $MPL_j^{ask}(t)$ zurückführen können. Mit dieser Einschränkung folgt für (9.31) die Beziehung (9.35). ■

Die Ergebnisse werden abschließend durch Abbildung 9.7 dargestellt.

Im folgenden wird der Value-in-Use mit den relevanten Werten *verglichen.* Dabei werden die Abbildungen 9.3 und 9.7 gegenübergestellt.

Zunächst wird von den ersten beiden Definitionen des Value-in-Use ausgegangen. Vergleicht man den durch Beziehung (9.30) bzw. (9.32) ((9.31) bzw. (9.33)) bestimmten Value-in-Use eines Asset (einer Liability) mit dem relevanten Wert eines Asset (einer Liability) aus Sicht eines fiktiven Käufers des Unternehmens MPA_i^{ask} (MPL_j^{bid}), so stellt man fest, daß der Value-in-Use dem relevanten Wert entprechen kann, aber nicht entsprechen muß. Der Ansicht von Barth/Landsman, daß der relevante Wert der Value-in-Use ist, ist folglich nicht zuzustimmen.

Nun wird die erste und die dritte Definition betrachtet. Bei einer Gegenüberstellung von (9.30) und (9.21) bzw. (9.31) und (9.22) erkennt man, daß diese Beziehungen nicht übereinstimmen. Der nach der ersten Definition bestimmte Value-in-Use ist mit dem relevanten Wert aus Verkäufersicht folglich nicht identisch; Barth/Landsman ist also nicht zuzustimmen. Legt man die dritte Definition des Value-in-Use zugrunde, so zeigt ein Vergleich von Beziehung (9.21) mit (9.34) bzw. von Beziehung (9.22) mit (9.35), daß sich Value-in-Use eines Asset (einer Liability) und relevanter Wert eines Asset (einer Liability) entsprechen. In diesem Fall ist BARTH/LANDSMAN also recht zu geben.

9.2.4 Beurteilung des Bewertungskonzepts des IASC aus theoretischer Sicht

9.2.4.1 Vorbemerkung

Es stellt sich die Frage, ob der im Discussion Paper und IAS 39 definierte Fair Value eines Aktienoptionsrechts Aufschluß über den Marktwert des Eigenkapitals gibt. Es geht hier also um das Problem, ob der Fair Value ein relevanter Wert ist. Zur Beantwortung dieser Frage wird auf die zwei Szenarien zurückgegriffen, die der theoretischen Analyse des relevanten Werts von BARTH/LANDSMAN zugrunde liegen:[30]

- Der Markt ist arbitragefrei und vollständig.
- Der Markt ist arbitragefrei und unvollständig.

9.2.4.2 Fair Value und seine Wertrelevanz im vollständigen Markt

Den Überlegungen in diesem Abschnitt liegen die Annahmen und Aussagen des Abschnitts 9.2.2 zugrunde. In einem arbitragefreien und vollständigen Markt ist der relevante Wert eines Asset der Marktwert bzw. der Marktpreis. Da der Fair Value der Marktwert bzw. der Maktpreis in einem vollständigen und arbitragefreien Markt ist, ist er der relevante Wert.

9.2.4.3 Fair Value und seine Wertrelevanz im unvollständigen Markt

Den Überlegungen in diesem Abschnitt liegen die Annahme eines arbitragefreien und unvollständigen Marktes und die Annahme vollständiger Information (Annahme 9.1) in der Bilanz zugrunde.

Es werden zwei Szenarien diskutiert:

- Es existiert am Bilanzstichtag kein Marktpreis für jedes Asset und jede Liability.
- Es existiert am Bilanzstichtag ein Marktpreis für jedes Asset und jede Liabilitiy.

[30] Vgl. Kapitel 9.2.3.2.1.

Zunächst wird das erste Szenario diskutiert: Es wird die Annahme 9.7 unterstellt. In diesem Fall sind die relevanten Werte eines Asset gemäß (9.15) die Gesamtheit aller Marktwerte zwischen einer Untergrenze (einschließlich) und einer Obergrenze (einschließlich). Entsprechend des achten Kapitels wird der Fair Value eines Asset in einem unvollständigen Markt durch ein Bewertungsmodell bestimmt; für Aktienoptionen ist dies z.B. das Binomialmodell. Die Bewertung erfolgt also unter der Fiktion eines vollständigen Marktes. Das Ergebnis dieser Bewertung ist ein eindeutiger Wert. Offensichtlich kann der eindeutige Wert, Fair Value, nicht den relevanten Werten entsprechen.

Es stellt sich die Frage, in welcher Beziehung der ermittelte Fair Value zu den relevanten Werten steht. Im folgenden wird für eine im unvollständigen Markt gehandelte Aktienoption im Rahmen eines Einperiodenmodells[31] gezeigt, daß ihre Bewertung unter der Fiktion des vollständigen Marktes zur Konsequenz hat, daß bewußt auf am Markt vorhandene Informationen verzichtet wird. Es ergibt sich, daß der Fair Value einer Aktienoption nicht relevant ist. Für den Beweis wird auf die Notation des dritten Kapitels zurückgegriffen. Die Annahme der Unvollständigkeit wird durch Annahme 9.10 spezifiziert:

Annahme 9.10 ***(Existenz einer Aktie und einer risikolosen Anleihe)*** *Es werden zwei Wertpapiere auf dem Kapitalmarkt gehandelt, die Aktie und eine risikolose Anleihe mit Nennwert 1, die in T verzinst zu $R := (1+r)$ zurückgezahlt wird. Ausgehend vom Aktienkurs $S(0)$ im Zeitpunkt $t = 0$ kann die Aktie im Zeitpunkt $t = T$ zu drei möglichen Kursen $uS(0)$, $vS(0)$ und $dS(0)$ mit $u > v > d$ notieren. Es gibt also drei konstante Parameter u, v und d mit $(0 < d < 1 + r < u)$, die die Aktienkursentwicklung beschreiben. Die Aktiengesellschaft schüttet keine Dividenden aus.*

Satz 9.15 ***(Beziehung zwischen den relevanten Werten und Fair Value)*** *Gegeben sei ein arbitragefreier unvollständiger Markt für Aktienoptionen, auf dem die relevanten Marktwerte einer Aktienoption im Bilanzstichtag $t = 0$ alle Werte zwischen einer Wertobergrenze $C^{ub}(0)$ und einer Wertuntergrenze $C^{lb}(0)$ sind; d.h. die relevanten Werte der Aktienoption sind $\left]C^{lb}(0), C^{ub}(0)\right[$. Dann entspricht der Fair Value einer Aktienoption im Zeitpunkt $t = 0$ einer der Wertgrenzen. Es gilt:*

$$\text{Fair Value} = C^{lb}(0) \quad \text{oder} \quad \text{Fair Value} = C^{ub}(0). \tag{9.36}$$

Beweis: Nach Auflösung des Gleichungssystems

$$\begin{aligned} S(0) &= \pi_{1,0,0} uS(0) + \pi_{0,1,0} vS(0) + \pi_{0,0,1} dS(0) \\ 1 &= \pi_{1,0,0} R + \pi_{0,1,0} R + \pi_{0,0,1} R \end{aligned}$$

[31] O.B.d.A. wird zur Vereinfachung der Darstellung von einem Mehrperiodenmodell abgesehen.

folgt:

$$\pi_{1,0,0} = \frac{R-d}{(u-d)R} - \frac{v-d}{u-d}\pi_{0,1,0},$$
$$\pi_{0,0,1} = \frac{R-u}{(d-u)R} - \frac{v-u}{d-u}\pi_{0,1,0}$$

und mit den Bedingungen $0 < \pi_{1,0,0} < 1$ und $0 < \pi_{0,0,1} < 1$ und $0 < \pi_{0,1,0} < 1$ folgt für die Abschätzung von $\pi_{0,1,0}$:

$$0 < \pi_{0,1,0} < \frac{R-d}{(v-d)R} \qquad \text{falls} \quad u > v > R > d, \tag{9.37}$$

$$0 < \pi_{0,1,0} < \frac{u-R}{(u-v)R} \qquad \text{falls} \quad u > R > v > d. \tag{9.38}$$

Zunächst wird der erste Fall ($u > v > R > d$) mit der Definition betrachtet, daß der Rückfluß der Aktienoption mit $C_{1,0,0}, C_{0,1,0}$ und $C_{0,0,1}$ im u, v und d Zustand bezeichnet wird. Nach Einsatz der Schranken (9.37) in die Gleichung

$$C(0) = \pi_{1,0,0}C_{1,0,0} + \pi_{0,1,0}C_{0,1,0} + \pi_{0,0,1}C_{0,01}$$

folgen

$$C^{ub}(0) = \frac{R-d}{(u-d)R}C_{1,0,0} + \frac{u-R}{(u-d)R}C_{0,0,1}$$
$$C^{lb}(0) = \frac{R-d}{(v-d)R}C_{0,1,0} + \frac{v-R}{(v-d)R}C_{0,0,1}.$$

In dem ersten Fall kann der Fair Value durch Verknüpfung des Zustands u und d bzw. v und d ermittelt werden Der Fair Value entspricht dann $C^{ub}(0)$ bzw. $C^{lb}(0)$. Der zweite Fall kann analog bewiesen werden. ■

Diese Beziehung zwischen den relevanten Werten und Fair Value wird im folgenden an einem Beispiel veranschaulicht.

Beispiel 9.1 ***(Fair Value und relevante Werte)*** *Eine Aktie wird im Zeitpunkt $t = 0$ zum Preis von $S(0) = 100$ Euro gehandelt. Im Zeitpunkt $t = T$ sind drei Kurse möglich:* 155 *Euro,* 100 *Euro und* 55 *Euro. Es wird eine Kaufoption mit Basispreis $K =$* 100 *und eine einperiodige risikolose Anleihe mit einem Zinssatz von* 25% *gehandelt. Der Fair Value der Kaufoption wird durch das einperiodige Binomialmodell bestimmt.*

Gemäß Beispiel (3.1) ist der Fair Value der Kaufoption 30,80 *Euro. Die Ermittlung der relevanten Werte erfolgt durch Auflösung des Gleichungssystems:*

$$\begin{aligned} 100 &= 155\pi_{1,0,0} + 100\pi_{0,1,0} + 55\pi_{0,0,1} \\ 1 &= 1,25\pi_{1,0,0} + 1,25\pi_{0,1,0} + 1,25\pi_{0,0,1} \end{aligned}$$

nach den Zustandspreisen $\pi_{1,0,0}$, $\pi_{0,1,0}$, $\pi_{0,0,1}$. *Für die Zustandspreise ergeben sich die Gleichungen:*

$$\pi_{1,0,0} = \frac{56}{100} - \frac{45}{100}\pi_{0,1,0}, \tag{9.39}$$

$$\pi_{0,0,1} = \frac{24}{100} - \frac{55}{100}\pi_{0,1,0} \tag{9.40}$$

Ausgehend von (9.39) und (9.40) folgt mit den Bedingungen $0 < \pi_{1,0,0} < 1$ *und* $0 < \pi_{0,0,1} < 1$ *und* $0 < \pi_{0,1,0} < 1$ *die Abschätzung* $0 < \pi_{0,1,0} < \frac{24}{55}$ *und damit:*

$$\textit{Relevante Werte der Kaufoption} =]20; 30,80[\,.$$

Der Fair Value ist folglich identisch mit der Obergrenze der Menge der relevanten Werte der Kaufoption.

Dieser bewußte Verzicht auf am Markt verfügbare Informationen führt dazu, daß die Verantwortlichen entscheiden können, welche dieser Informationen bei der Ermittlung des Fair Value genutzt und welche weggelassen werden. Im Fall der Aktienoption kann sich das Management entscheiden, welche der zukünftigen Aktienkurse zur Bestimmung des Optionswertes herangezogen werden. Sie können daher den Wert der Option in der Bilanz bestimmen.

Satz 9.16 ***(Fair Value und Eindeutigkeit)*** *Gegeben sei ein arbitragefreier Markt, auf dem eine Aktie, die am Ende der Periode in* $t = T$ *zu drei möglichen Kursen* $uS(0)$, $vS(0)$ *und* $dS(0)$ *notieren kann, und eine risikolose Anleihe, die in* $t = T$ *verzinst zu* $R := 1 + r$ *zurückgezahlt wird, gehandelt werden. Ist* $v \neq R$ *und* $u > v > R > d$ *bzw.* $u > R > v > d$, *dann ist der Fair Value für* $K \geq uS(0)$ *bzw.* $K \geq vS(0)$ *eindeutig. Ist* $v = R$ *und* $uS(0) > vS(0) = RS(0) > dS(0) > K$ *bzw.* $K \geq uS(0)$, *dann ist der Fair Value eindeutig. In allen übrigen Fällen ist der Fair Value ein Wert von zwei möglichen Werten.*

Beweis: Ist $v \neq R$ und $u > v > R > d$ ($u > R > v > d$), so haben die Verantwortlichen zwei Möglichkeiten, die Kurspfade zu kombinieren. Unter der Annahme der Arbitragefreiheit können sie den Optionswert durch Zugundelegung der Pfade $uS(0)$

und $dS(0)$ ($uS(0)$ und $dS(0)$) bzw. $uS(0)$ und $vS(0)$ ($vS(0)$ und $dS(0)$) bestimmen. Im ersten Fall (zweiten Fall) ist der Fair Value nur, wenn der Basispreis $K \geq uS(0)$ ($K \geq vS(0)$) ist, ein Wert. Ist $v = R$, dann können die Verantwortlichen der Optionsbewertung die Kurspfade $uS(0)$ und $vS(0)$ bzw. $vS(0)$ und $dS(0)$ zugrundelegen. Der Fair Value ist im Fall $K \geq uS(0)$ und im Fall $uS(0) > vS(0) = RS(0) > dS(0) > K$, da

$$\frac{R-d}{(u-d)R}[uS(0)-K]+\frac{u-R}{(u-d)R}[dS(0)-K]=\frac{1}{R}[RS(0)-K]$$

ist, eindeutig. ■

Beispiel 9.2 *Es werden die Daten des Beispiels 9.1 zugrundegelegt. Der Optionswert kann auch mit Hilfe des ersten und des zweiten Kurspfades berechnet werden; entsprechend des obigen Verfahrens ergibt sich ein Fair Value von 20 Euro.*

Nun wird das zweite Szenario diskutiert: Es werden die Annahmen 9.3 und 9.10 unterstellt. Gleichzeitig wird angenommen, daß für die Aktienoption ein Preis notiert wird. Im Fall existierender Marktpreise ist der relevante Wert gemäß Gleichung (9.6) und (9.7) der Marktpreis. Es stellt sich die Frage, in welcher Beziehung der Marktpreis zum Fair Value steht. Der dem Grundsatz der Arbitragefreiheit genügende Marktpreis der Aktienoption liegt zwischen der Wertobergrenze $MVA^{ub}(0)$ und der Wertuntergrenze $MVA^{lb}(0)$.
Bezogen auf das Beispiel 9.1 ist der Marktpreis einer der Werte des Intervalls $]20; 30,80[$. Damit entspricht der Marktpreis dem Fair Value nicht.

Fazit ist, daß in einem arbitragefreien und unvollständigen Markt der Fair Value eines Aktienoptionsrechts nicht relevant ist. Die Ermittlung des Fair Value unter der Fiktion eines vollständigen Marktes ist mit dem Mangel behaftet, daß nicht alle am Markt vorhandenen Informationen berücksichtigt werden. Dies hat zwei Konsequenzen:

- Der sich ergebende Marktwert des Eigenkapitals ist Ausdruck der Wertschätzung eines typisierten Marktteilnehmers in einer nicht am Bilanzstichtag vorhandenen Marktsituation.
- Das Management kann durch Selektion der in das Bewertungsmodell eingehenden Informationen den Fair Value entsprechend seines Ziels beeinflussen.

9.3 Empirische Analyse

9.3.1 Literaturübersicht

Antwort auf die Frage nach der Relevanz des Fair Value geben zum einen die Öffentlichkeit und zum anderen die Regressionsanalysen, die den Marktwert des Eigenkapitals zum Fair Value in Beziehung setzen.

Das IASC befragt die *Öffentlichkeit* nach der Relevanz des Fair Value von Financial Assets und Financial Liabilities.[32] Die das Discussion Paper kommentierenden Briefe nehmen daher nur implizit zur Relevanz des Fair Value von Derivaten Stellung. Das IASC erkundigt sich nicht, wie der Befragte die Begriffe "Relevanz" und "Fair Value" versteht.[33] Zur Relevanz des Fair Value äußern sich auch einzelne Personen bzw. Personengruppen. Die Meinungen zur Relevanz des Fair Value werden im Kapitel 9.3.2 wiedergegeben.

Die *Regressionsanalysen*[34] setzen den Marktpreis des Eigenkapitals eines Unternehmens zu den Fair Values von Financial Assets und Financial Liabilities dieses Unternehmens in Beziehung. Die Fair Values von Assets (und Liabilities) werden dabei den Jahresabschlüssen der Unternehmen entnommen. Sie werden dann als relevant angesehen, wenn sich für Financial Assets eine signifikant positive und für Financial Liabilities eine signifikant negative Beziehung zwischen ihnen und dem Marktwert des Eigenkapitals nachweisen läßt. Die Ergebnisse der empirischen Studien sind in Kapitel 9.3.3 dargestellt.[35] Die empirischen Studien beziehen sich auf US-GAAP Abschlüsse; die Relevanz des in IAS-Abschlüssen ausgewiesenen Fair Value von Finanzinstrumenten wurde daher bislang nicht getestet.

9.3.2 Befragung

Die *Öffentlichkeit* kann die 13. Frage des Discussion Paper: "Do you agree that an enterprise should measure financial assets and financial liabilities at their fair value subsequent to initial recognition? If not, what whould you suggest and why?" beantworten. Offensichtlich ist der Begriff "Relevanz" nicht in der Fragestellung enthalten. Man kann jedoch davon ausgehen, daß sich nach der Relevanz des Bewertungskonzepts erkundigt wird, weil die zuverlässige Bestimmbarkeit, die "Reliability", des Fair Value Gegenstand der 14. Frage ist und "Relevance" und "Reliability" zwei wesentliche Kriterien zur Beurteilung von Bewertungskonzepten sind.[36]

---

[32] Vgl. DP (1997), S. 5.

[33] Manchmal ist dies jedoch aus den Antworten ersichtlich. So ist - gemäß der Äußerung des FASB - ein Wert relevant, wenn er Aufschluß über die Zahlungsfähigkeit eines Unternehmens gibt; vgl. IASC (1998c), S. 25.

[34] BARTH (1994), BARTH/BEAVER/LANDSMAN (1996), NELSON (1996), ECCHER/ RAMESH/THIAGARAJAN (1996), PETRONI/WAHLEN (1995), SIMKO (1999) VENKATACHALAM (1996), WAMPLER/POSEY (1998).

[35] Einen Überblick über die empirischen Studien zur Relevanz des Fair Value gibt das Financial Accounting Standards Committee der AMERICAN ACCOUNTING ASSOCIATION (1998).

[36] BARTH/LANDSMAN und PETRONI/WAHLEN stellen fest, daß Relevance und Reliability zwei wesentliche Beurteilungskriterien des FASB sind; vgl. BARTH/LANDSMAN (2000), S. 17; PETRO-

Beim IASC gingen 172 das Discussion Paper kommentierende Briefe ein.[37] Davon enthalten 34 keine Antwort auf die obige Frage. 36 der Befragten stimmen dem Bewertungskonzept zu (d.h. sie bejahen die 13. Frage) und 27 der Befragten bescheinigen dem Bewertungskonzept keine Relevanz (d.h. sie verneinen die 13. Frage). Vornehmlich wird dem Bewertungskonzept von den Rechnungslegungsverbänden zugestimmt.[38] Die Relevanz des Fair Value wird hauptsächlich von den rechnungslegenden Unternehmen bestritten.[39] 75 der Befragten halten das Bewertungskonzept für bedingt relevant. Sie plädieren für ein "Mischsystem"; d.h. es gibt sowohl Finanzinstrumente, die zum Fair Value bewertet werden sollen, als auch Finanzinstrumente, die mit den Anschaffungskosten angesetzt werden sollen. Dabei werden unterschiedliche Kriterien, die die beiden Gruppen voneinander abgrenzen, genannt.[40] Im Regelfall wird der Fair Value jedoch für solche Finanzinstrumente als relevant angesehen, die für Spekulationszwecke genutzt werden.[41]

Für die deutschen Unternehmen und Organisationen sieht die Statisik folgendermaßen aus:[42] Von der Unternehmensseite äußerten sich die DAIMLER-BENZ AG, die DRESDNER BANK AG, die FRIEDRICH KRUPP AG, die TYSSEN AG und die VEBA AG zum Discussion Paper. Zudem nahmen der BUNDESVERBAND DEUTSCHER BANKEN, das INSTITUT DER WIRTSCHAFTSPRÜFER sowie der Wirtschaftsprüfer WOLFGANG PARCZYK Stellung. Ingesamt gingen zehn Briefe aus Deutschland beim IASC ein.[43] Da die Bewertung einer Financial Liability mit ihrem Fair Value zur Konse-

---

NI/WAHLEN (1995), S. 719.

[37]Vgl. IASC (1998c), (1998d), (1998e). Es sind 173 Briefe aufgeführt. Die Stellungnahme des Bundesverbandes deutscher Banken wurde jedoch doppelt gezählt.

[38]Zu diesen dem Konzept zustimmenden Rechnungslegungsverbänden zählen u.a. AICPA, AMERICAN ACCOUNTING ASSOCIATION, AUSTRALIAN ACCOUNTING RESEARCH FOUNDATION, CERTIFIED GENERAL ACCOUNTANTS ASSOCIATION OF CANADA, FASB, FORENINGEN AF STATSAUTORISEREDE REVISORER (DENMARK), INSTITUTE OF CHARTERED ACCOUNTANTS OF NEW ZEALAND, JAPANESE INSTITUTE OF CERTIFIED PUBLIC ACCOUNTANTS, MALAYSIAN INSTITUTE OF ACCOUNTANTS, NORWEGIAN ACCOUNTING STANDARDS BOARD, SOUTH AFRICAN INSTITUTE OF CHARTERED ACCOUNTANTS und das SWEDISH INSTITUTE OF AUTHORISED PUBLIC ACCOUNTANTS.

[39]Dazu zählen u.a. AKZO NOBEL, CITIBANK, EUROPEAN ROUND TABLE OF INDUSTRIALISTS, DAIMLER-BENZ, F. HOFFMANN-LA ROCHE, FRIEDRICH KRUPP.

[40]PHILIPS will nur Derivate mit dem Fair Value bewerten, während die SOUTH AFRICAN BREWERIES es den Unternehmen überlassen will, das „Trennungskriterium" zu bestimmen.

[41]Vgl. Dies wird u.a. in den Antworten von CATHY PACIFIC AIRWAYS, FEDERATION OF SWISS INDUSTRIAL HOLDING COMPANIES, SCHRETLEN & CO vorgeschlagen.

[42]Vgl. IASC (1998c), No.: 1, 3, 8, 30, 69, 70; (1998d), No.: 89, 116, 120; (1998e) No. 155.

[43]Der Rücklauf aus Deutschland ist somit kleiner, als die Zahl der Rückmeldungen von z.B. Großbritannien (21 Briefe), der Schweiz (15 Briefe) und den USA (15 Briefe). Er ist größer als der von z.B. Frankreich (6 Briefe) und Spanien (1 Brief). Vom BUNDESVERBAND DEUSCHER BANKEN stammen zwei Briefe. Zudem vertrat der Vorsitzende des Ausschusses für Rechnungslegung des Bundesverbandes deutscher Banken, Dr. Jürgen Krumnow, den Vorschlag des Bundesverbands deutscher Banken.

quenz hat, daß sich der Wertansatz einer Liability in der Bilanz bei Verschlechterung der Kreditwürdigkeit des bilanzierenden Unternehmens verringert, lehnt die VEBA AG das Bewertungskonzept für Liabilities ab. Die DAIMLER-BENZ AG, die FRIEDRICH KRUPP AG und die TYSSEN AG sehen den Fair Value nicht als relevant an. Die DRESDNER BANK AG sowie der BUNDESVERBAND DEUSCHER BANKEN schlagen ein „Mischsystem" vor, bei dem für Handelszwecke genutzte Finanzinstrumente zum Fair Value angesetzt werden. PARCZYK plädiert für den gleichzeitigen Ausweis von Fair Value und Anschaffungskosten. Das INSTITUT DER WIRTSCHAFTSPRÜFER bezieht keine Stellung.[44]

Losgelöst von dieser „offiziellen" Befragung beurteilen *einzelne Personen* – wie GASTINEAU[45] und WILLIS[46] – oder *Personengruppen* – wie der FINANCIAL ECONOMISTS ROUNDTABLE[47] – das Konzept. GASTINEAU sieht die Vorteile des Bewertungskonzepts darin, daß es den Finanzanalysten eine bessere Einschätzung des Unternehmenswerts erlaubt.[48] WILLIS begründet ihre Befürwortung der Bewertung von Financial Assets und Financial Liabilities mit dem Fair Value damit, daß der Marktpreis im Gegensatz zu den Anschaffungskosten aktuelle Informationen über die mit mit dem Finanzinstrument verbundenen Rückflüsse widerspiegelt.[49] Der FINANCIAL ECONOMISTS ROUNDTABLE plädiert für die Bewertung von Financial Assets und Financial Liabilities mit dem Fair Value; eine Begründung wird nicht angegeben.[50]

9.3.3 Regressionsanalysen

9.3.3.1 Methoden

Die Regressionsgerade wird – wie in Abbildung 9.8 dargestellt – in den empirischen Studien auf drei Arten hergeleitet; der erste Weg wird von BARTH[51], BARTH/BEAVER/LANDSMAN[52], ECCHER/RAMESH/THIAGARAJAN[53], PETRONI/WAHLEN[54] und WAMP-

[44] „We hope you understand, why our attitude towards the Discussion Paper is still open at the moment ..."; IASC (1998d), No. 116.

[45] Vgl. GASTINEAU (1995).

[46] Vgl. WILLIS (1998).

[47] Vgl. FINANCIAL ECONOMISTS ROUNDTABLE (1996).

[48] Vgl. GASTINEAU (1996), S. 75.

[49] Vgl. WILLIS (1998), S. 855 ff.

[50] Vgl. FINANCIAL ECONOMISTS ROUNDTABLE (1996), S. 72.

[51] Vgl. BARTH (1994).

[52] Vgl. BARTH/BEAVER/ LANDSMAN (1996).

[53] Vgl. ECCHER/RAMESH/THIAGARAJAN (1996).

[54] Vgl. PETRONI/WAHLEN (1995).

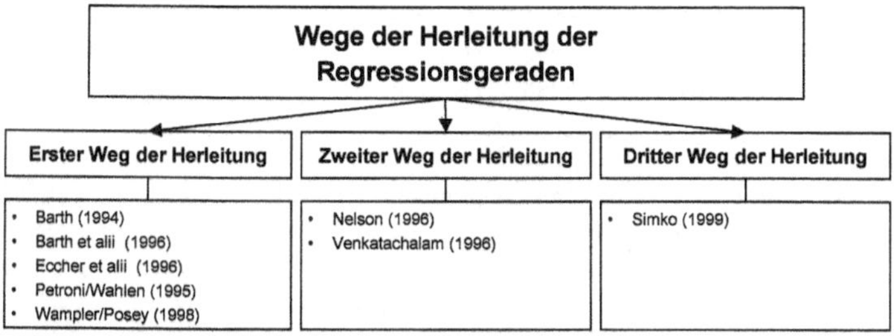

Abbildung 9.8: Wege der Herleitung der Regressionsgeraden

LER/POSEY[55], der zweite Weg wird von NELSON[56] und VENKATACHALAM[57], der dritte Weg von SIMKO[58] beschritten. Im folgenden werden die Ansätze beschrieben. Nach der Darstellung erfolgt die Beurteilung dieser Vorgehensweise.

Ausgangspunkt der ersten Herleitung der Regressionsgeraden ist Gleichung (9.1).[59] Damit wird von dem Idealfall eines arbitragefreien und vollständigen Markts ausgegangen. Zudem werden – aus der Sicht des Bilanzstichtags t – alle zukünftigen Zahlungen des Unternehmens f durch die in der Bilanz angesetzten oder unter der Bilanz ausgewiesenen Assets und Liabilities erzeugt. Nach Subtraktion der Identität

$$BVE_f(t) = \sum_{i=1}^{m} BVA_i(t) - \sum_{j=1}^{n} BVL_j(t) \tag{9.41}$$

von Gleichung (9.1) ergibt sich:

$$\begin{aligned} MVE_f(t) - BVE_f(t) &= \sum_{i=1}^{m} \left[MVA_i(t) - BVA_i(t)\right] - \\ &\quad \sum_{j=1}^{n} \left[MVL_j(t) - BVL_j(t)\right], \end{aligned} \tag{9.42}$$

wobei $BVE_f(t)$, $BVA_i(t)$, $BVL_j(t)$ den Buchwert des Eigenkapitals, des Asset i und der Liability j des Unternehmens f am Bilanzstichtag t und $MVE_f(t)$, $MVA_i(t)$, $MVL_j(t)$ den Marktwert des Eigenkapitals, des Asset i und der Liability j am Bilanzstichtag t bezeichnen. Nun werden zwei Möglichkeiten der Abweichung von diesem Idealfall betrachtet:

[55] Vgl. WAMPLER/POSEY (1998).
[56] Vgl. NELSON (1996).
[57] Vgl. VENKATACHALAM (1996).
[58] Vgl. SIMKO (1999).
[59] Vgl. BARTH (1996), S. 518.

- Aus der Sicht des Bilanzstichtags werden die zukünftigen Zahlungen des Unternehmens, die nicht an Eigenkapitalgeber bzw. von Eigenkapitalgebern erfolgen, nicht durch die in der Bilanz angesetzten oder unter der Bilanz ausgewiesenen Assets und Liabilities erzeugt.[60]

- Der Markt ist arbitragefrei, aber nicht vollständig. Damit wird möglicherweise nicht der "richtige" Fair Value ermittelt.[61] Den Marktwert des Eigenkapitals ermitteln die empirischen Studien als Produkt aus Preis der Aktie und Anzahl der ausgegebenen Aktien; der Marktwert des Eigenkapitals ist also eindeutig und bekannt.[62] Eine falsche Ermittlung des Fair Value ist dann gegeben, wenn:[63]

$$\begin{aligned} MVE_f(t) - BVE_f(t) &\neq \sum_{i=1}^{m} [FVA_i(t) - BVA_i(t)] - \\ &\quad \sum_{j=1}^{n} [FVL_j(t) - BVL_j(t)]. \end{aligned} \tag{9.43}$$

Diese beiden Abweichungen von dem Idealfall haben Auswirkungen auf Gleichung (9.42). Die folgenden in der Tabelle 9.1 dargestellten Fälle werden diskutiert.

Fall	**Vollständige Information in der Bilanz**	**Arbitragefreier und vollständiger Markt**
1	Nein	Ja
2	Ja	Nein
3	Nein	Nein

Tabelle 9.1: Abweichungen vom Idealfall

Im ersten Fall ist der Markt arbitragefrei und vollständig. Da jedoch nicht alle aus Sicht des Bilanzstichtags zukünftigen Zahlungen des Unternehmens durch die in der Bilanz angesetzten Assets und Liabilities abgebildet werden, muß Gleichung (9.1) um eine Restgröße b_0 erweitert werden. Damit ergibt sich für Gleichung (9.42):

$$\begin{aligned} MVE_f(t) - BVE_f(t) &= \sum_{i=1}^{m} [MVA_i(t) - BVA_i(t)] - \\ &\quad \sum_{j=1}^{n} [MVL_j(t) - BVL_j(t)] + b_0. \end{aligned} \tag{9.44}$$

[60] Vgl. ECCHER/RAMESH/THIAGARAJAN (1996), S. 85.

[61] Vgl. BARTH (1996), S. 518.

[62] Vgl. NELSON (1996), S. 167. Sollte das Unternehmen eigene Aktien halten, so wird die Anzahl der ausgegebenen Aktien um die Anzahl der eigenen Aktien verringert.

[63] Vgl. LYS (1996), S. 159.

b_0 umfaßt damit alle Assets und Liabilities, die nicht in der Bilanz angesetzt werden, und den originären Geschäftswert.

Im zweiten Fall müssen mögliche Abweichungen zwischen dem Fair Value eines Asset (einer Liability) und dem relevanten Wert dieses Asset (dieser Liability) mittels eines Ausgleichsfaktors b_i (für ein Asset i) bzw. b_j (für eine Liability j) berücksichtigt werden. Dies wird in den empirischen Studien folgendermaßen bewerkstelligt:[64]

$$\begin{aligned} MVE_f(t) - BVE_f(t) &= \sum_{i=1}^{m} b_i \left[FVA_{fi}(t) - BVA_{fi}(t)\right] - \\ &\quad \sum_{j=1}^{n} b_j \left[FVL_{fj}(t) - BVL_{fj}(t)\right]. \end{aligned} \tag{9.45}$$

Führt man beide Fälle zusammen, so erhält man den allgemeinen Ansatz, der beiden Fehlerquellen Rechnung trägt:

$$\begin{aligned} MVE_f(t) - BVE_f(t) &= \sum_{i=1}^{m} b_i \left[MVA_{fi}(t) - BVA_{fi}(t)\right] - \\ &\quad \sum_{j=1}^{n} b_j \left[MVL_{fj}(t) - BVL_{fj}(t)\right] + b_0. \end{aligned} \tag{9.46}$$

Die empirischen Studien gehen in zwei Schritten vor:

- Zunächst werden die Koeffizienten b_i $(i = 1, 2, \ldots, m)$ und b_j $(j = 1, 2, \ldots, n)$ ermittelt.

- Im zweiten Schritt wird die Relevanz des Fair Value überprüft. Als relevant wird der Fair Value eines Assets i bzw. einer Liability j dann angesehen, wenn der Koeffizient b_i und der Koeffizient b_j signifikant positiv sind.[65]

Die erste Herleitung der Regressionsgeraden wird im folgenden *beurteilt.* Es ist nicht zwingend richtig, daß der Fair Value falsch ermittelt wird, wenn Ungleichung (9.43) gilt. Wenn der Fair Value von einem (einer) an einem vollständigen Markt gehandelten Asset (Liability) dem Marktpreis dieses (dieser) Asset (Liability) entspricht und der Fair Value in allen übrigen Fällen durch ein Bewertungsmodell bestimmt wird, dann kann der Fair Value durchaus richtig bestimmt sein, ohne daß Gleichung (9.43) gilt.[66]

[64] Vgl. BARTH (1996), S. 517, ECCHER/RAMESH/THIAGARAJAN (1996), S. 86; NELSON (1996), S. 165.

[65] Vgl. BARTH (1994), S. 6; ECCHER/RAMESH/THIAGARAJAN (1996), S. 88.

[66] Die mögliche Abweichung zwischen dem Fair Value und dem relevanten Wert ist in dem Abschnitt 9.2.4.3 dargestellt.

Bei der Abweichung zwischen dem relevanten Wert und dem Fair Value handelt es sich daher nicht – wie LYS[67] behauptet – um ein Problem der zuverlässigen Bestimmung des Fair Value, sondern um ein Problem der im Hinblick auf das Ziel "Wertrelevanz" richtigen Präzisierung des Fair Value. Die Relevanz des Fair Value ist daher zunächst nicht ein empirisches Problem, sondern ein theoretisches Problem.

Die empirischen Studien von NELSON[68] und VENKATACHALAM[69] leiten die Regressionsgerade auf dem zweiten Weg her.

NELSON und VENKATACHALAM ermitteln im Grundsatz die gleiche Regressionsgerade (9.46) wie BARTH/BEAVER/LANDSMAN.[70] Doch der Ansatzpunkt der Herleitung der Regressionsgeraden ist unterschiedlich. Die Studie geht nicht von einem arbitragefreien und vollständigen Markt, sondern von der Identität

$$MVE_f(t) \equiv \sum_{i=1}^{m} MVA_i(t) - \sum_{j=1}^{n} MVL_j(t) \tag{9.47}$$

aus. Diese läßt sich durch die betragsmäßige Gleichheit von Aktiv- und Passivseite der Bilanz begründen. Die Subtraktion der Marktwerte der in der Bilanz angesetzten Liabilities von den Marktwerten der in der Bilanz angesetzten Assets ergibt die Restgröße, den Marktwert des Eigenkapitals.

Beurteilt man die zweite Herleitung der Regressionsgeraden, so ist zunächst festzustellen, daß die beiden Ansätze (NELSON und VENKATACHALAM versus BARTH, BARTH/BEAVER/LANDSMAN, ECCHER/RAMESH/THIAGARAJAN, PETRONI/WAHLEN und WAMPLER/POSEY) nicht übereinstimmen. Eine Identität gilt immer, sie ist von der Tatsache unabhängig, ob der Markt arbitragefrei und vollständig ist. Es stellt sich also die Frage, ob der Ansatz von z.B. BARTH/BEAVER/LANDSMAN auf einer zu restriktiven Annahme, der Annahme der Arbitragefreiheit, aufbaut. Dies ist zu verneinen. Der Grund ist, daß der Marktwert des Eigenkapitals in den empirischen Studien nicht als Restgröße ermittelt wird. Die empirischen Studien gehen von dem Marktwert des Eigenkapitals aus und fordern, daß dieser Wert der Gesamtheit der um die Marktwerte der Liabilities verringerten Marktwerte der Assets entspricht. Dies setzt gemäß Abschnitt 9.2 voraus, daß der Markt arbitragefrei ist. Implizit testen die empirischen Studien daher auch die Arbitragefreiheit der Finanzmärkte.

Einen grundsätzlich anderen Weg der Herleitung der Regressionsgerade wählt SIM-

---

[67] Vgl. LYS (1996), S.158 ff.

[68] Vgl. NELSON (1996).

[69] Vgl. VENKATACHALAM (1996).

[70] Vgl. VENKATACHALAM (1996), S. 337. Auch LYS geht in seinem Aufsatz zur Kritik an den Wertrelevanzstudien von dieser Identität aus; vgl. LYS (1996), S. 158. NELSON dividiert Gleichung (9.46) durch $BVE(t)$; vgl. NELSON (1996), S. 165.

KO[71]; seinem Ansatz liegt das FELTHAM/OHLSON-Modell[72] zugrunde. Unter den Annahmen, daß

- alle Marktteilnehmer risikoneutral sind,
- die Zinsstruktur flach ist, daß
- die Clean Surplus Condition[73],

$$BVE_f(t) = BVE_f(t-1) + EAR_f(t) - d_f(t),$$

die besagt, daß alle Wertänderungen des Eigenkapitals, die nicht Kapitalein- und -auszahlungen betreffen, erfolgswirksam erfaßt werden, erfüllt ist und daß

- der Marktwert des Eigenkapitals am Bilanzstichtag t den mit dem risikolosen Zinssatz r ($R := 1+r$) diskontierten erwarteten zukünftigen Dividendenzahlungen entspricht,

$$MVE_f(t) = \sum_{\tau=1}^{\infty} R^{-\tau} E\left[d_f(t+\tau)\right],$$

gilt am Bilanzstichtag t folgender Zusammenhang:

$$MVE_f(t) = \sum_{\tau=1}^{\infty} R^{-\tau} E\left[d(t+\tau)\right] = BVE_f(t) + \sum_{\tau=1}^{\infty} R^{-\tau} E\left[EAR_f^a(t+\tau)\right], \tag{9.48}$$

wobei mit $d_f(t)$ die Dividendenzahlung im Zeitpunkt t bezeichnet wird und $E\left[EAR_f^a(t+\tau)\right]$ der Erwartungswert des abnormalen Erfolgs $EAR_f^a(t+\tau)$ im Zeitpunkt t ist.[74] Der abnormale Erfolg $EAR_f^a(t)$ gibt den Gewinn (Verlust) der Periode $]t-1, t]$ an, der die Zinsen aus der im Zeitpunkt $t-1$ erfolgten Anlage des Buchwerts des Eigenkapitals zum risikolosen Zinssatz übersteigt (unterschreitet):

$$EAR_f^a(t) := EAR_f(t) - rBVE_f(t-1).$$

SIMKO definiert nun den Kapitalwert der abnormalen die Finanzinstrumente betreffenden Gewinne $EARFI_f^a(t)$ als

$$\sum_{\tau=1}^{\infty} R^{-\tau} E\left[EARFI_f^a(t+\tau)\right] := FVFI_f(t) - BVFI_f(t), \tag{9.49}$$

[71] Vgl. SIMKO (1999).
[72] Vgl. FELTHAM/OHLSON (1995); OHLSON (1995).
[73] Vgl. FELTHAM/OHLSON (1995), S. 694; ORDELHEIDE (1998), S. 516 f.
[74] Vgl. OHLSON (1995), S. 693–697.

wobei *FVFI* der Fair Value und *BVFI* der Buchwert der Finanzinstrumente ist. Mit Bedingung (9.49) erhält er für (9.48) die Regressionsgerade:

$$MVE_f(t) = BVE_f(t) + FVFI_f(t) - BVFI_f(t) + \sum_{\tau=1}^{\infty} R^{-\tau} E\left[EARNFI_f^a(t+\tau)\right]. \qquad (9.50)$$

$EARNFI_f^a(t+\tau)$ bezeichnet den abnormalen Gewinn im Zeitpunkt $t+\tau$, der nicht die Finanzinstrumente betrifft.

Der Ansatz von SIMKO birgt folgende Probleme:

- Er basiert auf sehr restriktiven Voraussetzungen. Die Annahme, daß alle Marktteilnehmer risikoneutral sind, ist realitätsfern.[75] Zahlreiche der amerikanischen Rechnungslegungsnormen verstoßen gegen die Clean Surplus Condition.[76] Zudem ist die Existenz einer flachen Zinsstrukturkurve unwahrscheinlich.

- Der Kapitalwert der abnormalen Gewinne $\sum_{\tau=1}^{\infty} R^{-\tau} E\left[EARNFI_f^a(t+\tau)\right]$ ist nicht dem Jahresabschluß entnehmbar; er muß geschätzt werden.

9.3.3.2 Ergebnisse

Die empirischen Studien beziehen sich im wesentlichen auf verschiedene US-amerikanische Rechnungslegungsstandards. Die Regressionsanalysen zu einem Rechnungslegungsstandard weichen dadurch voneinander ab, daß die in den empirischen Studien einbezogenen Assets und Liabilities, die nicht Gegenstand des zugrundegelegten Standards sind, sowie die Restgröße b_0 unterschiedlich bestimmt werden.[77]

BARTH überprüft, ob der Fair Value von "Securities" den Marktwert des Eigenkapitals erklärt. Ihrer empirischen Studie liegen die von den Banken freiwillig in den Jahren von 1971–1990 ausgewiesenen Fair Values von "Securities" zugrunde.[78] Die Fair Values werden folgendermaßen ermittelt: Sind quotierte Marktpreise in einem Active Markt verfügbar, so entspricht der Fair Value dem Marktpreis. Andernfalls wird der

[75] Vgl. MAGILL/QUINZII (1996), S. 299 f.

[76] Vgl. OHLSON (2000a), S. 2, 5–10; OHLSON (2000b), S. 4; GODE (2001), S. 2.

[77] BARTH/BEAVER/LANDSMAN sowie ECCHER/RAMESH/THIAGARAJAN setzen als Restgröße b_0 den Wert der den Banken dauerhaft zur Verfügung stehenden Sichteinlagen an; vgl. BARTH/BEAVER/LANDSMAN (1996), S. 520; ECCHER/RAMESH/THIAGARAJAN (1996), S. 90. Unter der Restgröße b_0 versteht NELSON als Indikator für den originären Geschäftswert im wesentlichen die letztjährige wertmäßige Erhöhung des Buchwerts des Eigenkapitals und den gegenwärtigen Gewinn bzw. Verlust des Unternehmens; vgl. NELSON (1996), S. 177.

[78] Vgl. BARTH (1994), S. 3.

Fair Value durch Bewertungsmodelle bestimmt.[79] Sie kommt zu dem Schluß, daß die Fair Values von "Securities" in 16 von den betrachteten 20 Jahren relevant sind.[80]

SFAS 107 "*Disclosure about Fair Value of Financial Instruments*" verlangt den Ausweis der Fair Values von nahezu allen Financial Assets und Financial Liabilities.[81] Sind quotierte Marktpreise in einem Active Markt verfügbar, so entspricht der Fair Value dem Marktpreis. Andernfalls wird der Fair Value durch Bewertungsmodelle bestimmt. SFAS 107 ist für Geschäftsjahre, die nach dem 15. Dezember 1992 enden, anzuwenden.[82] Es gibt vier Studien, die die Relevanz der im Anhang von Banken ausgewiesenen Fair Values von Financial Assets und Financial Liabilities für die Geschäftsjahre 1992 und 1993 testen. Alle Studien überprüfen grundsätzlich, inwieweit die Fair Values von "Loans", "Securities", "Off-Balance-Sheet Items", "Deposits" und der Fair Value von "Long-Term Debt" den Marktwert des Eigenkapitals erklären.[83] "Off-Balance-Sheet Items" werden jedoch von WAMPLER/POSEY nicht untersucht. SIMKO testet die Relevanz der im Anhang angegebenen Fair Values von "Liabilities", "Financial Assets" und "Derivatives" von Unternehmen außerhalb des Finanzsektors.[84] Die folgende verbale Zusammenfassung der empirischen Studien erwähnt lediglich diejenigen dieser Finanzinstrumente, für die die Fair Values relevant sind; die Fair Values der nicht aufgeführten Financial Assets bzw. Financial Liabilities erklären den Marktwert des Eigenkapitals nicht.

BARTH/BEAVER/LANDSMAN stellen für das Geschäftsjahr 1992 fest, daß lediglich die Fair Values von "Loans" relevant sind.[85] Im Hinblick auf das Geschäftsjahr 1993 erklären die Fair Values von "Loans" und von "Securities" den Marktwert des Eigenkapitals.[86] ECCHER/RAMESH/THIAGARAJAN kommen für das Geschäftsjahr 1992 zum Ergebnis, daß die Fair Values von "Loans" und "Securities" relevant sind.[87] Für das Geschäftsjahr 1993 ermitteln sie lediglich, daß die Fair Values von "Securities" den

---

[79] Vgl. BARTH (1994), S. 3.

[80] Vgl. BARTH (1994), S. 12.
Der Ansatz birgt das Problem, daß BARTH die Restgröße b_0 in Gleichung (9.46) null setzt. Es ist wenig wahrscheinlich, daß der originäre Geschäftswert aller in die Studie eingehenden Unternehmen null ist.

[81] Vgl. NELSON (1996), S. 163.

[82] Vgl. LYS (1996), S. 156; NELSON (1996), S. 163.

[83] Vgl. BARTH/BEAVER/LANDSMAN (1996), S. 519; ECCHER/RAMESH/THIAGARAJAN (1996), S. 86; NELSON (1996), S. 177. Derivate sind den "Off-Balance-Sheet Items" zuzurechnen; vgl. ECCHER/RAMESH/THIAGARAJAN (1996), S. 88.

[84] Vgl. SIMKO (1999), S. 247 f.

[85] Vgl. BARTH/BEAVER/LANDSMAN (1996), S. 528.

[86] Vgl. BARTH/BEAVER/LANDSMAN (1996), S. 528.

[87] Vgl. ECCHER/RAMESH/THIAGARAJAN (1996), S. 100 f.

Marktwert des Eigenkapitals erklären.[88] NELSON stellt für die Geschäftsjahre 1992 und 1993 fest, daß die Fair Values der Financial Assets und der Financial Liabilities nicht relevant sind.[89] WAMPLER/POSEY kommen für die Geschäftsjahre 1992 und 1993 zu dem Schluß, daß "Loans" keine signifikante Beziehung zum Marktwert des Eigenkapitals haben. Sie können jedoch nicht eindeutig ausmachen, welche Bilanzposten relevant sind.[90] Das Ergebnis von SIMKO für die Geschäftsjahre von 1992–1995 ist, daß die Fair Values der Financial Liabilities den Marktwert des Eigenkapitals erklären, wohingegen die Fair Values von Financial Assets und von Derivaten nicht relevant sind.[91]

Die Relevanz des Fair Value von "Securities" testen PETRONI/WAHLEN[92]. Ihrer empirischen Studie im Vorfeld der Anwendung von SFAS 115 liegen die nach US-GAAP aufgestellten Jahresabschlüsse von Sach- und Haftpflichtversicherern für die Geschäftsjahre 1985-1992 zugrunde. PETRONI/WAHLEN unterteilen die "Securities" in "Equity Securities" und "Debt Securities" und stellen fest, daß lediglich die Fair Values von "Equity Securities" und von "U.S. Treasury Securities", die eine Gruppe der getesteten "Debt Securities" sind und zudem an einem Active Market gehandelt werden, relevant sind.

Die Relevanz des Fair Value von Derivaten testet VENKATACHALAM. Seiner empirischen Studie liegen Jahresabschlüsse von Banken für die Geschäftsjahre 1993 und 1994 zugrunde, die nach SFAS 119 "*Disclosure about Derivative Financial Instruments and Fair Value of Financial Instruments*" bilanzieren.[93] SFAS 119 sieht eine im Vergleich zu SFAS 107 erweiterte Offenlegungspflicht vor.[94] Es sollen die Finanzinstrumente in Abhängigkeit davon ausgewiesen werden, ob die Finanzinstrumente für Handelszwecke oder nicht für Handelszwecke genutzt werden.[95] VENKATACHALAM überprüft, inwieweit die Fair Values von "Loans", "Securities", "Off-Balance-Sheet Items", "Deposits" und der Fair Value von "Total Debt" den Marktwert des Eigenkapitals erklären.[96] Die "Off-Balance-Sheet Items" werden unterteilt; es wird die Gruppe der zu Absicherungszwecken genutzten Derivate von der Gruppe der übrigen "Off-Balance-Sheet Items" unterschieden.[97] VENKATACHALAM kommt zu dem Schluß, daß die Fair Va-

[88] Vgl. ECCHER/RAMESH/THIAGARAJAN (1996), S. 100 f.

[89] Vgl. NELSON (1996), S. 179. Wird die Restgröße b_0 in Gleichung (9.46) null gesetzt, so werden die "Securities" als relevant angesehen; vgl. NELSON (1996), S. 173 f.

[90] Vgl. WAMPLER/POSEY (1998), S. 263 f.

[91] Vgl. SIMKO (1999), S. 248.

[92] Vgl. PETRONI/WAHLEN (1995).

[93] Vgl. VENKATACHALAM (1996), S. 328, 332.

[94] Vgl. VENKATACHALAM (1996), S. 332.

[95] Vgl. VENKATACHALAM (1996), S. 332.

[96] Vgl. VENKATACHALAM (1996), S. 338.

[97] Die zu Handelszwecken genutzten Derivate gehören in die Gruppe der 'Securities'; vgl. VENKA-

lues von "Loans", "Securities", "Deposits" und von zu Absicherungszwecken genutzten Derivaten sowie der Fair Value von "Total Debt" relevant sind.[98]

Ein Überblick über die empirischen Ergebnisse gibt Abbildung 9.9.

Die Ergebnisse der empirischen Studien werden in der Literatur[99] kritisch gewürdigt. Offensichtlich ist, daß die empirischen Studien zum SFAS 107 nicht zu einheitlichen Ergebnissen kommen.

SKINNER gibt zu Bedenken, daß die Feststellung, daß die Fair Values von Financial Assets bzw. Financial Liabilities relevant sind, nicht zwingend aussagt, daß die *im Jahresabschluß* ausgewiesenen Fair Values den Marktwert des Eigenkapitals erklären. Es ist denkbar, daß der Marktteilnehmer diese Information aus anderen Quellen bezieht. Aus den Testergebnissen ist daher nicht zwingend ableitbar, daß der Fair Value aufgrund seiner Relevanz in den Jahresabschlüssen ausgewiesen werden sollte.[100]

TACHALAM (1996), S. 338.

[98] Vgl. VENKATACHALAM (1996), S. 340 f.

[99] Vgl. LYS (1996); SKINNER (1996). Es wird hier nicht auf die mit den Wertrelevanzstudien verbundenen statistischen Probleme eingegangen.

[100] Vgl. SKINNER (1996), S. 396.

Autor	Untersuchter Rechnungslegungs-standard	Untersuchungs-objekt	Betrachtungs-zeitraum	Ergebnis	
				Relevante Bilanzposten	Nicht relevante Bilanzposten
Barth (1994)	-	Banken	1971 - 1990	Securities	keine Angaben
Barth/Beaver/ Landsman (1996)	SFAS 107	Banken	1992	Loans	Off-Balance Sheet Items, Securities, Deposits, Long Term Debt
			1993	Loans, Securities	Off-Balance Sheet Items, Deposits, Long Term Debt
Eccher/Ramesh/ Thiagarajan (1996)	SFAS 107	Banken	1992	Loans, Securities	Off-Balance Sheet Items, Deposits, Long Term Debt
			1993	Securities	Loans, Off-Balance Sheet Items, Deposits, Long Term Debt
Nelson (1996)	SFAS 107	Banken	1992, 1993	-	Loans, Off-Balance Sheet Items, Securities, Deposits, Long Term Debt
Petroni, Wahlen (1996)	Standards vor Einführung von SFAS 115	Sach- und Hapfplicht-versicherer	1985 - 1992	Equity Securities, US Treasury Securities	Alle untersuchten Debt Securities außer US Treasury Securities
Simko (1999)	SFAS 107	Keine Banken Keine Versicherungen Industrie	1992 - 1995	Financial Liabilities	Financial Assets, Derivate
Venkatachalan (1996)	SFAS 119	Banken	1993, 1994	Loans, Securities, Derivate, Desposits, Debt	Alle Off-Balance Sheet Items außer zu Abicherungszwecken genutzte Derivate
Wampler/Posey (1996)	SFAS 107	Banken	1992, 1993	-	Loans

Abbildung 9.9: Überblick über die Ergebnisse der empirischen Wertrelevanzforschung

Kapitel 10

Fair Value und die Bilanzierungspraxis deutscher Unternehmen

10.1 Fragestellung

Es stellt sich die Frage, wie die Unternehmen, die nach IAS Rechnung legen, die Begriffe "Fair Value" bzw. "Active Market" interpretieren.

IAS 39 tritt erst für die Geschäftsjahre ab dem 01.01.2001 in Kraft, d.h. ein Derivat ist im Konzernabschluß erst ab dem Geschäftsjahr 2001 mit dem Fair Value anzusetzen.[1] Der Ausweis der Fair Values von Derivaten im Anhang (in den Notes) ist jedoch nach IAS 32.77 grundsätzlich obligatorisch.[2] IAS 32 muß für alle Geschäftsjahre ab dem 01.01.1996 angewandt werden.[3] Gemäß IAS 32.81 ist der Fair Value eines Finanzinstruments in einem Active and Liquid Market der Marktpreis.[4] Andernfalls wird der Fair Value gemäß IAS 32.82 durch Bewertungsmodelle bestimmt. Demnach könnten die Konzernabschlüsse für die Geschäftsjahre, die 1998 bzw. 1999 enden, Aufschluß darüber geben, wie der "Fair Value" bzw. "Active Market" verstanden wird.

---

[1] Vgl. IAS 39.171, 39.172 (c).

[2] Von dieser Pflicht ist man nach IAS 32.77 befreit, wenn der Fair Value nicht mit "hinreichender Zuverlässigkeit" ("sufficient reliability") bestimmt werden kann. Kann der Fair Value nicht mit "hinreichender Zuverlässigkeit" ermittelt werden, so ist dieser Tatbestand nach IAS 32.77 im Anhang anzugeben.

[3] Vgl. IAS 32.96.

[4] Ist ein Active Market ein vollständiger und arbitragefreier Markt und ein Liquid Market ein Markt, auf dem keiner der Marktteilnehmer den Marktpreis beeinflussen kann, dann ist ein Active Market auch immer ein Liquid Market und demzufolge ist die Eigenschaft "Liquid Market" überflüssig.

10.2 Daten und Ergebnisse

Es wird zunächst versucht, durch die Geschäftsberichte die Fragen:

- Welche Arten von Derivaten werden eingesetzt?
- Wie ist der Fair Value eines Derivats gegebenenfalls definiert bzw. charakterisiert?
- Ist der Fair Value von Derivaten im Anhang angegeben?
- Unter welchen Bedingungen wird der Fair Value eines derivativen Finanzinstruments durch den Marktpreis bzw. durch Bewertungsmodelle bestimmt?

zu klären.

Konnte die letzte Frage nicht beantwortet werden, so wurden einige der betreffenden Unternehmen gebeten, zu diesem Problem nochmals Stellung zu nehmen.

Der Untersuchung liegen die Geschäftsberichte aller Unternehmen, die einen Abschluß nach IAS aufstellen, ihren Sitz in Deutschland haben und auf der Homepage (http://www.intacc.wiwi.uni-frankfurt.de) der Universität Frankfurt (Stand 10.9.2000, letzte Änderung der Homepage: 18.8.99) aufgeführt sind, zugrunde.[5] Sie bezieht sich auf die Geschäftsjahre, die 1998 (Geschäftsjahr 1998) und 1999 (Geschäftsjahr 1999) enden.

Die Tabellen 10.1–10.3 bzw. 10.5–10.8 zeigen die Unternehmen, die für mindestens ein Geschäftsjahr (1998 oder 1999) einen Abschluß nach IAS aufstellen.[6] Für das Geschäftsjahr 1998 legten die Ergo Versicherungsgruppe AG, die Heidelberger Druckmaschinen AG, die HOCHTIEF AG, die Kinowelt Medien AG, die MAN AG, die Mühl Product & Service AG, die Münchener Rückversicherung AG, die Preussag AG,

[5] Keinen Sitz in Deutschland haben die auf dieser Liste aufgeführten Unternehmen: BB Biotech AG, BB Medtech AG, Lafarge Braas Roofing GmbH und die Teleplan International N.V. Entgegen der Ankündigung auf der Homepage der Universität Frankfurt stellen die BMW AG, die DePfa-Bank AG, die Hornbach Baumarkt AG und die Teutonia Zementwerke AG keinen Konzernabschluß nach IAS auf. Die Metro AG stellt erstmals einen Konzernabschluß nach IAS für das Geschäftsjahr 2000 auf.

Es gibt auch eine Homepage des IASC, die die Unternehmen betrifft, die IAS anwenden. Diese wird voraussichtlich bis Ende 2000 aktualisiert.

Generell läßt sich feststellen, daß IAS-Abschlüsse häufiger als US-GAAP-Abschlüsse aufgestellt werden; vgl. Spanheimer/Koch (2000).

[6] Keine Informationen sind mir von der Intertainment AG, der I:FAO AG, der Linde AG, der Motiv AG, der OTRA Deutschland GmbH, der Sero Entsorgung AG, der Tiptel AG und der Transtec AG zugekommen.

die Sachsenring Automobiltechnik AG, die Schmalbach-Lubeca AG, die VIAG AG und die Wella AG nicht nach IAS Rechnung; die Deutsche Bank AG stellte erstmals für das Geschäftsjahr 1999 einen Jahresabschluß nach US-GAAP auf. 35% (40%) dieser Unternehmen weisen in den Geschäftsberichten 1998 (1999) Derivate aus. Von Unternehmen in den Tabellen (10.1–10.3) sind rund 40% am Neuen Markt (NM) notiert. Jedoch nur die Kinowelt Medien AG nutzt Derivate.

Überwiegend werden in den Geschäftsjahren, die 1998 bzw. 1999 enden, zinsbezogene und fremdwährungsbezogene Derivate eingesetzt. Die zinsbezogenen Derivate umfassen alle Derivate, deren Basisinstrument ein Zinssatz oder Anleihen sind. Unter den fremdwährungsbezogenen Derivaten werden alle Derivate gefaßt, deren Basisinstrument Devisen sind. Derivate werden außerhalb des Banken- und Versicherungsbereichs überwiegend zur Sicherung von Grundgeschäften eingesetzt, lediglich die Kinowelt Medien AG, deren Aktien am Neuen Markt gehandelt werden, und die Schering AG handeln mit Derivaten. Damit entsprechen diese Ergebnisse den Resultaten der Studien von BODNAR/GEBHARDT (1998) und NEUSS (1998).[7]

Sowohl die Tabellen 10.9, 10.10 als auch 10.11 und 10.12 beinhalten die Antworten auf die zweite, dritte und vierte Frage.

Der Fair Value wird im Regelfall entweder nicht oder durch den ins Deutsche übersetzten Wortlaut des IAS 32.5 definiert.[8] Der Fair Value von Derivaten wird grundsätzlich für einzelne Gruppen von Derivaten ausgewiesen. Bezogen auf den Geschäftsbericht von 1998 sind der Allianz Konzern und der Dresdner Bank Konzern eine Ausnahme. Der Allianz Konzern gibt die Fair Values bzw. die Marktwerte von Derivaten nicht an. Die Dresdner Bank AG weist lediglich die Marktwerte von Financial Assets aus.[9] Die Marktwerte der eingegangenen Stillhalterverpflichtungen werden nicht angegeben.

Die letzte Frage, die Aufschluß darüber geben soll, was als Active Market verstanden wird, kann bei rund 65% der Unternehmen, die Derivate ausweisen, nicht dem Geschäftsbericht entnommen werden. Die zusätzliche Befragung einiger dieser Unternehmen bestätigte die sich in den Geschäftsberichten abzeichnende Tendenz. Ist der Marktpreis am Bewertungsstichtag dem Unternehmen, das Derivate zu bewerten hat, verfügbar, so ist der Fair Value der Marktpreis. Andernfalls wird der Fair Value durch ein Bewertungsmodell bestimmt. Ein Active Market ist demnach ein Markt, auf dem ein Marktpreis existiert, der dem Bewertungssubjekt bekannt ist. Die Bewertung der Derivate in der Bilanz erfolgt daher aus Sicht der Unternehmung entsprechend der Abbildung 10.1.

---

[7] Vgl. Kapitel 2.

[8] Vgl. Geschäftsbericht der BHF-Bank AG von 1998, S. 75.

[9] Vgl. Geschäftsbericht der Dresdner Bank AG von 1998, S. 98.

Es stellt sich damit die Frage, ob die Bilanzierungspraxis der Unternehmen mit den International Accounting Standards vereinbar ist.

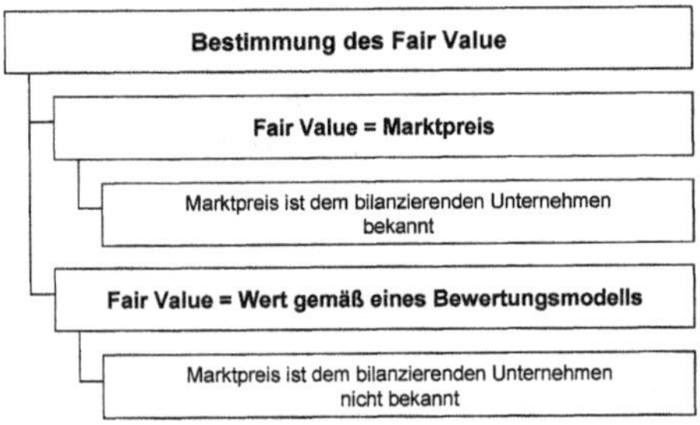

Abbildung 10.1: Fair Value-Bestimmung in der Praxis

Nr.	Name	Branche	NM	1998 DE	Arten; Zweck
1	AC-SERVICE AG	Technologie	J	N	
2	ADIDAS-SALOMON AG	Konsum	N	J	Fremdwährungsbzg. Derivate, zinsbzg. Derivate; Sicherungsgeschäfte
3	ALLIANZ VERSICHERUNG AG	Versicherungen	N	J	Fremdwährungsbzg. Derivate, zinsbzg. Derivate, aktien-/indexbzg. Derivate; Handels- /Sicherungsgeschäfte
4	ALSEN-BREITENBURG ZEMENT AG	Grundstoffe	N	N	
5	ALTANA AG	Chemie	N	J	Fremdwährungsbzg. Derivate zinsbzg. Derivate Sicherungsgeschäfte
6	ARTICON-INTEGRALIS AG	Technologie	J	N	
7	BAYER AG	Chemie	N	J	Fremdwährungsbzg. Derivate, zinsbzg. Derivate; Sicherungsgeschäfte
8	BHF-BANK AG	Banken	N	J	Fremdwährungsbzg. Derivate, zinsbzg. Derivate, aktien-/indexbzg. Derivate; Handels-/Sicherungsgeschäfte
9	BINTEC COMMUNICATIONS AG	Beratung	J	N	
10	BRAIN INTERNATIONAL AG	Technologie	J	N	
11	BWK BREMER WOLL-KÄMMEREI AG	Zulieferer	N	J	Fremdwährungsbzg. Derivate; Sicherungsgeschäfte
12	CE COMPUTER EQUIPMENT AG	Handel	J	N	
13	CE CONSUMER ELECTRONIC AG	Technologie	J	N	
14	CENIT AG	Technologie	J	N	
15	CENTROTEC HOCHLEISTUNGS-KUNSTSTOFFE AG	Grundstoffe	J	N	
16	CINEMEDIA FILM AG	Technologie	J	N	
17	COMMERZBANK AG	Banken	N	J	Fremdwährungsbzg. Derivate, zinsbzg. Derivate, aktien-/indexbzg. Derivate; Handels-Sicherungsgeschäfte
18	CONCORD EFFEKTEN AG	Banken	N	J	Aktien-/indexbzg. Derivate Handelsgeschäfte
19	DEUTSCHE BANK-AG	Banken	N	J	Fremdwährungsbzg. Derivate, zinsbzg. Derivate, aktien-/indexbzg. Derivate; Handels-/Sicherungsgeschäfte
20	DEUTSCHE ENTERTAINMENT AG	Medien	J	N	

Tabelle 10.1: Derivateeinsatz 1998 (I)

			J	Ja
Legende:	bzg.	bezogene	N	Nein
	DE	Derivateeinsatz	NM	Neuer Markt

Nr.	Name	Branche	NM	1998 DE	Arten; Zweck
21	DG Bank	Banken	N	J	Fremdwährungsbzg. Derivate, zinsbzg. Derivate aktien-/indexbzg. Derivate; Handels-/Sicherungsgeschäfte
22	DIS Deutscher Informationsservice AG	Personaldienst-leister	N	N	
23	DRESDNER BANK AG	Banken	N	J	Fremdwährungsbzg. Derivate, zinsbzg. Derivate, aktien-/indexbzg. Derivate; Handels-/Sicherungsgeschäfte
24	DRILLISCH AG	Technologie	J	N	
25	DYCKERHOFF AG	Bau	N	J	Fremdwährungsbzg. Derivate; Sicherungsgeschäfte
26	EM.TV & MERCHANDISING AG	Medien	J	N	
27	ERGO VERSICHERUNGS-GRUPPE AG	Versicherungen	N	–	–
28	FORTEC ELECTRONIK VERTRIEBS AG	Technologie	J	N	
29	HEIDELBERGER DRUCKMASCHINEN AG		N	–	–
30	HEIDELBERGER ZEMENT AG	Grundstoffe	N	N	
31	HENKEL KGaA	Konsum	N	J	Fremdwährungsbzg. Derivate, zinsbzg. Derivate; Sicherungsgeschäfte
32	HOCHTIEF AG	Bau	N	–	–
33	HÖFT & WESSEL AG	Technologie	J	N	
34	HSBC TRINKHAUS & BURKHARDT KGaA	Banken	N	J	Fremdwährungsbzg. Derivate, zinsbzg. Derivate aktien-/indexbzg. Derivate; Handels-/Sicherungsgeschäfte
35	HUNZINGER INFORMATION AG	Public Relations	J	N	
36	HYPO-VEREINSBANK AG	Banken	N	J	Fremdwährungsbzg. Derivate, zinsbzg. Derivate, aktien-/indexbzg. Derivate; Handels-/Sicherungsgeschäfte
37	INFOMATEC AG	Technologie	J	N	
38	INTERTAINMENT AG	Medien	J		
39	I:FAO AG	Technologie	J		
40	KINOWELT MEDIEN AG	Entertainment	J	–	–
41	LEONBERGER BAUSPARKASSE AG	Banken	N	N	
42	LINDE AG	Konsum	N		

Tabelle 10.2: Derivateeinsatz 1998 (II)

			J	Ja
Legende:	bzg.	bezogene	N	Nein
	DE	Derivateeinsatz	NM	Neuer Markt

Nr.	Name	Branche	NM	1998 DE	Arten; Zweck
43	LINTEC AG	Technologie	J	N	
44	LPKF LASER & ELECTRONICS AG	Technologie	J	N	
45	LUFTHANSA AG	Verkehr	N	J	Fremdwährungsbzg. Derivate, zinsbzg. Derivate, warenbzg. Derivate; Sicherungsgeschäfte
46	MAN AG	Fahrzeuge	N	–	–
47	MANNHEIMER VERSORGUNGS- UND VERKEHRS-GESELLSCHAFT AG	Energie	N	N	
48	MB SOFTWARE AG	Technologie	J	N	
49	MEDION AG	Technologie	J	N	
50	MENSCH UND MASCHINE SOFTWARE AG	Technologie	J	N	
51	MESSER GRIESHEIM GMBH	Chemie	N	J	Fremdwährungsbzg. Derivate, zinsbzg. Derivate; Sicherungsgeschäfte
52	MERK KGaA	Chemie	N	J	Fremdwährungsbzg. Derivate, zinsbzg. Derivate; Sicherungsgeschäfte
53	MOSAIC SOFTWARE AG	Technologie	J	N	
54	MOTIV AG	Technologie	N		
55	MÜHL PRODUCT & SERVICE AG	Handel	J	N	
56	MÜNCHENER RÜCKVERSICHERUNG AG	Versicherungen	N	–	–
57	NEMETSCHEK AG	Technologie	J	N	
58	OAR CONSULTING AG	Beratung	N	N	
59	OTRA DEUTSCHLAND GMBH	Handel	N		
60	PREUSSAG AG	Energie	N	–	–
61	PUMA	Konsum	N	J	Fremdwährungsbzg. Derivate; Sicherungsgeschäfte
62	REFUGIUM HOLDING AG	Pflegedienst	J	N	
63	RWE AG	Energie	N	J	Fremdwährungsbzg. Derivate, zinsbzg. Derivate, aktien-/indexbzg. Derivate; Sicherungsgeschäfte
64	SACHSENRING AUTOMOBILTECHNIK AG	Zulieferer	J	–	–
65	SALTUS AG	Spezialwerkzeug	J	N	

Tabelle 10.3: Derivateeinsatz 1998 (III)

Legende: bzg. bezogene; DE Derivateeinsatz; J Ja; N Nein; NM Neuer Markt

Nr.	Name	Branche	NM	1998	
				DE	Arten; Zweck
66	SCHERING AG	Chemie	N	J	Fremdwährungsbzg. Derivate, zinsbzg. Derivate, aktien-/indexbzg. Derivate; Handels-/Sicherungsgeschäfte
67	SCHMALBACH-LUBECA AG	Grundstoffe	N	–	–
68	SENATOR ENTERTAINMENT AG	Medien	J	N	
69	SER SYSTEME AG	Technologie	J	N	
70	SERO ENTSORGUNG AG		N		
71	SOFTM SOFTWARE UND BERATUNG AG	Technologie	J	N	
72	TARKETT SOMMER AG	Konsum	N	J	Fremdwährungsbzg. Derivate, zinsbzg. Derivate; Sicherungsgeschäfte
73	TECHNOTRANS AG	Druckmaschinen	J	N	
74	TICONA GMBH	Zulieferer	N	N	
75	TIPTEL AG	Technologie	J		
76	TRANSTEC AG	Handel	J		
77	UTIMACO SAFEWARE AG	Technologie	J	N	
78	VIAG AG	Energie	N	–	–
79	VIVANCO AG	Handel	N	N	
80	WELLA AG	Konsum	N	–	–

Tabelle 10.4: Derivateeinsatz 1998 (IV)

Legende: bzg. bezogene; DE Derivateeinsatz; J Ja; N Nein; NM Neuer Markt

Nr.	Name	Branche	NM	1999 DE	Arten; Zweck
1	AC-SERVICE AG	Technologie	J	N	
2	ADIDAS-SALOMON AG	Konsum	N	J	Fremdwährungsbzg. Derivate, zinsbzg. Derivate; Sicherungsgeschäfte
3	ALLIANZ AG	Versicherungen	N	J	Fremdwährungsbzg. Derivate zinsbzg. Derivate, aktien-/indexbzg. Derivate; Handels-/Sicherungsgeschäfte
4	ALSEN-BREITENBURG ZEMENT AG	Grundstoffe	N	N	
5	ALTANA AG	Chemie	N	J	Fremdwährungsbzg. Derivate, zinsbzg. Derivate; Sicherungsgeschäfte
6	ARTICON-INTEGRALIS AG	Technologie	J	N	
7	BAYER AG	Chemie	N	J	Fremdwährungsbzg. Derivate, zinsbzg. Derivate; Sicherungsgeschäfte
8	BHF-BANK AG	Banken	N	J	Fremdwährungsbzg. Derivate zinsbzg. Derivate, aktien-/indexbzg. Derivate; Handels-/Sicherungsgeschäfte
9	BINTEC COMMUNICATIONS AG	Beratung	J	N	
10	BRAIN INTERNATIONAL AG	Technologie	J	N	
11	BWK BREMER WOLL-KÄMMEREI AG	Zulieferer	N	J	Fremdwährungsbzg. Derivate, zinsbzg. Derivate; Sicherungsgeschäfte
12	CE COMPUTER EQUIPMENT AG	Handel	J	N	
13	CE CONSUMER ELECTRONIC AG	Technologie	J	N	
14	CENIT AG	Technologie	J	N	
15	CENTROTEC HOCHLEISTUNGS-KUNSTSTOFFE AG	Grundstoffe	J	N	
16	CINEMEDIA FILM AG	Technologie	J	N	
17	COMMERZBANK AG	Banken	N	J	Fremdwährungsbzg. Derivate, zinsbzg. Derivate, aktien-/indexbzg. Derivate; Handels-/Sicherungsgeschäfte
18	CONCORD EFFEKTEN AG	Banken	N	J	Keine Angabe im Geschäftsbericht; Handelsgeschäfte
19	DEUTSCHE BANK-AG	Banken	N	–	–
20	DEUTSCHE ENTERTAINMENT AG	Medien	J	N	

Tabelle 10.5: Derivateeinsatz 1999 (I)

Legende: bzg. bezogene; DE Derivateeinsatz; J Ja; N Nein; NM Neuer Markt

Nr.	Name	Branche	NM	1999 DE	Arten; Zweck
21	DG BANK AG	Banken	N	J	Fremdwährungsbzg. Derivate, zinsbzg. Derivate, aktien-/indexbzg. Derivate; Handels-/Sicherungsgeschäfte
22	DIS DEUTSCHER INDUSTRIESERVICE AG	Personaldienst-leister	N	N	
23	DRESDNER BANK AG	Banken	N	J	Fremdwährungsbzg. Derivate, zinsbzg. Derivate, aktien-/indexbzg. Derivate; Handels-/Sicherungsgeschäfte
24	DRILLISCH AG	Technologie	J	N	
25	DYCKERHOFF AG	Bau	N	J	Fremdwährungsbzg. Derivate, zinsbzg. Derivate; Sicherungsgeschäfte
26	EM.TV & MERCHANDISING AG	Medien	J	N	
27	ERGO VERSICHERUNGS-GRUPPE AG	Versicherungen	N	J	Fremdwährungsbzg. Derivate, zinsbzg. Derivate aktien-/indexbzg. Derivate; Handels-/Sicherungsgeschäfte
28	FORTEC ELECTRONIK VERTRIEBS AG	Technologie	J	N	
29	HEIDELBERGER DRUCKMASCHINEN AG	Druckmaschinen	N	J	Fremdwährungsbzg. Derivate, zinsbzg. Derivate; Sicherungsgeschäfte
30	HEIDELBERGER ZEMENT AG	Grundstoffe	N	N	
31	HENKEL KGaA	Konsum	N	J	Fremdwährungsbzg. Derivate, zinsbzg. Derivate; Sicherungsgeschäfte
32	HOCHTIEF AG	Bau	N	J	Fremdwährungsbzg. Derivate, zinsbzg. Derivate; Sicherungsgeschäfte
33	HÖFT & WESSEL AG	Technologie	J	N	
34	HSBC TRINKHAUS & BURKHARDT KGaA	Banken	N	J	Fremdwährungsbzg. Derivate, zinsbzg. Derivate, aktien-/indexbzg. Derivate; Handels-/Sicherungsgeschäfte
35	HUNZINGER INFORMATION AG	Public Relations	J	N	
36	HYPO-VEREINSBANK AG	Banken	N	J	Fremdwährungsbzg. Derivate, zinsbzg. Derivate, aktien-/indexbzg. Derivate; Handels-/Sicherungsgeschäfte
37	INFOMATEC AG	Technologie	J	N	
38	INTERTAINMENT AG	Medien	J		
39	I:FAO AG	Technologie	J		
40	KINOWELT MEDIEN AG	Entertainment	J	J	Fremdwährungsbzg. Derivate; Handels-/Sicherungsgeschäfte

Tabelle 10.6: Derivateeinsatz 1999 (II)

			J	Ja
Legende:	bzg.	bezogene	N	Nein
	DE	Derivateeinsatz	NM	Neuer Markt

Nr.	Name	Branche	NM	1999 DE	Arten; Zweck
41	LEONBERGER BAUSPARKASSE AG	Banken	N	N	
42	LINDE AG	Konsum	N		
43	LINTEC AG	Technologie	J	N	
44	LPKF LASER & ELECTRONICS AG	Technologie	J	N	
45	LUFTHANSA AG	Verkehr	N	J	Fremdwährungsbzg. Derivate, zinsbzg. Derivate, warenbzg. Derivate; Sicherungsgeschäfte
46	MAN AG	Fahrzeuge	N	J	Fremdwährungsbzg. Derivate, zinsbzg. Derivate; Sicherungsgeschäfte
47	MANNHEIMER VERSORGUNGS- UND VERKEHRS-GESELLSCHAFT AG	Energie	N	J	Gas- und Rohstoffswaps; Sicherungsgeschäfte
48	MB SOFTWARE AG	Technologie	J	N	
49	MEDION AG	Technologie	J	N	
50	MENSCH UND MASCHINE SOFTWARE AG	Technologie	J	N	
51	MESSER GRIESHEIM GMBH	Chemie	N	J	Fremdwährungsbzg. Derivate, zinsbzg. Derivate; Sicherungsgeschäfte
52	MERK KGAA	Chemie	N	J	Fremdwährungsbzg. Derivate, zinsbzg. Derivate; Sicherungsgeschäfte
53	MOSAIC SOFTWARE AG	Technologie	J	N	
54	MOTIV AG	Technologie	N		
55	MÜHL PRODUCT & SERVICE AG	Technologie	J	–	–
56	MÜNCHENER RÜCKVERSICHERUNG AG	Versicherung	N	J	Fremdwährungsbzg. Derivate, zinsbzg. Derivate, aktien-/indexbzg. Derivate; Handels-/Sicherungsgeschäfte
57	NEMETSCHEK AG	Technologie	J	N	
58	OAR CONSULTING AG	Consulting	N	N	
59	OTRA DEUTSCHLAND GMBH	Handel	N		
60	PREUSSAG AG	Energie	N	J	Fremdwährungsbzg. Derivate, zinsbzg. Derivate; Sicherungsgeschäfte
61	PUMA AG	Konsum	N	J	Fremdwährungsbzg. Derivate; Sicherungsgeschäfte
62	REFUGIUM HOLDING AG	Pflegedienst	J	N	

Tabelle 10.7: Derivateeinsatz 1999 (III)

Legende: bzg. bezogene; DE Derivateeinsatz; J Ja; N Nein; NM Neuer Markt

Nr.	Name	Branche	NM	1999 DE	Arten; Zweck
63	RWE AG	Energie	N	J	Fremdwährungsbzg. Derivate, zinsbzg. Derivate, warenbzg. Derivate; Handels-/Sicherungsgeschäfte
64	SACHSENRING AUTOMOBILTECHNIK AG	Zulieferer	J	N	
65	SALTUS AG	Spezialwerkzeuge	J	N	
66	SCHERING AG	Pharmazie	N	J	Fremdwährungsbzg. Derivate, zinsbzg. Derivate, warenbzg. Derivate; Handels-/Sicherungsgeschäfte
67	SCHMALBACH-LUBECA AG	Grundstoffe	N	J	Fremdwährungsbzg. Derivate, zinsbzg. Derivate, warenbzg. Derivate; Handels-/Sicherungsgeschäfte
68	SENATOR ENTERTAINMENT AG	Medien	J	N	
69	SER SYSTEME AG	Technologie	J	N	
70	SERO ENTSORGUNG AG	Technologie	N		
71	SOFTM SOFTWARE UND BERATUNG AG	Technologie	J	N	
72	TARKETT SOMMER AG	Konsum	N	J	Fremdwährungsbzg. Derivate, zinsbzg. Derivate; Sicherungsgeschäfte
73	TECHNOTRANS AG	Druckmaschinen	J	N	
74	TICONA GMBH	Zulieferer	N	N	
75	TIPTEL AG	Technologie	J		
76	TRANSTEC AG	Handel	J		
77	UTIMACO SAFEWARE AG	Technologie	J	N	
78	VIAG AG	Energie	N	J	Fremdwährungsbzg. Derivate, zinsbzg. Derivate warenbzg. Derivate; Sicherungsgeschäfte
79	VIVANCO AG	Handel	N	J	Devisenoptionen
80	WELLA AG	Konsum	N	J	Fremdwährungsbzg. Derivate, zinsbzg. Derivate, aktien-/indexbzg. Derivate, Sicherungsgeschäfte

Tabelle 10.8: Derivateeinsatz 1999 (IV)

Legende: bzg. bezogene; DE Derivateeinsatz; J Ja; N Nein; NM Neuer Markt

Bezeichnung	Definition Fair Value	Erfassung Fair Value	Bestimmung Fair Value
ADIDAS-SALOMON AG	Nein	Angabe der Marktwerte im Anhang	Keine Angabe im Geschäftsbericht
ALLIANZ AG	Nein	Keine Angabe der Marktwerte	Keine Angabe im Geschäftsbericht
ALTANA AG	Nein	Angabe der Marktwerte im Anhang	Marktwerte werden durch Bewertungsmodelle bestimmt.
BAYER AG	Nein	Angabe der Marktwerte im Anhang	Keine Angabe im Geschäftsbericht
BHF-BANK AG	Ja	Angabe der Marktwerte im Anhang	Keine Angabe im Geschäftsbericht
BWK BREMER WOLL-KÄMMEREI AG	Nein	Angabe der Marktwerte im Anhang	Keine Angabe im Geschäftsbericht
COMMERZBANK AG	Ja	Angabe der Marktwerte im Anhang	Sofern Marktpreise verfügbar sind, entspricht der Fair Value dem Marktpreis. Sind keine Marktpreise verfügbar, so wird der Fair Value durch Bewertungsmodelle bestimmt.
CONCORD EFFEKTEN AG	Nein	Nein	Keine Angabe im Geschäftsbericht
DEUTSCHE BANK AG	Nein	Angabe der Fair Values im Anhang	Sofern Marktpreise verfügbar sind, entspricht der Fair Value dem Marktpreis. Sind keine Marktpreise verfügbar, so wird der Fair Value durch Bewertungsmodelle bestimmt.
DG BANK AG	Nein	Angabe der Marktwerte im Anhang	Keine Angabe im Geschäftsbericht
DRESDNER BANK AG	Ja	Angabe der Marktwerte von Financial Assets im Anhang	Sofern Marktpreise verfügbar sind, entspricht der Fair Value dem Marktpreis. Sind keine Marktpreise verfügbar, so wird der Fair Value durch Bewertungsmodelle bestimmt.
DYCKERHOFF AG	Nein	Angabe der Marktwerte im Anhang	Keine Angabe im Geschäftsbericht
HSBC TRINKHAUS & BURKHARDT KGaA	Ja	Angabe der Marktwerte im Anhang	Sofern Marktpreise verfügbar sind, entspricht der Fair Value dem Marktpreis. Sind keine Marktpreise verfügbar, so wird der Fair Value durch Bewertungsmodelle bestimmt.
HENKEL KGaA	Nein	Angabe der Marktwerte im Anhang	Keine Angabe im Geschäftsbericht

Tabelle 10.9: Geschäftsberichte 1998 (I)

Bezeichnung	Definition Fair Value	Erfassung Fair Value	Bestimmung Fair Value
HYPO-VEREINSBANK AG	Ja	Angabe der Fair Values im Anhang	Börsengehandelte Wertpapiere werden zum Fair Value angesetzt. Für alle übrigen Wertpapiere wird der Fair Value durch Bewertungsmodelle bestimmt.
LUFTHANSA AG	Nein	Angabe der Marktwerte im Anhang	Keine Angabe im Geschäftsbericht
MESSER GRIESHEIM GmbH	Nein	Angabe der Marktwerte im Anhang	Die Marktwerte entsprechen den Marktpreisen.
MERK KGaA	Nein	Angabe der Marktwerte im Anhang	Die Marktwerte entsprechen den Marktpreisen.
PUMA AG	Nein	Angabe der Marktwerte im Anhang	Keine Angabe im Geschäftsbericht
RWE AG	Nein	Angabe der Marktwerte im Anhang	Keine Angabe im Geschäftsbericht
SCHERING AG	Nein	Angabe der Marktwerte im Anhang	Keine Angabe im Geschäftsbericht
TARKETT SOMMER AG	Nein	Nein	Keine Angabe im Geschäftsbericht

Tabelle 10.10: Geschäftsberichte 1998 (II)

Name	Definition Fair Value	Erfassung Fair Value	Bestimmung Fair Value 1999
ADIDAS-SALOMON AG	Nein	Angabe der Marktwerte im Anhang	Keine Angabe im Geschäftsbericht
ALLIANZ AG	Nein	Angabe der Marktwerte im Anhang	Keine Angabe im Geschäftsbericht
ALTANA AG	Nein	Angabe der Marktwerte im Anhang	Marktwerte werden durch Bewertungsmodelle bestimmt.
BAYER AG	Nein	Angabe der Marktwerte im Anhang	Keine Angabe im Geschäftsbericht
BHF-BANK AG	Ja	Angabe der Marktwerte im Anhang	Sofern Marktpreise verfügbar sind, entspricht der Fair Value dem Marktpreis. Sind keine Marktpreise verfügbar, so wird der Fair Value durch Bewertungsmodelle bestimmt.
BWK BREMER WOLL-KÄMMEREI AG	Nein	Angabe der Marktwerte im Anhang	Keine Angabe im Geschäftsbericht
COMMERZBANK AG	Ja	Angabe der Fair Values im Anhang	Sofern Marktpreise verfügbar sind, entspricht der Fair Value dem Marktpreis. Sind keine Marktpreise verfügbar, so wird der Fair Value durch Bewertungsmodelle bestimmt.
CONCORD EFFEKTEN AG	Nein	Nein	Keine Angabe im Geschäftsbericht
DG BANK	Nein	Angabe der Marktwerte im Anhang	Keine Angabe im Geschäftsbericht
DRESDNER BANK AG	Ja	Angabe der positiven Marktwerte im Anhang	Sofern Marktpreise verfügbar sind, werden diese genutzt, soweit Marktpreise nicht verfügbar sind, wird der Fair Value durch Bewertungsmodelle bestimmt.
DYCKERHOFF AG	Nein	Angabe der Marktwerte im Anhang	Keine Angabe im Geschäftsbericht
ERGO VERSICHERUNGS-GRUPPE AG	Nein	Angabe der Marktwerte im Anhang	Marktwerte werden durch Bewertungsmodelle und durch Marktpreise bestimmt.
HEIDELBERGER DRUCKMASCHINEN AG	Nein	Angabe der Marktwerte im Anhang	Keine Angabe im Geschäftsbericht
HENKEL KGaA	Nein	Angabe der Marktwerte im Anhang	Keine Angabe im Geschäftsbericht

Tabelle 10.11: Geschäftsberichte 1999 (I)

Name	Definition Fair Value	Erfassung Fair Value	Bestimmung Fair Value 1999
HOCHTIEF AG	Nein	Angabe des Marktwerts im Anhang	Keine Angabe im Geschäftsbericht
HSBC TRINKHAUS & BURKHARDT KGaA	Ja	Angabe der Marktwerte im Anhang	Sofern Marktpreise verfügbar sind, werden diese genutzt, soweit Marktpreise nicht verfügbar sind, wird der Fair Value durch Bewertungsmodelle bestimmt.
HYPO- UND VEREINSBANK AG	Ja	Angabe der Fair Values im Anhang	Börsengehandelte Wertpapiere werden zum Fair Value angesetzt. Für alle übrigen Wertpapiere wird der Fair Value durch Bewertungsmodelle bestimmt.
KINOWELT AG	Nein	Angabe der Marktwerte im Anhang	Keine Angabe im Geschäftsbericht
LUFTHANSA AG	Nein	Angabe der Marktwerte im Anhang	Keine Angabe im Geschäftsbericht
MANNHEIMER VERSORGUNGS- UND VERKEHRS-GESELLSCHAFT AG	Nein	Keine Angabe der Marktwerte im Anhang	Keine Angabe im Geschäftsbericht
MAN AG	Nein	Angabe der Marktwerte im Anhang	Marktwerte werden durch Bewertungsmodelle bestimmt.
MERCK KGaA	Nein	Angabe der Marktwerte im Anhang	Marktwerte entsprechen den Marktpreisen.
MESSER GRIESHEIM GmbH	Nein	Angabe der Marktwerte im Anhang	Marktwerte entsprechen den Marktpreisen.
MÜNCHENER RÜCKVERSICHERUNG AG	Nein	Angabe der Marktwerte im Anhang	Keine Angabe im Geschäftsbericht
PREUSSAG AG	Ja	Angabe der Marktwerte im Anhang	Keine Angabe im Geschäftsbericht
PUMA AG	Nein	Angabe der Marktwerte im Anhang, aber auch Ansatz der Marktwerte in der Bilanz gemäß IAS 39	Keine Angabe im Geschäftsbericht
RWE AG	Nein	Angabe der Marktwerte im Anhang	Keine Angabe im Geschäftsbericht
SCHERING AG	Nein	Angabe der Marktwerte im Anhang	Keine Angabe im Geschäftsbericht

Tabelle 10.12: Geschäftsberichte 1999 (II)

Name	Definition Fair Value	Erfassung Fair Value	Bestimmung Fair Value 1999
SCHMALBACH-LUBECA AG	Nein	Angabe der Marktwerte im Anhang	Keine Angabe im Geschäftsbericht
TARKETT SOMMER AG	Nein	Keine Angabe der Marktwerte	Keine Angabe im Geschäftsbericht
VIVANCO AG	Nein	Nein	Keine Angabe im Geschäftsbericht
VIAG AG	Nein	Angabe der Marktwerte im Anhang	Marktwerte werden durch Bewertungsmodelle bestimmt.
WELLA AG	Nein	Angabe der Marktwerte im Anhang	Keine Angabe im Geschäftsbericht

Tabelle 10.13: Geschäftsberichte 1999 (III)

10.3 Beurteilung der Ergebnisse

10.3.1 Fair Value als Oberbegriff

Es ist nicht sinnvoll, den Terminus "Fair Value" durch den Begriff "Marktwert" zu ersetzen. Unter dem Market Value versteht IAS 32.5 den Fair Value in einem Active Market, der Fair Value ist folglich der Oberbegriff.[10] Aus Sicht des Bilanzadressaten könnte es irreführend sein, daß das Unternehmen – so geschehen bei der BHF-Bank AG, der Dresdner Bank AG und der HSBC Trinkhaus & Burkhardt KGaA – den Fair Value zwar definiert, aber nur Marktwerte, die sowohl Marktpreisen entsprechen als auch durch Bewertungsmodelle bestimmt werden, ausweist.

10.3.2 Problem der Konformität von Bilanzierungspraxis der Unternehmen und IAS

10.3.2.1 Fragestellung

Das entscheidende Problem ist, ob die Vorgehensweise der Unternehmen im Hinblick auf die Wertbestimmung der Derivate in der Bilanz mit den IAS konform ist. Es stellt sich die Frage, ob es zulässig ist, daß ein Unternehmen einen gegebenen Marktpreis eines Asset als Fair Value in der Bilanz ansetzt, ohne zu überprüfen, ob der Markt dieses Asset (nahezu) dem Kriterium der Arbitragefreiheit und Vollständigkeit genügt. Es ist also im folgenden festzustellen, ob die Märkte, auf denen Derivate gehandelt werden, annähernd vollständig und arbitragefrei sind. Es wird sich in der folgenden Analyse auf Aktienoptionen beschränkt.

10.3.2.2 Zusammenfassung der empirischen Studien für den deutschen Optionsmarkt

Aktienoptionen werden an Börsen oder am OTC Markt gehandelt. Empirische Studien testen, ob der durch das Black-Scholes-Modell errechnete Modellwert den Marktpreis "hinreichend" gut erklären kann. Optionspreise gelten als durch das Black-Scholes-Modell "hinreichend" gut erklärt,

- wenn Optionspreis und Optionswert nicht signifikant voneinander abweichen bzw.
- wenn es nicht möglich ist, dauerhaft "abnormale" Gewinne zu erzielen.[11]

[10] Vgl. DP 5, 2.6.

[11] Nach JENSEN (1978) sind die Märkte im Zeitpunkt t effizient bezüglich des Informationsstandes θ_t, falls kein Marktteilnehmer auf Basis des Informationsstands θ_t dauerhaft abnormale Gewinne erzielen

Zur Erklärung, was unter einem abnormalen Gewinn verstanden wird, wird auf das einperiodige Binomialmodell (Abschnitt 3.1) zurückgegriffen. Es wird im folgenden die Notation des dritten Kapitels zugrundegelegt. Ausgangspunkt der Begriffsbestimmung ist die Tatsache, daß es keinen *abnormalen Gewinn* in der "Binomialwelt" und in der "Black-Scholes-Welt" gibt.[12] Dies wird zunächst veranschaulicht. Es wird also ein Portefeuille angenommen, daß x Aktien und y risikolose Anleihen enthält. x und y werden nun so gewählt, daß der Wert des Portfeuilles im Folgezeitpunkt $t+1$ in jedem Zustand dem Wert der Kaufoption entspricht. Dadurch, daß das Portefeuille den Wert der Kaufoption im folgenden Zeitpunkt dupliziert, ist Portefeuillewert und Optionswert unter der Annahme der Arbitragefreiheit im Zeitpunkt t identisch. Formal heißt das:

$$C^e(t) = xS(t) + y, \quad (10.1)$$
$$C^u(t+1) := [S(t)u - K]^+ = xS(t)u + yR, \quad (10.2)$$
$$C^d(t+1) := [S(t)d - K]^+ = xS(t)d + yR. \quad (10.3)$$

Nach Lösung der Gleichungen (10.2) und (10.3) erhält man:

$$x = \frac{C^u(t+1) - C^d(t+1)}{S(t)[u-d]} =: \frac{\Delta C}{\Delta S}. \quad (10.4)$$

und nach Auflösung des Gleichungssystems nach y (yR) folgen:

$$C^e(t) - xS(t) = y, \quad (10.5)$$
$$C^e(t+1) - xS(t+1) = yR \quad (10.6)$$

bzw.

$$-C^e(t) + xS(t) = -y, \quad (10.7)$$
$$-C^e(t+1) + xS(t+1) = -yR, \quad (10.8)$$

wobei $C^e(t+1)$ in der "Binomialwelt" entweder $C^u(t+1)$ oder $C^d(t+1)$ und $S(t+1)$ entweder $S(t)u$ oder $S(t)d$ sind. Durch Kombination von Optionskauf (Optionsverkauf) und Aktienverkauf (Aktienkauf) im Zeitpunkt t wird ein risikoloses Portefeuille gebildet. Im Zeitpunkt $t+1$ wird das Portefeuille liquidiert. Nach Subtraktion der

kann. Legt man diese Definition zugrunde, so testen die drei Studien die Informationseffizienz des Optionsmarkts.

[12] Da die empirischen Studien den Kaufoptionswert mit dem Kaufoptionspreis vergleichen, beschränkt sich die Analyse auf Kaufoptionen.

Gleichungen (10.5) und (10.6) und der Gleichungen (10.7) und (10.8) ergeben sich die Gleichungen:

$$C^e(t) - C^e(t+1) - x(S(t) - S(t+1)) + yr = 0, \quad (10.9)$$

$$C^e(t+1) - C^e(t) - x(S(t+1) - S(t)) - yr = 0. \quad (10.10)$$

Die Gleichungen (10.9) und (10.10) geben den Ertrag des Portefeuilles für die Periode $(t, t+1)$ an. Da die Gleichungen (10.9) und (10.10) null sind, sind die abnormalen Gewinne in der "Binomialwelt" null.

Die Überlegungen sind auf die "Black-Scholes-Welt" übertragbar; in der zeitstetigen "Black-Scholes-Welt" wird das Portefeuille aus Kaufoptionen und Aktien zeitkontinuierlich (konform) verzinst. Mit der Abschätzung:[13]

$$x = \frac{\Delta C}{\Delta S} \approx \frac{\partial C}{\partial S} = N(d_1). \quad (10.11)$$

ergeben sich für (10.9) und (10.10) die Gleichungen:[14]

$$C^e(t) - C^e(t+1) - N(d_1)(S(t) - S(t+1)) + y(e^r - 1) = 0, \quad (10.12)$$

$$C^e(t+1) - C^e(t) - N(d_1)(S(t+1) - S(t)) - y(e^r - 1) = 0. \quad (10.13)$$

Es wird getestet, ob es dauerhaft einen abnormalen Gewinn in der "realen" Welt gibt. Einen abnormalen Gewinn gibt es ex post immer dann, wenn ein Portefeuille aus Aktien und Kaufoptionen im Zeitpunkt t so konstruiert werden kann, daß der nach der Liquidation des Portefeuilles im Folgezeitpunkt $t+1$ erzielte Ertrag dieses Portefeuilles größer als die mit dem Geschäft verbundenen Transaktionskosten (TK) ist. Ausgehend von den Gleichungen (10.12) und (10.13) heißt das formal:

$$\varepsilon_{t,t+1} := C^e(t) - C^e(t+1) - N(d_1)(S(t) - S(t+1)) + y(e^r - 1) - TK > 0, \quad (10.14)$$

$$\varepsilon_{t,t+1} := C^e(t+1) - C^e(t) - N(d_1)(S(t+1) - S(t)) - y(e^r - 1) - TK > 0. \quad (10.15)$$

Es gibt drei empirische Studien, die für an deutschen Börsen (Frankfurter Optionsbörse, Deutsche Terminbörse) gehandelte Kaufoptionen auf Aktien testen, ob die Optionspreise durch die durch das Black-Scholes-Modell errechneten Optionswerte "hinrei-

[13]Der Zusammenhang $\frac{\partial C}{\partial S} = N(d_1)$ kann z.B. STOLL/WHALEY entnommen werden; vgl. STOLL/WHALEY (1993), S. 245 f.

[14]Vgl. GALAI (1983), S. 60.

chend" gut erklärt werden können.[15] Es gibt keine empirische Studie, die für an deutschen Börsen gehandelte Verkaufsoptionen auf Aktien überprüft, ob sich Optionspreise und nach dem Black-Scholes-Modell errechnete Optionswerte "nahezu" entsprechen.

TRAUTMANN[16] vergleicht mehr als 220000 Transaktionspreise für Kaufoptionen, die an der Frankfurter Optionsbörse im Zeitraum vom 01.04.1983 bis 31.03.1987 gehandelten wurden, mit den durch das Black-Scholes-Modell errechneten Modellwerten. Im Mittel weichen die Modellwerte von den Marktpreisen in Abhängigkeit der Volatilitätsschätzung um -13% bzw. 5% ab.[17] TRAUTMANN beurteilt dieses Ergebnis nicht; er fügt also nicht hinzu, ob die Optionpreise durch die Optionswerte gut oder schlecht erklärt werden.

Das Verfahren der empirischen Studien, die überprüfen, ob dauerhaft abnormale Gewinne möglich sind, läßt sich in drei Schritte unterteilen:

- Zunächst wird das Portefeuille konstruiert. Stimmt der Marktpreis mit dem Optionswert in einem Zeitpunkt t nicht überein, so wird ein Portefeuille aus Optionen und Aktien gebildet. Ist der Marktpreis größer (kleiner) als der Optionswert, so wird die Option leerverkauft (gekauft) und es werden x Aktien gekauft (verkauft). Das Portefeuille wird im Folgezeitpunkt $t+1$ liquidiert.

- Im zweiten Schritt wird der abnormale Gewinn mit der Gleichung (10.14) bzw. (10.15) berechnet.

- Um festzustellen, ob die so ermittelten abnormalen Gewinne dauerhaft (d.h. signifikant) sind, wird die Hypothese $H_0 : E\left(\varepsilon_{t,t+1}\right) \leq 0$ getestet.

---

[15] Es wird sich auf den deutschen Optionsmarkt beschränkt.

GALAI (1983) faßt die bis 1980 entstandenen empirischen Studien für den amerikanischen Optionsmarkt zusammen.

GALAI kommt für den US-amerikanischen Markt für Kaufoptionen auf Aktien zu dem Ergebnis, daß ein Privatanleger keine dauerhaften abnormalen Gewinne erzielen kann; vgl. GALAI (1983), S. 68 f. In der empirischen Studie von BLACK und SCHOLES (1972) werden die Preise von *außerbörslich gehandelten Kaufoptionen* mit den durch das Black-Scholes-Modell errechneten Modellwerten verglichen. BLACK und SCHOLES stellen nach Durchführung der Handelsstrategie, die in dem Verkauf (Kauf) der überbewerteten (unterbewerteten) Option besteht, fest, daß der Abzug der Transaktionskosten die durch die Strategie entstandenen Gewinne aufzehrt. Dieser Studie zufolge sind am OTC-Markt daher keine abnormalen Gewinne zu realisieren; vgl. BLACK und SCHOLES (1972), S. 416 f.

GALAI kommt in seiner Zusammenfassung der Ergebnisse der empirischen Studien für den amerikanischen Markt für Verkaufsoptionen auf Aktien zu dem Schluß, daß abnormale Gewinne dauerhaft erzielt werden können; vgl. GALAI (1983), S. 74.

[16] Vgl. TRAUTMANN (1989).

[17] Vgl. TRAUTMANN (1989), S. 96.

KÖPKE[18] überprüft die Hypothese für Kaufoptionspreise der Allianz-Aktie, die im Zeitraum vom 26.06.90 bis 30.07.90 an der Deutschen Terminbörse notiert wurden.[19] Er kommt zu dem Schluß, daß zumindest Market-Maker dauerhaft abnormale Gewinne erzielen können.[20] KÖPKE berücksichtigt keine expliziten und keine impliziten Transaktionskosten bei der Berechnung der abnormalen Gewinne.[21]

TRAUTMANN[22] überprüft die Hypothese anhand von 200.000 Kaufoptionspreisen, die im Zeitraum vom 01.04.1983 bis zum 30.06.1985 an der Frankfurter Optionsbörse notiert wurden. Die Hypothese H_0 wird eindeutig abgelehnt; d.h. es sind abnormale Gewinne erzielbar.[23] TRAUTMANN berücksichtigt bei der Berechnung des abnormalen Gewinns jedoch die impliziten Transaktionskosten nicht.[24] Zudem stellt er fest, daß ein Anteil des abnormalen Gewinns auch als Kompensation für das Preisänderungsrisiko durch den nichtgleichzeitigen Aufbau der Portefeuilleposition bzw. als Kompensation für das Ertragsrisiko, das durch die ungenaue Varianzschätzung oder durch die wöchentliche anstelle der geforderten zeitstetigen Portefeuillerevision entsteht, aufgefaßt werden muß.[25] Aufgrund dieser Überlegungen ist sein Fazit, daß man trotz Ablehnung der Hypothese lediglich auf eine geringe Ineffizienz des Optionsmarkts schließen kann.[26] Man kann also davon ausgehen, daß dauerhaft lediglich vernachlässigbare abnormale Gewinne erzielt werden.

10.3.2.3 Beurteilung

Die empirischen Studien kommen zu keinem eindeutigen Ergebnis. Damit gibt es prinzipiell zwei Möglichkeiten, diese zu interpretieren:

Man schließt sich der Meinung an, daß der durch das Black-Scholes-Modell errechnete Modellwert "hinreichend" gut die Aktienoptionspreise erklärt. Da das Black-Scholes-Modell einen vollständigen und arbitragefreien Markt annimmt, folgt, daß der Aktienoptionsmarkt vollständig und arbitragefrei ist. Dies hat wiederum zur Folge,

---

[18]Vgl. KÖPKE (1995).

[19]Vgl. KÖPKE (1995), S. 150.

[20]Vgl. KÖPKE (1995), S. 147 f.

[21]Die Höhe der abnormalen Gewinne ist von der Bestimmung der Varianz der Aktienkursrendite abhängig, vgl. KÖPKE (1995), S. 134 ff.

Implizite Transaktionskosten sind im "Preis versteckte" Transaktionskosten. Dies ist die Spanne zwischen Bid- und Ask Kurs.

[22]Vgl. TRAUTMANN (1987).

[23]Vgl. TRAUTMANN (1987), S. 324 f.

[24]Vgl. TRAUTMANN (1987), S. 324.

[25]Vgl. TRAUTMANN (1987), S. 325.

[26]Vgl. TRAUTMANN (1987), S. 324.

Ein nichtgleichzeitiger Aufbau einer Portefeuilleposition erfolgt immer dann, wenn der Akienkurs und der Optionspreis nicht zeitgleich notiert werden.

daß der Marktpreis der Option dem Fair Value entspricht.

Man schließt sich der Meinung an, daß das Black-Scholes-Modell die Aktienoptionspreise nicht hinreichend gut beschreibt. Dann gibt es entsprechend der möglichen Ursachen dieser Abweichung zwei Fälle:

- Der Markt ist nicht vollständig und arbitragefrei und demzufolge ist das Black-Scholes-Modell nicht anwendbar. Der Marktpreis ist nicht der Fair Value.

- Der Markt ist vollständig und arbitragefrei. Das Black-Scholes-Modell ist jedoch nicht anwendbar. Mögliche Gründe dafür sind die nicht der Realität entsprechende Modellierung der Aktienkursbewegung (im Black Scholes-Modell sind die Aktienkursrenditen normalverteilt) und die Annahme einer konstanten Varianz der Aktienkursrendite.[27]
  In diesem Fall entspricht der Marktpreis dem Fair Value.

Am Bilanzstichtag ist der Marktpreis von börsengehandelten Aktienoptionen verfügbar. Unter der Annahme, daß die Unternehmen keine Banken und Versicherungen sind, wird davon ausgegangenen, daß die Preise von außerbörslich gehandelten Aktienoptionen am Bilanzstichtag nicht bekannt sind. Dieser Vermutung liegt die Überlegung zugrunde, daß Unternehmen außerhalb des Banken- und Versicherungsbereichs weniger handeln als Banken und Versicherungen und somit die Wahrscheinlichkeit, daß am Bilanzstichtag ein Geschäft am OTC-Markt abgeschlossen und somit der Kurs bekannt ist, vergleichsweise gering ist.

Lediglich in dem Fall, in dem man davon ausgeht, daß es sich bei dem börsenmäßig organisierten Aktienoptionsmarkt um einen arbitragefreien und vollständigen Markt handelt und daß der Aktienoptionsmarkt, der nicht börsenmäßig organisiert ist, einem arbitragefreien und vollständigen Markt nicht entspricht, stimmt das Vorgehen der Unternehmen zur Bestimmung des Fair Value mit den Regelungen des IAS 32 überein.

Da Banken und Versicherungen tendenziell mehr handeln als andere Unternehmen, ist die Wahrscheinlichkeit vergleichsweise größer, daß sie am Bilanzstichtag ein Geschäft am OTC-Markt abschließen und somit den Kurs kennen. Unter der Annahme, daß der Kurs der am OTC-Markt gehandelten Aktienoption am Bilanzstichtag bekannt ist, stimmt lediglich in dem Fall, in dem man davon ausgeht, daß es sich sowohl bei dem börsenmäßig organisierten Aktienoptionsmarkt als auch bei dem Aktienoptionsmarkt, der nicht börsenmäßig organisiert ist, um einen arbitragefreien und vollständigen Markt

[27] Es gibt empirische Studien, die zeigen, daß die Aktienkursrenditen nicht normalverteilt sind und die Varianz nicht konstant ist. Einen Überblick über diese Arbeiten gibt PETERS (1996), S. 28–32.

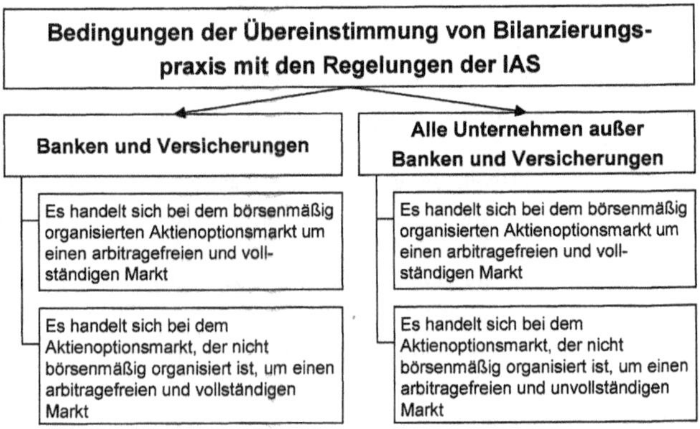

Abbildung 10.2: Bedingungen der Übereinstimmung von Bilanzierungspraxis mit den Regelungen der IAS

handelt, das Vorgehen der Banken und Versicherungen zur Bestimmung des Fair Value mit den Regelungen des IAS 32 überein.

Die Bedingungen der Übereinstimmung von Bilanzierungspraxis mit den Regelungen des IAS 32 werden nochmals in Abbildung 10.2 dargestellt.

Da der Aktienoptionsmarkt, der nicht börsenmäßig organisiert ist, entweder ein arbitragefreier und unvollständiger oder ein arbitragefreier und vollständiger Markt ist, widerspricht – unter den gesetzten Annahmen – entweder die Vorgehensweise von Banken und Versicherungen oder das Prozedere aller übrigen Unternehmen zur Ermittlung des Fair Value von Aktienoptionsrechten den Regelungen der IAS.

Kapitel 11

Zusammenfassung und Ausblick

Die vorliegende Arbeit beantwortet - dem Titel entsprechend - die Frage nach der Definition, nach der Relevanz und nach dem Verständnis des Fair Value von Aktienoptionsrechten.

Die Ergebnisse sind:

- Der Fair Value eines Aktienoptionsrechts ist nur der Preis in einem arbitragefreien und vollständigen Markt. In den übrigen Fällen muß er durch ein Optionsbewertungsmodell ermittelt werden. Die Begriffe "Less Active Market" und "Nicht-Active Market" aus Discussion Paper bzw. IAS 39 tragen daher nicht zur Problemlösung bei.

- Der Fair Value eines Aktienoptionsrechts ist grundsätzlich nur in einem arbitragefreien und vollständigen Markt relevant.

- Der Fair Value wird nur unter bestimmten Bedingungen richtig verstanden. Wie die empirische Erhebung zeigt, tendiert die Praxis dazu, Marktpreise von Finanzinstrumenten als Fair Value anzusehen, ohne zu überprüfen, ob der Markt arbitragefrei und vollständig ist.

Was bleibt noch zu tun?

BARTH und LANDSMAN gaben am Schluß ihres Vortrags über die Wertrelevanzforschung die Problemkreise an, die nach ihrer Ansicht noch gelöst werden müssen.[1] Sie stellten folgende Fragen, die die zukünftige Forschung zu beantworten hat:

- Soll die Bewertung des Asset bzw. der Liability mit dem Fair Value erfolgen?

- Sollen *alle* Assets und Liabilities mit dem Fair Value bewertet werden?

[1] Vgl. BARTH/LANDSMAN (2000), S. 66 ff.

- Welche Implikationen hat ein Bewertungskonzept, das lediglich einen Teil der Assets (Liabilities) mit dem Fair Value bewertet?

- Wie beeinflußt eine auf dem Fair Value aufbauende Rechnungslegung den Jahresabschluß?

- Wie werden Manager ihre Ermessensspielräume bei der Ermittlung des Fair Value ausnutzen?[2]

In neunten Kapitel wird gezeigt, daß sowohl der Fair Value als auch der Value-in-Use nicht relevant sein müssen. Damit hat diese Arbeit die erste der von BARTH und LANDSMAN gestellten Fragen für Aktienoptionsrechte in einem einfachen Modellrahmen beantwortet. Gleichzeitig öffnet die Vorgehensweise in diesem Kapitel, die den Marktwert des Eigenkapitals zu den Wertansätzen von Financial Assets und Financial Liabilities in Beziehung setzt, den Blick auf das der Fair Value-Diskussion zugrundeliegende theoretische Problem:

Wie sieht der Zusammenhang zwischen den im Jahresabschluß gegebenen Informationen und dem Unternehmenswert aus?

Dies ist keine neue Fragestellung.[3] Sie wird heute jedoch zunehmend theoretisch diskutiert. Bedeutende Vertreter der theoretischen Diskussion sind FELTHAM und OHLSON, die in ihren Arbeiten[4] von gegebenen Rechnungslegungsinformationen ausgehen und daraus den Marktwert des Eigenkapitals formal ableiten.[5] Der Unterschied zwischen der Vorgehensweise von FELTHAM und OHLSON und dieser Arbeit ist, daß hier von dem Marktwert des Eigenkapitals ausgegangen wird und daraus dann die

[2]Rationale Manager nutzen die Ermessensspielräume im Hinblick auf die Maximierung ihrer eigenen Ziele aus. Ihre Ziele können jedoch im Widerspruch zu den Zielen der Bilanzadressaten stehen. Die Ansätze, die sich mit dem "Auswahlverhalten" von Managern beschäftigen, werden unter dem Schlagwort "Positive Accounting Theory" diskutiert; vgl. WHITE/SONDHI/FRIED (1997), S. 241.

KIRSCHENHEITER (1996) ermittelt unter der Annahme, daß der Manager zwischen dem Ausweis des Fair Value und dem Ausweis der Anschaffungskosten eines Asset wählen kann, die Bereiche, bei denen er sich für den Fair Value bzw. die Anschaffungskoten entscheidet.

[3]Aus angelsächsischer Sicht wurde diese Frage bis in die sechziger Jahre hinein normativ diskutiert. Mit der Studie von BALL/BROWN begann die empirische Forschung; vgl. WHITE/SONDHI/FRIED (1997), S. 224 f.

BALL/BROWN (1968) untersuchten empirisch den Zusammenhang zwischen veröffentlichten Erfolgen und den Kursveränderungen der Aktie.

[4]Die Arbeiten, die viel Beachtung fanden, sind: OHLSON (1995); FELTHAM/OHLSON (1995).

[5]Die jüngeren Arbeiten beziehen sich auf den Marktwert des Eigenkapitals, sondern auf den Wert einer Aktie; vgl. OHLSON (2000b).

Wertansätze in der Bilanz formal abgeleitet werden. Insoweit wird in dieser Arbeit die Blickrichtung umgekehrt.[6]

Demzufolge ermöglicht eine – im Vergleich zu den in dieser Arbeit gesetzten Annahmen – "realistischere" Modellierung des Zusammenhangs zwischen Marktwert des Eigenkapitals und den Wertansätzen in der Bilanz eine "umfassendere" Antwort auf die von BARTH/LANDSMAN gestellte erste Frage. Mit dieser Aufgabe haben sich zukünftige Ansätze zu beschäftigen.

Was sollen die "Standard Setter" aus der Fair Value-Diskussion lernen?

Zunächst ist die Tatsache, Marktwerte für Finanzinstrumente anzugeben, aus amerikanischer Sicht nichts Neues. Vor 1938 haben Banken über die Marktwerte von Finanzinstrumenten berichtet. Die mit dem Ende der zwanziger Jahre einsetzende Depression führte durch die zahlreichen Schließungen der Banken dazu, daß man 1938 aus dem Gedanken des Gläubigerschutzes heraus von der Berichterstattung über Marktwerte zur Angabe von Anschaffungskosten überging.[7]

Unter der Annahme, daß es sich bei dem Marktwert um einen Marktpreis am Bilanzstichtag handelt, besteht Übereinstimmung zwischen dem Fair Value und dem Marktwert lediglich in dem Punkt, daß es sich bei beiden – wie bei jedem anderen Wert auch – um subjektbezogene Werte handelt. Die Bezeichnung eines Werts als "Fair Value" ist mißverständlich; sie suggeriert einen objektbezogenen Wert, den es – wie in Kapitel fünf dargestellt – nicht gibt. Der Unterschied zwischen dem Fair Value und dem Marktpreis besteht darin, daß der Marktpreis nicht unbedingt der Fair Value ist. Er entspricht ihm lediglich in dem Fall, in dem das Finanzinstrument in einem arbitragefreien und vollständigen Markt gehandelt wird. Dies wird im achten Kapitel gezeigt und im zehnten Kapitel wird darauf hingewiesen, daß deutsche Unternehmen Marktpreise als Fair Value ansehen. Die Erörterung, ob der Fair Value im Financial Statement angesetzt bzw. ausgewiesen werden soll, ist insoweit von der Diskussion um die Angabe von Marktpreisen zu unterscheiden.

Worin geht es in der Diskussion um den Fair Value?

Überwiegend wird das Bewertungskonzept dahingehend beurteilt, ob die mit ihm einhergehenden Wirkungen "wünschenswert" sind. Auch die Fragen, die BARTH/LANDSMAN durch die zukünftige Forschung beantwortet wissen wollen, beziehen sich alle bis auf die erste auf die Konsequenzen der Bewertung von Assets und Liabilities

[6]Dies ist natürlich nur ein Unterscheidungskriterium zwischen der Vorgehensweise von FELTHAM/OHLSON und dieser Arbeit. PENMAN sieht den Vorteil des Modells von FELTHAM/OHLSON vor allem darin, daß von den in das Modell einbezogenen „Rechnungslegungsgrößen" nicht verlangt wird, daß sie im Abschluß mit einem bestimmten Wert (Anschaffungskosten bzw. Fair Value) anzugeben sind; vgl. PENMAN (1992), S. 468.

[7]Vgl. SWENSON/BUTTROSS (1993), S. 71 f.

mit ihren Fair Values. Es gibt kaum Autoren, die die mit dem Konzept verbundenen Annahmen, die scheinbar in Vergessenheit geraten sind, darstellen und beurteilen.[8] Zum Schluß sei daher auf Schopenhauer verwiesen, der bemerkte:

„Im Schließen wird Niemand fehlen: ...
die Schwierigkeit und die Gefahr zu fehlen liegt im Aufstellen der Prämissen: nicht im Ziehn der Konklusion daraus ..."[9].

[8]Vgl. BEAVER/DATAR/WOLFSON (1992), zitiert bei Nelson (1996), S. 163. BEAVER/DATAR/WOLFSON beziehen sich jedoch nicht auf einen "Active Market", sondern auf einen "Complete Market". SCHNEIDER (1999) bezieht sich nicht auf das Fair Value-Konzept; er diskutiert die marktwertorientierte Unternehmungsrechnung, deren zugrundeliegende Prämissen allerdings mit denen des Fair Value-Konzepts übereinstimmen.

[9]Vgl. SCHOPENHAUER (1913), S. 361.

Literaturverzeichnis

[1] Abad, C.; J. Laffarga (1999): Accounting Information and Capital Markets: An Overview, Discussion Paper, Universidad de Sevilla.

[2] Achleitner, A.-K.; G. Behr (1998): *International Accounting Standards – Ein Lehrbuch zur Internationalen Rechnungslegung*, München: Verlag C. H. Beck.

[3] American Accounting Association's Financial Accounting Standards Committee (1998): Response to a Discussion Paper Issued by the IASC/CICA Steering Committee on Financial Instruments, "Accounting for Financial Assets and Financial Liabilities", *Accounting Horizons* 5, März, S. 90–97.

[4] Ball, R.; P. Brown (1968): An Empirical Evaluation of Accounting Income Numbers, *Journal of Accounting Research* 7, S. 159–178.

[5] Bank for International Settlements (1996): *Central Bank Survey of Foreign Exchange and Derivatives Market Activity 1995,* Basel: Bank for International Settlements.

[6] Bank for International Settlements (1999a): *Central Bank Survey of Foreign Exchange and Derivatives Market Activity 1998,* Basel: Bank for International Settlements.

[7] Bank for International Settlements (1999b): *The global OTC Derivatives Market at End-December 1998,* Basel: Bank for International Settlements.

[8] Barrett, M. J.; W. H. Beaver; W. W. Cooper; J. A. Milburn; D. Solomons; D. P. Tweedie (1991): American Accounting Association Committee on Accounting and Auditing Measurement 1998-1990, *Accounting Horizons* 5, September, S. 82–105.

[9] Barth, M. E. (1994): Fair Value Accounting: Evidence from Investment Securities and the Valuation of Banks, *The Accounting Review* 69, S. 1–25.

[10] BARTH, M.; W. LANDSMAN (1995): Fundamental Issues Related to Using Fair Value Accounting for Financial Reporting, *Accounting Horizons* 9, December, S. 97–107.

[11] BARTH, M. E.; W. R. LANDSMAN; J. M. WAHLEN (1995): Fair Value Accounting: Effects on Banks' Earnings Volatility, Regulatory Capital, and Value of Contractual Cash Flows, *Journal of Banking and Finance* 19, S. 577–605.

[12] BARTH, M. E.; W. H. BEAVER; W. R. LANDSMAN (1996): Value relevance of Banks' Fair Value Disclosures under SFAS No. 107, *The Accounting Review* 71, S. 513–537.

[13] BARTH, M.; W. LANDSMAN (2000): Fair Value Accounting: Research and Standard Setting, *Vortrag im Rahmen des Annual Meeting der American Accounting Association am 13.08.2000 in Philadelphia, Pennsylvania*, S. 1–70.

[14] BARTH, M; W. BEAVER; W. LANDSMAN (2000): The Relevance of Value Relevance Research, Working Paper, Stanford University.

[15] BAUMAN, M. P. (1996): A Review of Fundamental Analysis Research in Accounting, *Journal of Accounting Literature* 15, S. 1–33.

[16] BAXTER, M.; A. RENNIE (1996): *Financial Calculus,* Cambridge: Cambridge University Press.

[17] BEATTY, A.; S. CHAMBERLAIN; J. MAGLIOLO (1996): An Empirical Analysis of the Economic Implications of Fair Value Accounting, *Journal of Accounting and Economics* 22, S. 43–77.

[18] BEAVER, W.; P. KETTLER; M. SCHOLES (1970): The Association Between Market Determined and Accounting Determined Risk Measures, *The Accounting Review* 45, S. 654–682.

[19] BEAVER, W.; J. DEMSKI (1979): The Nature of Income Measurement, *The Accounting Review* 54, Januar, S. 38–46.

[20] BEAVER, W. H. (1998): *Financial Reporting: An Accounting Revolution*, 3. Auflage, Englewood Cliffs: Prentice-Hall.

[21] BEAVER, W.; S. DATAR; M. WOLFSON (1992): The Role of Market Value Accounting in the Regulation of Insured Depository Institutions, in: Barth, J.; D. Drumbaugh (Hrsg.): *The Reform of Deposit Insurance: Diciplining the Gouvernment and Protecting Taxpayers,* New York: Harper Business, Kapitel neun.

[22] BEISSER, J.; B. JÜTTNER-NAUROTH (1999): Aktienkursmodellierung, *Das Wirtschaftsstudium* 28, S. 1252–1256.

[23] BENSTON, G. J.; S. L. MIAN (1995): Financial Reporting of Derivatives: An Analysis of the Issues, Evaluation of Proposals, and a Suggested Solution, *The Journal of Financial Engineering* 4, Nr. 3, S. 217–246.

[24] BENSTON, G. J. (1997): Accounting for Derivatives: Back to Basics, *Journal of Applied Corporate Finance* 3, Herbst, S. 46–58.

[25] BERGER, A. N.; K. KUESTER KING; J. M. O'BRIEN (1991): The limitations of market value accounting and a more realistic alternative, *Journal of Banking and Finance* 15, S. 753–783.

[26] BERNARD, V. L.; R. C. MERTON; K. G. PALEPU (1995): Mark-to-Market Accounting for Banks and Thrifts: Lessons from Danish Experience, *Journal of Accounting Research* 33, S. 1–32.

[27] BERNARD, V. L.; K. SCHIPPER (1994): Recognition and disclosure in financial reporting, Working Paper, University of Michigan.

[28] BEZOLD, A. (1997): A European Banker's Perspective, *Financial Times World Accounting Report,* Juli, S. 13–14.

[29] BOCHE, J. (2000): Die Risikostrukturen von Finanzinstrumenten müssen besser erfasst werden, in: *Frankfurter Allgemeine Zeitung vom* 27.03.2000, S. 32.

[30] BOLIN, M. (1990): Das International Accounting Standards Committee – Aufgaben, Organisation und Perspektiven –, *Die Wirtschaftsprüfung* 43, S. 482–486.

[31] BLACK, F.; M. SCHOLES (1972): A Valuation of Option Contracts and a Test of Market Efficiency, *Journal of Finance* 27, S. 399–417.

[32] BLACK, F.; M. SCHOLES (1973): The Pricing of Options and Corporate Liabilities, *Journal of Political Economy* 81, S. 637–654.

[33] BODNAR, G. M.; G. GEBHARDT (1998): Derivatives Usage in Risk Managment by U.S. and German Non-Financial Firms: A Comparative Survey, Working Paper, Wharton School.

[34] BOSCH, K. (1996): *Großes Lehrbuch der Statistik,* Wien: Oldenbourg.

[35] BREKER, N. (1993): *Optionsrechte und Stillhalterverpflichtungen im handelsrechtlichen Jahresabschluß,* Düsseldorf: IDW-Verlag.

[36] BREKER, N., G. GEBHARDT; J. PAPE (2000): Das Fair Value Projekt für Finanzinstrumente – Stand der Erörterungen der Joint Working Group of Standard Setters im Juli 2000, *Die Wirtschaftsprüfung* 53, S. 729–744.

[37] BRÖCKENHOFF, J.; M. I. ROSS (1993a): American Depositary Receipts – Teil 1, *Wertpapier-Mitteilungen* 47, S. 1781–1787.

[38] BRÖCKENHOFF, J.; M. I. ROSS (1993b): American Depositary Receipts – Teil 2, *Wertpapier-Mitteilungen* 47, S. 1825–1864.

[39] BROWN, P.; B. HOWIESON (1998): Capital Markets Research and Accounting Standard Setting, *Accounting and Finance* 38, S. 5–28.

[40] BUSSE VON COLBE, W. (1984): Bewertung als betriebswirtschaftliches Problem - Betriebswirtschaftliche Grundüberlegungen, in: Raupach, A. (Hrsg.): *Werte und Wertermittlung im Steuerrecht,* Köln: Verlag Dr. Otto Schmidt KG, S. 39–53.

[41] BÜSCHGEN (1989): *Das kleine Börsenlexikon,* 21. Auflage, Düsseldorf: Verlag Wirtschaft und Finanzen.

[42] CAIRNS, D. (1995): *A Guide to Applying International Accounting Standards,* Central Milton Keynes: The Institute of Chartered Accountants in England and Wales.

[43] CARPENTER, J. (1996): Current Issues in Accounting for Derivatives, *The Journal of Derivatives* 3, Nr. 3, S. 65–71.

[44] CHAN, K. C.; G. S. SEOW (1996): The Association between Stock Returns and foreign GAAP Earnings versus Earnings adjusted to U.S. GAAP, *Journal of Accounting and Economics* 21, S. 139–158.

[45] COX, J. C.; S. A. ROSS; M. RUBINSTEIN (1979): Option Pricing: A Simplified Approach, *Journal of Financial Economics* 7, S. 230–263.

[46] DEMSETZ, H. (1968): The Cost of Transacting, *Quarterly Journal of Economics* 82, S. 33–53.

[47] DYCKMAN, T. R. (1986): *Efficient Capital Markets and Accounting,* 2. Auflage, Englewood Cliffs: Prentice-Hall.

[48] DIEDERICH, H. (1989): *Allgemeine Betriebswirtschaftslehre,* 6. Auflage, Stuttgart u.a.: Kohlhammer.

[49] DOTHAN, M. U. (1990): *Prices in Financial Markets,* New York u.a.: Oxford University Press.

[50] DUDEN (1989): *Etymologie: Herkunftswörterbuch der deutschen Sprache,* 2. Auflage, Mannheim u.a.: Dudenverlag.

[51] ECCHER, A.; K. RAMESH; S. R. THIAGARAJAN (1996): Fair Value Disclosures of Bank Holding Companies, *Journal of Accounting and Economics* 22, S. 79–117.

[52] EDWARDS, F. R.; C. W. MA (1992): *Futures & Options,* New York u.a.: McGraw-Hill.

[53] ENGELS, W. (1962): *Betriebswirtschaftliche Bewertungslehre im Licht der Entscheidungstheorie,* 1. Auflage, Köln: Westdeutscher Verlag.

[54] ENGISCH (1983): *Einführung in das juristische Denken,* 8. Auflage, Stuttgart u.a.: Kohlhammer.

[55] FELTHAM, G. A.; J. A. OHLSON (1995): Valuation and Clean Surplus Accounting for Operating and Financial Activities, *Contemporary Accounting Research* 11, S. 689–731.

[56] FIKKERS, R. (1998): Moving the Problem, *Accountancy,* April 1998, S. 67–68.

[57] FINANCIAL ECONOMISTS ROUNDTABLE (1996): Statement on Accounting Disclosure about Derivative Financial Instruments, *The Journal of Derivatives* 3, Nr. 3, S. 72–74.

[58] FRANKE, G.; H. HAX (1990): *Finanzwirtschaft des Unternehmens und Kapitalmarkt,* 2. Auflage, Berlin u.a.: Springer-Verlag.

[59] GASTINEAU, G. (1995): Some Derivatives Accounting Issues, *The Journal of Derivatives* 2, Nr. 3, S. 73–78.

[60] GALAI, D. (1983): A Survey of Empirical Tests of Option-Pricing Models, in: Brenner, M. (Hrsg.): *Option Pricing: Theory and Applications,* Lexington (Massachusetts) Toronto: D.C. Heath, S. 45–80.

[61] GEBHARDT, G. (1996): Probleme der bilanziellen Abbildung von Finanzinstrumenten, *Zeitschrift für betriebswirtschaftliche Forschung und Praxis* 48, S. 557–584.

[62] GEBHARDT, G. ; T. K. NAUMANN (1999): Grundzüge der Bilanzierung von Financial Instruments und von Absicherungszusammenhängen nach IAS 39, *Der Betrieb* 52, S. 1461–1469.

[63] GLAUM, M. (1997): Die Bilanzierung von Finanzinstrumenten nach HGB, US-GAAP und IAS: Neuere Entwicklungen, *Der Betrieb* 50, S. 1625–1632.

[64] GODE, D.; P. MOHANRAM (2001): What Affects the Implied Cost of Equity Capital?, Working Paper, New York University.

[65] GÖPPL, H.; C. SCHLAG (1995): Risk Management, in: Gerke, W.; M. Steiner (Hrsg.): *Handwörterbuch des Bank- und Finanzwesens,* 2. Auflage, Stuttgart: Schäffer-Poeschel Verlag, Sp. 1666–1676.

[66] GRAF WALDERSEE, G. (1999): Bilanzierung von Finanzderivaten nach HGB, IAS und US–GAAP, in: Küting, K.; G. Langenbucher (Hrsg.): *Internationale Rechnungslegung – Festschrift für Professor Dr. Claus-Peter Weber zum 60. Geburtstag,* Stuttgart: Schäffer-Poeschel Verlag, S. 239–264.

[67] GROSSFELD, B. (1999): Internationalisierung und internationale Rechnungslegung als Führungsaufgabe, *Die Aktiengesellschaft* 44, S. 155–162.

[68] HAGUE, I. (1998): Towards a Global Standard, *Accountancy,* April 1998, S. 65.

[69] HALLAUER, P.; A. MILBURN; I. HAGUE (1997): Das IASC zur Rechnungslegung für Finanzinstrumente, *Der Schweizer Treuhänder,* Heft 4, S. 257–264.

[70] HALLER, A. (1993): Die Rolle des International Accounting Standards Committee bei der weltweiten Harmonisierung der externen Rechnungslegung, *Der Betrieb* 46, S. 1297–1305.

[71] HANDELSGESETZBUCH vom 10. Mai 1897, RGBl. 1897, S. 219, i.d.F.v. 25. Juni 1998.

[72] HAYN, S. (1997): *Internationale Rechnungslegung: Ursachen, Wirkungen und Lösungsansätze zur Überwindung internationaler Rechnungslegungsdivergenzen,* Stuttgart: Schäffer-Poeschel Verlag.

[73] HAYT, G.; R. LEVICH (1999): Who uses derivatives?, *Risk*, August 1999, S. 96–97.

[74] HEITMANN, F. (1997): *Arbitragefreie Bewertung von Zinsderivaten,* Wiesbaden: Gabler-Verlag.

[75] HERZIG, N. (1997): Derivatebilanzierung und GoB-System, in: Fischer, T. R.; Hömberg R. (Hrsg.): *Jahresabschluß und Jahresabschlußprüfung – Probleme, Perspektiven, internationale Einflüsse – Festschrift zum 60. Geburtstag von Jörg Baetge,* Düsseldorf: IDW-Verlag, S. 39–63.

[76] HERZIG, N.; P. MAURITZ (1998): Ökonomische Analyse von Konzepten zur Bildung von Bewertungseinheiten: Micro-Hedges, Macro-Hedges und Portfolio-Hedges – wünschenswert im deutschen Bilanzrecht?, *Zeitschrift für betriebswirtschaftliche Forschung* 50, S. 99–128.

[77] HULL, J. (1997): *Options, Futures, and Other Derivatives,* 3. Auflage, Englewood Cliffs (New Jersey): Prentice Hall.

[78] INTERNATIONAL ACCOUNTING STANDARDS COMMITTEE (1997a): *Accounting for Financial Assets and Financial Liabilities - A Discussion Paper issued for Comment by the Steering Committee on Financial Instruments,* London: International Accounting Standards Committee.

[79] INTERNATIONAL ACCOUNTING STANDARDS COMMITTEE (1997b): IASC Staff Propose an Interim Solution on Financial Instruments, *IASC Insight,* Oktober 1997, S. 5.

[80] INTERNATIONAL ACCOUNTING STANDARDS COMMITTEE (1997c): Draft Interpretations: SIC–D5, *News from the SIC,* November 1997, S. 1.

[81] INTERNATIONAL ACCOUNTING STANDARDS COMMITTEE (1998a): *International Accounting Standards 1998,* London: International Accounting Standards Committee.

[82] INTERNATIONAL ACCOUNTING STANDARDS COMMITTEE (HRSG.) (1998b): *International Accounting Standards 1997:* deutsche Fassung, Stuttgart: Schäffer-Poeschel Verlag.

[83] INTERNATIONAL ACCOUNTING STANDARDS COMMITTEE (HRSG.) (1998c): *Comment Letters on Discussion Paper - Volume I,* London: International Accounting Standards Committee.

[84] INTERNATIONAL ACCOUNTING STANDARDS COMMITTEE (HRSG.) (1998d): *Comment Letters on Discussion Paper - Volume II,* London: International Accounting Standards Committee.

[85] INTERNATIONAL ACCOUNTING STANDARDS COMMITTEE (HRSG.) (1998e): *Comment Letters on Discussion Paper - Volume III,* London: International Accounting Standards Committee.

[86] INTERNATIONAL ACCOUNTING STANDARDS COMMITTE (1998f): *IASC Insight – December 1998*, London: International Accounting Standards Committee.

[87] INTERNATIONAL ACCOUNTING STANDARDS COMMITTEE (1999): *International Accounting Standards 1999,* London: International Accounting Standards Committee.

[88] INTERNATIONAL ACCOUNTING STANDARDS COMMITTEE (2000a): *International Accounting Standards 2000,* London: International Accounting Standards Committee.

[89] INTERNATIONAL ACCOUNTING STANDARDS COMMITTEE (2000b): *IAS 39 Implementation Guidance – Questions and Answers*, London: International Accounting Standards Committee.

[90] INTERNATIONAL ACCOUNTING STANDARDS COMMITTEE (2000c): IASC Member Bodies, *in: http://www.iasc.org.uk/frame/cen1_11.htm* (Stand 28.12.2000).

[91] INTERNATIONAL ACCOUNTING STANDARDS COMMITTEE (2000d): Stock Exchanges that allow Companies to prepare IAS Financial Statements, *in: http://www.iasc.org.uk/frame/cen1_10.htm* (Stand 28.12.2000).

[92] INTERNATIONAL ACCOUNTING STANDARDS COMMITTEE (2000e): IOSCO Agreement, *in: http://www.iasc.org.uk/frame/cen1_6_1.htm* (Stand 28.12.2000).

[93] INTERNATIONAL ACCOUNTING STANDARDS COMMITTEE (2000f): Notable Quotations, *in: http://www.iasc.org.uk/news/cen8_141.htm* (Stand 28.12.2000).

[94] INTERNATIONAL ACCOUNTING STANDARDS COMMITTEE (2000g): News Releases, *in: http://www.iasc.org.uk/news/cen8_509.htm* (Stand 28.12.2000).

[95] INTERNATIONAL ACCOUNTING STANDARDS COMMITTEE (2000h): IAS 39 Implementation Guidance, *in: http://www.iasc.org.uk/news/cen8_509.htm* (Stand 28.12.2000).

[96] JARROW, R. A.; S. M. TURNBULL (1996): *Derivative Securities,* Cincinnati, Ohio: South-Western College Publishing.

[97] Jensen, M. C. (1978): Some Anomalous Evidence Regarding Market Efficiency, *Journal of Financial Economics* 6, S. 95–101.

[98] Joint Working Group of Standard Setters (2000): *Draft Standard and Basis for Conclusions, Financial Instruments and Similar Items*, London: International Accounting Standards Committee.

[99] Jüttner-Nauroth, B. (1999): Muß es neben dem Fair Value-Risiko ein Cash Flow-Risiko geben?, Working Paper, Johannes Gutenberg-Universität Mainz.

[100] Ketz, J. E.; A. R. Wyatt (1983): The FASB in a World With Partially Efficient Markets, *Journal of Accounting, Auditing & Finance 7*, Herbst, S. 29–43.

[101] Kirschenheiter, M. (1996): Information Quality and Correlated Signals, *Journal of Accounting Research* 35, S. 43–59.

[102] Kleekämper, H.; A.-M. Kuhlewind (1997): Organisation, Entwicklung und Bedeutung des IASC, in: Baetge J.; D. Dörner; H. Kleekämper; P. Wollmert (Hrsg.): *Rechnungslegung nach International Accounting Standards (IAS)*, Stuttgart: Schäffer-Poeschel Verlag, S. 3–26.

[103] Kohli M.; L. Bryce (1999): Taking full account, *Asia Risk,* Juni 1999, S. 33–36.

[104] Köpke T. (1995): *Die Optionsbewertung an der Deutschen Terminbörse,* Heidelberg: Physica-Verlag.

[105] Küting, K. (1999): Das Rechnungswesen des Konzerns im Umbruch, in: *Frankfurter Allgemeine Zeitung vom* 15.11.99, S. 41.

[106] Labude, M; R. Wienken (2000): Die Bilanzierung von Derivaten und Sicherungsbeziehungen nach SFAS No. 133, *Die Wirtschaftprüfung* 53, S. 11-22.

[107] Lev, B. ; J. A. Ohlson (1982): Market-Based Empirical Research in Accounting: A Review, Interpretation, and Extension, *Journal of Accounting Research 20,* S. 249–322.

[108] Lorenz, V. (1997): *Die Bilanzierung von Finanzinstrumenten in den USA*, Wiesbaden: Gabler-Verlag.

[109] Lys, T. (1996): Abandoning the transactions-based accounting model: Weighing the evidence, *Journal of Accounting and Economics* 22, S. 155–175.

[110] MAGILL, M.; M. QUINZII (1996): *Theory of incomplete markets,* Cambridge, Massachusetts: The MIT Press.

[111] MANGASARIAN, O. L. (1969): *Nonlinear Programming, 1.* Auflage, New York u.a.: McGraw-Hill.

[112] MERTON, R. C. (1973). Theory of Rational Option Pricing, *Bell Journal of Economics and Management Science* 4, S. 141–183.

[113] MORGENSTERN, C. (1999): *Sphinx-Geburten.* Gedichte. Ausgewählt von Vera Hauchild, Frankfurt a.M.: Insel Verlag.

[114] MRUSEK, K. (1999): IAS-Testat soll Reisepaß für globalen Kapitalmarkt werden, in: *Frankfurter Allgemeine Zeitung vom* 11.11.98, S. 28.

[115] MUELLER, W. (1991): *Bilanzinformation und Aktienbewertung,* Frankfurt am Mainz: Fritz Knapp Verlag.

[116] MUJKANOVIC, R. (1994): *Vermögenskauf einer Unternehmung in der Steuerbilanz,* Wiesbaden: Gabler-Verlag.

[117] MUJKANOVIC, R. (2000): *Fair Value in der Internationalen Rechnungslegung,* Habilitationsschrift, Johannes Gutenberg-Universität Mainz.

[118] NELSON, K. (1996): Fair Value Accouting for Commercial Banks: An Empirical Analysis of SFAS No. 107, *The Accounting Review* 71, S. 161-182.

[119] NEFTCI, S. (1996): *An Introduction to the Mathematics of Financial Derivatives,* San Diego u.a.: Academic Press.

[120] NEUSS, A. (1998): *Finanzinstrumente in IAS-Konzernabschlüssen – Analyse der Offenlegungsvorschriften und der Bewertungskonzeption unter Berücksichtigung alternativer Vorschläge sowie des aktuellen Publizitätsniveaus deutscher Unternehmen,* Köln: Botermann & Botermann.

[121] NORRIS, F. (2001): World Accounting Panel Is Formed, in *International Herald Tribune vom* 27/28.01.2001, S. 9.

[122] ORDELHEIDE, D. (1998): Bedeutung und Wahrung des Kongruenzprinzips („clean surplus") im internationalen Rechnungswesen in: Maschke, M. J.; Schildbach T. (Hrsg.): *Unternehmensberatung und Wirtschaftprüfung – Festschrift zum 65. Geburtstag von Professor Dr. Günter Sieben,* Stuttgart: Schäffer-Poeschel Verlag, S. 515–530.

[123] OHLSON, J. A. (1995): Earnings, book values and dividends in equity valuation, *Contemporary Accounting Research* 11, S. 661–687.

[124] OHLSON, J. A. (2000a): Prescriptions For Improved Financial Reporting, Working Paper, New York University.

[125] OHLSON, J. A. (2000b): Residual Income Valuation: The Problems, Working Paper, New York University.

[126] o.V. (2000a): Der Gang an die Wall Street wird vereinfacht – Aufsichtsbehörde will offenbar Bilanzierung nach den International Accounting Standards akzeptieren, in: *Frankfurter Allgemeine Zeitung vom* 17.02.2000, S. 21

[127] o.V. (2000b): Rauchzeichen aus Amerika, in: *Frankfurter Allgemeine Zeitung vom* 17.02.2000, S. 24.

[128] PACTER, P. (1993): *Reporting Disaggregated Information*, Norwalk: Financial Accounting Standards Board.

[129] PACTER, P. (1998): Closer than you think, *Accountancy International,* März 1998, S. 66.

[130] PACTER, P. (1999): Side by Side, *Accountancy International,* Juni 1999, S. 74–76.

[131] PACTER, P. (2000): Current and Emerging Issues in International Accounting, *Vortrag im Rahmen des Annual Meeting der American Accounting Association am 15.8.2000 in Philadelphia, Pennsylvania.*

[132] PELLENS, B. (1998): *Internationale Rechnungslegung,* 2. Auflage, Stuttgart: Schäffer-Poeschel Verlag.

[133] PENMAN, S. H. (1992): Return to Fundamentals, *Journal of Accounting, Auditing & Finance* 7, S. 465–483.

[134] PETERS, E. E. (1996): *Chaos and Order in the Capital Markets: A new View on Cycles, Prices and Volatility,* 2. Auflage, New York: John Wiley & Sons.

[135] PETRONI, K.; J. WAHLEN (1995): Fair Values of Equity and Debt Securities and Share Prices of Property Casualty Insurance Companies, *Journal of Risk and Insurance* 62, S. 719–737.

[136] PRAHL, R. (1996): Informationen über Derivate für externe Adressaten, in: Krumnov, J. (Hrsg.): *Risikosteuerung von Derivaten,* Wiesbaden: Gabler.

[137] PRIEST, A. (1997): On Report - Derivatives disclosure by banks is increasing every year - but how useful is it? -, *Risk* 10, September, S. 38–42.

[138] REED, N. (1995): Disclosure Deficits, *Risk* 8, Oktober, S. 25–32.

[139] ROSEN, R.; A. PRECHTEL (1996): Zugang deutscher Unternehmen zum US-Kapitalmarkt (I), *Die Bank* 36, S. 388–392.

[140] ROSS, S. A.; R. W. WESTERFILELD; J. F. JAFFE (1996): *Corporate Finance,* 4. Auflage, Chicago: Richard D. Irwin.

[141] SANDMANN, K. (1999): *Einführung in die Stochastik der Finanzmärkte,* Berlin u.a.: Springer-Verlag.

[142] SCHNEIDER, D. (1999): Marktwertorientierte Unternehmensrechnung: Pegasus mit Klumpfuß, *Der Betrieb* 52, S. 1473–1479.

[143] SCHOPENHAUER, A. (1913): *Philosophische Vorlesungen* in: Deussen, P: *Arthur Schopenhauers sämtliche Werke,* Band neun: F. Mockrauer (Hrsg.): *Arthur Schopenhauers handschriftlicher Nachlaß,* München: Piper & Co.

[144] SCHWARTZ, R. A. (1998): *Equity Markets: Structure, Trading and Performance,* New York: Harper & Row.

[145] SILVERMAN, G. (2000): Morgan Stanley down 6% on fall in earnings, in: *Financial Times vom 22.9.2000,* S. 17.

[146] SIMKO, P. J. (1999): Financial Instrument Fair Value and Nonfinancial Firms, *Journal of Accounting, Auditing & Finance 19,* S. 247–274.

[147] SKINNER, D. (1996): Are disclosures about bank derivatives and employee stock options 'value relevant'?, *Journal of Accounting and Economics* 22, S. 393–405.

[148] SPANHEIMER, J.; C. KOCH (2000): Internationale Bilanzierungspraxis in Deutschland – Ergebnisse einer empirischen Untersuchung der Unternehmen des DAX und MDAX sowie des Neuen Marktes, *Die Wirtschaftsprüfung* 53, S. 301–310.

[149] STEINER, M.; C. BRUNS (1998): *Wertpapiermanagement,* 6. Auflage, Stuttgart: Schäffer-Poeschel Verlag.

[150] STEINER, M.; H. J. TEBROKE; M. WALLMEIER (1995): Konzepte der Rechnungslegung für Finanzderivate, *Die Wirtschaftsprüfung* 48, S. 533–544.

[151] STEINER, M.; M. WALLMEIER (1998): Die Bilanzierung von Finanzinstrumenten in Deutschland und den USA unter Berücksichtigung von Absicherungszusammenhängen – Vom Hedge Accounting zur Marktwertbilanzierung? in: Möller, H. P.; F. Schmidt (Hrsg.): *Rechnungswesen als Instrument von Führungsentscheidungen – Festschrift für Professor Dr. Dr. h.c. Adolf G. Coenenberg zum 60. Geburtstag,* Stuttgart: Schäffer-Poeschel Verlag, S. 305–335.

[152] STOLL, H. (1968): The Relationship between Call and Put Prices, *The Journal of Finance* 24, S. 177–188.

[153] STOLL, H.; R. E. WHALEY (1993): *Futures and Options: Theory and Applications,* Cincinnati, Ohio: South-Western Publishing Co.

[154] STÜTZEL, W. (1974): Wert und Preis, in: Grochla, E.; W. Wittmann (Hrsg.): *Handwörterbuch der Betriebswirtschaft,* 4. Auflage, Stuttgart: Poeschel Verlag, Sp. 4404–4425.

[155] SWENSON, D. W.; T. E. BUTTROSS (1993): A Return to the Past: Disclosing Market Values of Financial Instruments, *Journal of Accountancy* 175, S. 71–77.

[156] TOULMINS, S. E. (1961): *An Examination of the Place of Reason in Ethics,* Cambridge: Cambridge University Press.

[157] TRAUTMANN, S. (1987): Die Bewertung von Aktienoptionen am deutschen Kapitalmarkt – Eine empirische Überprüfung der Informationseffizienzhypothese, in: Schneider, D. (Hrsg.): *Kapitalmarkt und Finanzierung,* Berlin: Schriften des Vereins für Sozialpolitik, Neue Folge, Band 165, S. 311–327.

[158] TRAUTMANN, S. (1989): Aktienoptionspreise an der Frankfurter Optionsbörse im Lichte der Optionsbewertungstheorie, in: Göppl, H.; W. Bühler; R. von Rosen (Hrsg.): *Optionen und Futures,* Frankfurt am Main: Fritz Knapp Verlag, S. 79–100.

[159] UNSER, M. (1999): *Behavioral Finance am Aktienmarkt – Empirische Analysen zum Risikoverhalten individueller Anleger,* Bad Soden/Taunus: Uhlenbruch.

[160] USZCZAPOWSKI, I. (1995): *Optionen und Futures verstehen,* 3. Auflage, München: Verlag C. H. Beck.

[161] VARIAN, H. R. (1987): The Arbitrage Principle in Financial Economics, *Economic Perspectives* 1, S. 55–72.

[162] VENKATACHALAM, M. (1996): Value-relevance of Banks' Derivatives Disclosures, *Journal of Accounting and Economics* 22,. S. 327–355.

[163] WAMPLER, B. M.; C. L. POSEY (1998): Fair Value Disclosures and Share Prices: Evidence from the Banking Industry, *Advances in Accounting* 16, S. 253–267.

[164] WATSHAM, J. (1998): *Futures and Options in Risk Management*, 2. Auflage, London: International Thomson Business Press.

[165] WATTS, R. L.; J. L. ZIMMERMAN (1986): *Positive Accounting Theory,* Englewood Cliffs: Prentice-Hall.

[166] WIEDMANN, H. (1995): Fair Value in der internationalen Rechnungslegung, in: Lanfermann, J. (Hrsg.): *Internationale Wirtschaftsprüfung – Festschrift zum 65. Geburtstag von Prof. Dr. Dr. h.c. Hans Havermann*, Düsseldorf: IDW-Verlag, S. 781–811.

[167] WHITE, G. I.; A. C. SONDHI; D. FRIED (1997): *The Analysis and the Use of Financial Statements*, 2. Auflage, New York: John Wiley & Sons.

[168] WHITTINGTON, G. (1992): Accounting and Finance, in: Newman, P.; M. Milgate; J. Eatwell: *The New Palgrave Dictionary of money & finance,* 2. Auflage, London: The Macmillan Press Limited.

[169] WILLIAMS, D. (1991): *Probability with Martingales,* Cambridge University Press: Cambridge.

[170] WILLIS, D. W. (1998): Financial Assets and Liabilities – Fair Value or Historical Cost?, *Die Wirtschaftsprüfung* 51, S. 854–860.

[171] WINDMÖLLER, R.; N. BREKER (1995): Bilanzierung von Optionsgeschäften, *Die Wirtschaftsprüfung* 48, S. 389–401.

[172] WOLLMERT, P.; A.-K. ACHLEITNER (1997): Konzeption der IAS-Rechnungslegung, in: Baetge J.; D. Dörner; H. Kleekämper; P. Wollmert (Hrsg.): *Rechnungslegung nach International Accounting Standards (IAS),* Stuttgart: Schäffer-Poeschel Verlag, S. 27–34.

[173] WOOD, D. (1999): Brought to Account, *Risk,* Februar 1999, S. 24–25.

Geschäftsberichte

1. AC Service AG
2. Adidas-Salomon AG
3. Allianz Versicherung AG
4. Alsen-Breitenburg Zement AG
5. Altana AG
6. Articon-Integralis AG
7. Bayer AG
8. BHF-Bank AG
9. Bintec Communications AG
10. Brain International AG
11. BWK Bremer Wollkämmerei AG
12. CE Computer Equipment AG
13. CE Consumer Electronic AG
14. Cenit AG
15. Centrotec Hochleistungskunststoffe AG
16. Cinemedia Film AG
17. Commerzbank AG
18. Concord Effekten AG
19. Deutsche Bank AG

20. Deutsche Entertainment AG
21. DG Bank AG
22. DIS Deutscher Industrieservice AG
23. Dresdner Bank AG
24. Drillisch AG
25. Dyckerhoff AG
26. EM.TV & Merchandising AG
27. Ergo Versicherungsgruppe AG
28. Fortec Elektronik Vertriebs AG
29. Heidelberger Druckmaschinen AG
30. Heidelberger Zement AG
31. Henkel KGaA
32. Hochtief AG
33. HSBC Trinkhaus & Burkhardt KGaA
34. Hunzinger Information AG
35. Hypo-Vereinsbank AG
36. Infomatec AG
37. Kinowelt Medien AG
38. Leonberger Bausparkasse AG
39. Lintec AG
40. LPKF Laser & Electronics AG
41. Lufthansa AG
42. MAN AG
43. Mannheimer Versorgungs- und Verkehrsgesellschaft

44. MB Software AG
45. Medion AG
46. Mensch und Manschine Software AG
47. Merk KGaA
48. Messer Griesheim GMBH
49. Mosaic Software AG
50. Mühl Product & Service AG
51. Münchener Rückversicherung AG
52. Nemetschek AG
53. OAR Consulting AG
54. Preussag AG
55. Puma AG
56. Refugium Holding AG
57. RWE AG
58. Sachsenring Automobiltechnik AG
59. Saltus AG
60. Schering AG
61. Schmalbach-Lubeca AG
62. Senator entertainment AG
63. Ser Systeme AG
64. SoftM Software und Beratung AG
65. Tarkett Sommer AG
66. Technotrans AG
67. Ticona GMBH

68. Tiptel AG
69. Transtec AG
70. VIAG AG
71. Vivanco AG
72. Wella AG

BEITRÄGE ZUM RECHNUNGS-, FINANZ- UND REVISIONSWESEN

Band 1 Rainer Kleine-Doepke: Informationsökonomische Analyse der externen Rechnungslegung. 1981.

Band 2 Lothar Schmidle: Das Publizitätsverhalten Deutscher Aktiengesellschaften im Erläuterungsbericht gem. § 160 Abs. 2 Satz 2-5 AktG. Eine empirische Untersuchung. 1981.

Band 3 Bernd Schönbrodt: Erfolgsprognosen mit Bilanzkennzahlen. 1981.

Band 4 Hans Brandt: Private Rechnungslegungskommissionen. Grundprobleme der institutionalisierten Festlegung von Rechnungslegungsnormen. 1981.

Band 5 Klaus Hille: Latente Steuern im Einzel- und Konzernabschluss. 1982.

Band 6 Helmut Wimmer: Die Anpassung der externen Rechenschaftslegung von Aktiengesellschaften an die Körperschaftssteuerreform. 1982.

Band 7 Manfred Bohn: Konzeption einer Produkterfolgsrechnung für Planung und Kontrolle. 1982.

Band 8 Wolfgang Reittinger: Die Prüfung des Lageberichts nach Aktienrecht und nach den Vorschriften der 4. EG-Richtlinie. 1983.

Band 9 Brigitte Döll: Bilanzierung langfristiger Fertigung. Eine theoretische und empirische Untersuchung aktienrechtlicher Rechnungslegung. 1984.

Band 10 Wolfgang Franzen: Entscheidungswirkungen von Kosteninformationen. Eine experimentelle Untersuchung zum Einfluß von Voll- oder Teilkosteninformationen auf betriebswirtschaftliche Entscheidungen. 1985. 2. unveränderte Auflage 1987.

Band 11 Bärbel Hanisch: Die Ergebnisrechnung nach dem Bilanzrichtlinien-Gesetzentwurf im internationalen Vergleich (BRD, Japan, USA). 1984.

Band 12 Heinz Hanisch: Jahresabschlußprüfung bei Datenbanksystemen. 1986.

Band 13 Rudolf Hartl: Die Politikberatung durch die Kommission Rechnungswesen im Verband der Hochschullehrer für Betriebswirtschaft e.V.. Methodenkritik der Stellungnahme zur Transformation der 4. (Bilanz-) Richtlinie der Europäischen Gemeinschaft. 1986.

Band 14 Sylvia Höchendorfer: Grundsätze ordnungsgemäßer Bilanzierung von Rückstellungen für Jahresabschlußkosten. 1986.

Band 15 Rudolf Kraus: Vorkalkulation bei langfristiger Einzelfertigung. 1986.

Band 16 Hans J. Wenzel: Bilanzierung von Sachverhaltsgestaltungen mit Reserveauflösung im Anlagevermögen. 1987.

Band 17 Josef Spieler: Aktivierungsfähigkeit von selbsterstellter Standardsoftware zur anonymen Vermarktung gemäß Handels- und Steuerrecht. Mit einer einführenden Darstellung über Software als Aktivierungsproblem in der Bundesrepublik Deutschland und in den USA. 1987.

Band 18 Walter G. Donhauser: Nettosubstanzerhaltungsrechnungen im internationalen Konzern. 1988.

Band 19 Hans Betz: Zur Gestaltung der Rechnungslegung und Publizität von Eingliederung und eingliederungsähnlichen Unternehmensverbindungen. 1988.

Band 20 Andreas Raffel: Abweichungsinduzierte Entscheidungsfindung zur Steuerung von Software-Entwicklungsprojekten. 1988.

Band 21 Gerhard Florin: Strategiebewertung auf der Ebene der strategischen Geschäftseinheit. Ein PC-gestütztes Modell zur ergebnis- und finanzorientierten Bewertung von Marktanteilsstrategien. 1988.

Band 22 Peter Ströhlein: Bedeutung betriebswirtschaftlicher Bilanztheorien für die Systematisierung und Auslegung handelsrechtlicher Bilanzierungshilfen. Dargestellt am Beispiel der Aufwendungen für die Ingangsetzung und Erweiterung des Geschäftsbetriebs. 1988.

Band 23 Rudolf Gingele: Der konsolidierte Abschluß in den Vereinigten Staaten von Amerika. Rechtliche, historische und theoretische Grundlagen unter besonderer Berücksichtigung des Konsolidierungskreises und der Kapitalkonsolidierung. 1989.

Band 24 Michael T. Sautter: Strategische Analyse von Unternehmensakquisitionen. Entwurf und Bewertung von Akquisitionsstrategien. 1989.

Band 25 Andreas Mayer: Auswirkungen des Bilanzrichtlinien-Gesetzes auf die externe Analyse der Einzelabschlüsse von Kapitalgesellschaften. - Eine theoretische Untersuchung. 1989.

Band 26 Hermann Josef Demmel: Auswahl von Prüfungsgegenständen aufgrund von Vorinformationen. 1989.

Band 27 Olaf Jahn: Pensionsgeschäfte und ihre Behandlung im handelsrechtlichen Jahresabschluß von Kapitalgesellschaften. 1990.

Band 28 Alwin Jung: Erfolgsrealisation im industriellen Anlagengeschäft. Ein Ansatz zur Operationalisierung einer zusätzlichen Angabepflicht. 1990.

Band 29 Roland Dietl: Zur Ausübung von gesetzlich eingeräumten Konsolidierungswahlrechten im Konzernabschluß. 1992.

Band 30 Jürgen Glaubig: Grundsätze ordnungsmäßiger Bilanzierung für Dauerrechtsverhältnisse. Unter besonderer Berücksichtigung von Miete, Pacht und Leasing sowie Darlehens-, Arbeits- und Ausbildungsverträgen. 1993.

Band 31 Stefan Rammert: Jahresabschlußprüfung und Resampling-Verfahren. 1994.

Band 32 Klaus Dieter Patzak: Einheitliche Bewertung im Jahresabschluß von Kapitalgesellschaften. 1994.

Band 33 Christian Wenzler: Die Komponenten des Geschäftsberichts. Abgrenzung und Prüfung unter besonderer Berücksichtigung des freien Teils. 1994.

Band 34 Martin Prillmann: Management der Variantenvielfalt. Ein Beitrag zur handlungsorientierten Erfolgsfaktorenforschung im Rahmen einer empirischen Studie in der Elektronikindustrie. 1996.

Band 35 Hannu Kurki: Regelungssystem der Umweltberichterstattung. 1997.

Band 36 Marc Castedello: Freiwillige („verdeckte") Einlagen im handelsrechtlichen Jahresabschluß von Kapitalgesellschaften. 1998.

Band 37 Alexander Reinhart: Die Auswirkungen der Rechnungslegung nach International Accounting Standards auf die erfolgswirtschaftliche Abschlußanalyse von deutschen Jahresabschlüssen. 1998.

Band 38 Markus Krämling: Der Goodwill aus der Kapitalkonsolidierung: Bestandsaufnahme der Bilanzierungspraxis und deren Relevanz für die Aktienbewertung. 1998.

Band 39 Constanze Chwallek: Bewertungsrelevanz veröffentlichter Kapitalflußrechnungen börsennotierter deutscher Unternehmen. 1999.

Band 40 Frank Scheer: Die Änderung des Aussagegehaltes von Konzernbilanzen durch das Bilanzrichtlinien-Gesetz. Eine empirische Untersuchung. 1999.

Band 41 Christian Federspieler: Zwischenberichtspublizität in Europa. Der Informationsgehalt der Zwischenberichterstattung deutscher, britischer und französischer Unternehmen. 1999.

Band 42 Daniel Dornbusch: Untersuchung von Modellen der Fundamentalen und Technischen Aktienanalyse. Ein empirischer Vergleich am deutschen Aktienmarkt. 1999.

Band 43 Carsten Prußog: Shareholder-Value-bezogene Abbildung von Risiken im Wertebereich bei Banken als Basis eines Risk-Return-Controlling. 2000.

Band 44 Jürgen Michael Wagner: Organisations- und Rechtsformwahl in der öffentlichen Siedlungsabfallwirtschaft. Eine empirische Untersuchung unter Berücksichtigung ökologischer, rechtlicher und politischer Restriktionen. 2000.

Band 45 Ulrich Niehus: Die steuerliche Behandlung investiv verwendeter Einkommensbestandteile im Spannungsfeld zwischen Systemwahrung und Systemveränderung. 2000.

Band 46 Kerstin Terhoeven: Aktienanalyse durch Erfolgsspaltung. Eine theoretische und empirische Untersuchung. 2000.

Band 47 Marc Coenenberg: Internationalisierung der Rechnungslegung und ihre Auswirkung auf die Analyse der Vermögens- und Finanzlage von Kapitalgesellschaften. Eine Untersuchung der kennzahlengestützten Analyse der Vermögens- und Finanzlage im internationalen Jahresabschluß von Kapitalgesellschaften unter Berücksichtigung der Bilanzierungsgrundlagen, der Berichterstattungspflichten und des bilanzpolitischen Gestaltungspotentials nach IAS im Vergleich zum HGB. 2000.

Band 48 David A. Harrison: Zur Vorteilhaftigkeit von Aktiensplits. Eine empirische Untersuchung der Nennbetragsherabsetzungen in Deutschland. 2000.

Band 49 Andreas Langemann: Ökonomische Vorteile eines Börsengangs. Theoretische Begründbarkeit und empirische Evidenz. 2000.

Band 50 Bernd Hüfner: Fundamentale Aktienbewertung und Rechnungslegung. Eine konzeptionelle Eignungsanalyse. 2000.

Band 51 Beate Jüttner-Nauroth: Definition, Verständnis und Relevanz des Fair Value von Aktienoptionsrechten in der Internationalen Rechnungslegung. Eine theoretische und empirische Analyse. 2002.

Peter Lang · Europäischer Verlag der Wissenschaften

Ralf Schremper

Aktienrückkauf und Kapitalmarkt

Eine theoretische und empirische Analyse deutscher Aktienrückkaufprogramme

Frankfurt/M., Berlin, Bern, Bruxelles, New York, Oxford, Wien, 2002. XXVII, 298 S., 39 Abb., zahlr. Tab.
Bochumer Beiträge zur Unternehmungsführung und Unternehmensforschung. Herausgegeben vom Direktorium des Instituts für Unternehmungsführung und Unternehmensforschung der Ruhr-Universität Bochum. Bd. 63
ISBN 3-631-39356-3 · br. € 50.10*

Seit 1998 können deutsche Aktiengesellschaften den Erwerb eigener Aktien als Instrument der Finanzierungspolitik nutzen. Über hundert deutsche Gesellschaften haben bereits davon Gebrauch gemacht. Allerdings gehen die Meinungen über Sinn und Nutzen von deutschen Rückkaufprogrammen noch weit auseinander. In dieser Arbeit wird daher zunächst analysiert, welche Rahmenbedingungen deutsche Gesellschaften beim Erwerb eigener Anteile berücksichtigen müssen. Darauf aufbauend werden erstmals die tatsächlichen Kursreaktionen deutscher Aktienrückkaufprogramme empirisch untersucht. Schließlich werden mögliche Erwerbsmotive zur Durchführung von Rückkäufen systematisiert sowie empirisch eruiert, inwieweit diese Motive die gemessenen Kursreaktionen erklären können. Die Arbeit richtet sich zum einen an Wissenschaftler auf dem Gebiet der empirischen Kapitalmarktforschung und zum anderen an Investmentbanker, Unternehmensberater sowie Mitarbeiter börsennotierter Gesellschaften aus den Bereichen Finanzen, Rechnungswesen, Unternehmensplanung und Investor Relations.

Kolibri 360 GmbH
Ferdinand-Jühlke Straße 7
99095 Erfurt, Deutschland
produktsicherheit@kolibri360.de

Druck:
CPI Druckdienstleistungen GmbH
im Auftrag der
Kolibri 360 GmbH
Ferdinand-Jühlke-Str. 7
99095 Erfurt